JN027602

看取りのドゥーラ

最期の命を生きるための寄り添い人

ヘンリー・フェルスコ＝ワイス 著

林 美枝子 監訳

山岡希美 訳

明石書店

Finding Peace at the End of Life:
A Death Doula's Guide for Families and Caregivers
by Henry Fersko-Weiss

日本語版を手にとってくださった読者の皆様へ

　私の本が日本で出版されたことを大変嬉しく思います。私が日本の芸術や詩、文学に夢中になったのは、一九六〇年代初頭の一〇代のときでした。一五歳の頃、父の顧客から日本映画だけを上映する劇場のフリーパスをもらったのです。当時、黒澤明監督の映画祭が開催されていて、『羅生門』『七人の侍』『用心棒』『生きる』など、彼の代表作を一〇日間にわたって観ることができました。

　それらの日本映画を観たことで、私は日本についてもっと知りたいと思うようになり、日本の小説や詩を読み始めました。特に三島由紀夫と川端康成の作品に夢中になったものです。大学在学中のある夏、アジアの美術や文学を専門に扱う書店で働いたことがあります。そこで、広重、北斎の木版画や、山、川、滝の墨絵と出会いました。また、俳句のことも知り、早川幾忠が挿絵を描いた『奥の細道』を購入しました。実は二〇年前の自宅の火事で、ページは黄ばみ、表紙には煙の染みがついてしまったのですが、私は今でもそれを時々読んでいます。

　学士号を取得すると、私はそれまで通っていたニューヨークの禅宗の修行組織に入りました。私の師である嶋野栄道老師は、臨済宗の禅僧で、龍澤寺の住職である中川宗淵老師から伝授を受けていました。私は一〇代の頃から様々な精神的修行に取り組んできましたが、禅宗は私の内なる心性と問いに答えてくれるものでした。人によっては奇妙に聞こえるかもしれませんが、私は前世で日本人だったのだと感じています。

私たちの修行組織は、キャッツキル山脈に大菩薩禅堂金剛寺という僧院を持っていました。入会して一年後、栄道老師から大菩薩で修行をしないかと誘われました。結局、二年間そこで学びながら生活をしました。ニューヨークに戻ってからは、大学院に進み、初等教育の修士号を取得しました。別の方向へと人生は進みましたが、禅の修行は継続していました。

僧院を去ってから約一〇年後、私はニューヨーク州ハドソン渓谷の小さな村にある一部屋だけの校舎を改造した家に引っ越しました。友人のそのまた友人から、この地域の素晴らしいハイキングコースを案内してくれるという女性を紹介されたのです。その日、ステファニーはシャワンガンク山脈の麓にある小さな楕円形の鴨の池に連れて行ってくれました。私たちはそのほとりに座って、何時間もお互いの人生について語り合いました。そして、私たちはお互いに日本への強い憧れを持っていることを知ったのです。その日の午後には、一緒に日本を訪れるという心躍る計画を立てました。一四ヶ月後、私たちは新婚旅行で京都、奈良、東京、箱根を訪れ、魅惑的な一〇日間を過ごしました。多くの寺院を訪れ、伝統的な石庭を見て巡る穏やかな時間でした。この旅行がきっかけとなり、その後、ステファニーと私は、ニューヨークのハドソン渓谷に購入した家のデッキ裏に、私たち自身の日本式の石庭を作ることになりました。

それからの数年で、私はさらに二回、日本に行くことができました。禅の修行を続けながら、地元のホスピスで死に逝く人々を見送るボランティアも始めました。自分の人生で経験し得た善きことに、何らかの形で報いたいと思ったからです。そして、それと同じくらい重要だったのは、死に逝く人たちと一緒にいることで、禅の核心である死の神秘に近づきたいと考えていました。ホスピスのボランティアに参加したことをきっかけに、私は、死に逝く人々と関わることは、私がこの人生で求め続けたあらゆる意味の道筋につながる天職ではないかと思うようになりました。その後、再び大学院に入学し、臨床ソーシャルワーカーの資格を取得し、やがて看取りのドゥーラへのアプローチに出会うことになったのです。

このようなことをお話したのは、私が個人的にも仕事の面でも、日本と強いつながりを持っていることを皆さんに理解していただきたいと考えたからです。そのため、二〇一九年九月にニューヨークで本書の監訳者である林美枝子氏とお会いできたことは、心からの喜びでした。彼女はデス・ドゥーラとも呼ばれるエンド・オブ・ライフ・ドゥーラ（看取りのドゥーラ）について、またそのサービスの形態がアメリカで死に逝く人々やその愛する人々にどのような利益をもたらしているかを知りたいとおっしゃいました。当時、私は国際看取りのドゥーラ協会（ＩＮＥＬＤＡ）の共同設立者兼事務局長として、一般市民や臨床医をドゥーラとして養成するための非営利団体を運営していました。二〇〇三年に私が始めた、死に逝く人々の終末期をより良いものにするための活動の集大成でした。

林氏は、私の本の初版を読んで、私の活動を認知していました。私たちは午後のひととき、私の仕事について、そしてそれが日本の人々にどのような利益をもたらすかについて話し合いました。

その中で、日本の人口の急速な高齢化と独居高齢者の増加、世代間の連帯の規範が緩んでいることが話題になりました。このような日本社会の変化により、死に逝く人々がドゥーラのアプローチの特徴である家族以外の支援や誘導を必要とする時代が来るだろうとおっしゃっていました。

林氏と私は、この現代的な「死に逝く者への奉仕」を教えるために、私が日本へ行く可能性について話し合いました。また、この活動の基盤の確立が重要であり、まずはその第一歩として、私の本を日本で出版してはどうかと提案したのです。林氏はこの提案を真摯に受け止め、帰国後、その可能性を積極的に探ることを約束してくれたのです。

そして、三年後の今、その約束が果たされました。私の本が今日の日本で出版されることは、極めて適切なタイミングだと思います。なぜなら日本は世界のどの国よりも早く高齢化が進んできました。外務省によると、戦後に生まれた団塊世代の第二世代（一九七〇年代前半に生まれた人たち）が六五歳になり始める二〇四〇年までには、日本の人口の三五・三％が六五歳以上になるとのことです。

同時に、日本の出生率は著しく低下し、出生数は現在の人口を維持するために必要な数を下回っていくのです。さらに婚姻率も大幅に低下しています。高齢化、少子化、婚姻率の低下という未曽有の社会問題に加え、死に逝く人々にとっては、親と子が同居しなくなった社会の風潮が、家族介護者の不足といったさらなる課題を生じさせているのです。

多くの日本人は、病院死を望みますが、これは最期を迎えるときに、そこが家族に負担をかけなくてすむ場所だと思っているからです。しかし国民健康保険は、例外的な状況下でのみしか個室の提供はしてくれませんから、看取られるために個室を選択する場合には金銭的余裕が必要です。しかも病床はすでに足りない状況で、二〇三〇年には五〇万床近くが不足すると厚生労働省は予想しています。全国に五五〇〇ものホスピスがあるアメリカとは異なり、日本には数百のホスピスしかありません。

社会構造の変化と、このような医療制度の限界から、死に逝く人々をケアするための新たなアプローチが今こそ日本にも必要であることは明らかなのです。まずは死と死生観について話すことから始めなければなりません。私の本が、そのような議論を前に進める一助となれば幸いです。

禅、そしてあらゆる形態の仏教は、人生を永続的で絶えず変化している動態的なものと見なしています。看取りのドゥーラは、これと同じ視点から死の過程を捉えます。余命を告知されてから最期のひと息まで、そして肉体が死を迎えた後も、死の過程は留まるものではありません。これは、物理的な肉体の衰えだけでなく、それに伴う感情の浮き沈みも関わっているからです。そう考えることは、死に逝く人とその周りにいる人たちを支え、導くための基本でもあります。死の体験における本質とそれに対する反応の双方についてのこの理解は、私の禅の実践と死に逝く人々への臨床での長年の奉仕から直接得られたものです。

ドゥーラの試みには、すべての死は不完全であり、苦しみを含んではいても、死の衰え逝く過程には独自の美しさがあるとする「寂び」と、それを受け入れる「詫び」の概念が包含されているのです。しかし、人生の意味を探求し、感情的でスピリチュアルな、そして、社会的、関係的な遺産を見出そうとしても、それらを完全に捉えることはできないのです。それでも、残余物は明らかになったものと同じくらい重要なのです。不完全なもの、やり残したものがあるからこそ、死に際には美しさがあるのです。無常は可能性を生み出し、愛する人の死後も生き続ける人々を鼓舞するのです。

私がニューヨークの劇場で初めて観た日本の映画には、そのようなテーマがいくつか表現されていました。映画『生きる』では、主人公が死に直面し、人生の虚しさに苛まれます。そして、何か意味のあることをしようと決意し、子供たちのための公園を作ることを推進して、それを自分が生きた証として残そうとするのです。ドゥーラとして、私たちは人々が死にかけているときでも、生の意味を見出す方法を発見するのを助けます。時には『生きる』の主人公のように物理的な遺産作りもありますが、多くの場合、思い出の本や巻物、ビデオなどを通して、その人が学んだことや生きてきた価値観を語ることで、死に瀕していても生きる意義を見出す手伝いをするのです。

『羅生門』では、同じ物語を二つの異なる視点から見ることで、真実の相対性についての啓示を受けました。この理解は、死に逝く人々やその家族に接する私の仕事に大いに役立っています。家族の一人ひとり、つまりは死に逝く人とその周りの人が、病気と死に逝く過程についての「事実」を異なる形で経験していることを、ほとんどすべての場面で確認することができるのです。それぞれの視点はそれを体験している人にとっては真実であり、良いサポートを提供するためには、そのことを認めなければなりません。

終末期ケアのもう一つの重要な側面は儀式です。日本の文化では、日常的な行為が儀式に支えられています。店でのパッケージの包み方、石庭の手入れ、挨拶の仕方、尺八の演奏の準備などです。これと同じ精神で、死の過程のごく一般的な瞬間を、特別なものとするために、儀式を極めて意識的なやり方で活用することができます。一人ひとりが個性的であるため、ドゥーラは死に逝く人とその周りの愛する人の参加を得て儀式を計画し、彼らがこだわる大切な伝統を反映させせつつ、特定の瞬間の重要性をどのように思い描いているかを表現し、死ぬ過程における神秘性が受容できるような儀式を作り上げるのです。

その他にも、日本人特有の感性とドゥーラの「死に逝く人への寄り添い方」との間には、多くの共通点があります。それらは、社会の変化や高齢化が進むただ中で、死がもたらす身体的・感情的な困難において、意義ある安らかな死を見出すための支援や誘導策を提供することができるのです。

ドゥーラ・アプローチが日本の人々にもたらす可能性を信じてくださった林氏と明石書店に、深く感謝いたします。この本がその可能性への第一歩となることを願っています。

深いお辞儀とともに

ヘンリー・フェルスコ＝ワイス

看取りのドゥーラ

——最期の命を生きるための寄り添い人

◆

目次

日本語版を手にとってくださった読者の皆様へ　3
序文　15
まえがき　19
第1章　異なる死への扉を開く者　25
第2章　看取りのドゥーラのアプローチとは　35
第3章　死にまつわる神話　69
第4章　人生の終わりに伝える真実　89
第5章　より深い内面への積極的傾聴　101
第6章　回想法と意味の探索　123
第7章　レガシープロジェクトに取り組む　141

第8章　最期の日々の過ごし方　167
第9章　誘導イメージ法　199
第10章　儀　式　221
第11章　寝ずの番　233
第12章　再処理と悲嘆の癒し　267
あとがき　281
謝　辞　287
振り返りのための質問　289
参考資料　295
監訳者解説　305
監訳者あとがき　317

序文

私たちは死ぬ練習をすることはできません。しかし、生きてゆく中で、死を想像する機会はあるでしょう。病気や手術、間一髪で免れた交通事故。そして、これらが想像の域を超えて現実となるときは必ずやって来ます。それはすなわち、愛する人の死や自らの人生の終わりに直面するときです。それらの出来事は、一度限りしか起きません。そして、私たちは常に初心者なのです。では、どのようにそれを乗り越えればよいのでしょうか？

私は人生の終末期におけるドゥーラの重要性について、よく尋ねられます。時折、この仕事に興味を持った人物から質問を受けたりします。しかし、それ以上に、苦い経験をした人や、必要以上に困難な死を経験した人から質問されることが多いようです。看取りのドゥーラという職業は新しいものではありますが、私はその役割を再発掘された宝物のようなものだと考えています。女性は出産や助産の役割における主導権を取り戻し、多くの人はそのための自給自足の術を再び習得しました。死の管理も、専門家に委ねてきたことで、どれほど多くのものが失われてきたのかを私たちは理解し始めています。私たちは昔の人より健康で、長生きではありますが、死が身近な存在だった人々が共有してきた知恵を失っているのです。どのような死を遂げるのか、他人に委ねる必要はありません。

何十年もホスピスのソーシャルワーカーとして働いてきたヘンリー・フェルスコ＝ワイス氏は、自らの職場での制限に苛立ちを感じていました。どれほどの善意をもってしても、ホスピスのプロは必ずしも必要とされていることを提供できているわけではなかったのです。出産におけるドゥーラ運動から着想を得て、フェルスコ＝ワイス氏はこの溝を埋めるための人材育成訓練を開発しました。最初のドゥーラたちが正式に訓練を終えたのは二〇〇四年。その後、二〇一五年に、氏は国際看取りのドゥーラ協会（ＩＮＥＬＤＡ）を共同設立しました。ドゥーラの重要性を説明するのに、彼ほど最適な人物はいないでしょう。

では、ドゥーラとは何者なのでしょうか？　私たちは死に関しては初心者かもしれませんが、ドゥーラは他の看取りや他の死の経験を持ち合わせているのです。彼らはこの特殊な道を歩むためのガイドと言えるでしょう。ドゥーラは、死を迎える本人とその家族の両方をサポートし、死のかなり前から関わり始め、死後もしばらく関与します。ドゥーラが具体的にどのような仕事をするのかは、彼らの経験、死を迎える人の要求、そしてその家族の願いによって異なります。終末期ケアに携わる人々という母体の中でも、ドゥーラは独特な位置づけにあるのです。

フェルスコ＝ワイス氏の感動的なエピソードの数々を通して、私たちは死に逝く人に対し、どのように寄り添えばよいのか、本当に役立つその方法を見出すことができます。彼は、死に際の寝ずの番を成し遂げる方法や、より深い内面への聞き取り技術、文化的・宗教的規範に対する認識の深め方について説明します。また、死に逝く人が人生を振り返り、レガシーを残せるようにするためにはどうしたらよいのかも紹介します。彼が読者に伝えているのは、死を迎えることがどのようなことなのかということです。これこそが、プロが忘れがちな介護者の真のニーズなのです。すなわち、死ぬことに対する恐怖や間違った思い込みに目を向け、賢い判断を見逃さないことを学び、儀式を執り行う手助けをしてくれるのです。彼は次のように述べています。「ドゥーラの仕事は、今ここで、死に逝く人とその家族にとって最も支えとなることは何なのかを見極め、直感することです」。

ドゥーラの仕事において最も重要なことは、他の人なら見逃してしまうような些細なことにも目を向け、焦点を当てる能力です。深い喪失感に囚われた家族は、死を迎える人がプライバシーを必要としていることを忘れてしまうかもしれません。ドゥーラはそうした必要性に目を向けます。身体的なニーズに集中している医療従事者は、患者のスピリチュアルな苦悩を見逃してしまうかもしれません。ドゥーラはそれを見つけ出します。フェルスコ＝ワイス氏の言葉を借りれば、ドゥーラは「環境を整える」ことで、死につつある人へのケアのあれこれが、死につつあること自体に圧倒されないようにするのです。死を迎える人のベッドの向きはどうしますか？　その人は最後に何を見るのでしょうか？　息を引き取りながら、何を聞き、何を感じ、何の香りを嗅ぎたいと思うのでしょうか？　家族の人たちは温かいお茶や休息時間を必要としてはいませんか？　まだ伝えていない言葉はないのでしょうか？

多くのアメリカ人は病院や介護施設で亡くなります。それが必要な場合もあるものの、多くの場合は、見送る側に看取り経験がないからそうならざるを得ないのです。ほとんどのホスピス団体は、介護の大部分を家族が行うよう要求します。しかしながら、その多くの人が経験不足であったり、時間や体力がなかったり、死に逝く親族の介護に恐怖心を抱いていたりするのです。私たちは愛する人を失う練習をすることはできません。しかし、何を想定すべきかを知っている人に頼ることはできます。

この仕事には忍耐力、寛容さ、そして優しさが必要です。しかし、ドゥーラには安定性という確固たる軸があることを忘れてはいけません。本書もまたしっかりした内容で構成されています。医療従事者であれ、緊張した家族であれ、全ての介護者にとって学ぶべきことがここにはたくさんあるのです。そしていつか、カーテンを開けて欲しいと願いながら、誰かにその願いを聞き届けて欲しいと思いながら、ベッドに横たわる側の人になるであろう私たち全員にとっても有用な情報が多く含まれています。私たちは皆、いずれ死を迎えるでしょう。そして、本書で描かれているような人々のおかげで、その最期のときが穏やかなものになることを私は幸運に思います。

サリー・ティスデイル

Advice for Future Corpses (and Those Who Love Them): A Practical Perspective on Death and Dying（『いつかは遺体となる人たち〈そして彼らを愛する人たち〉へのアドバイス —— 実用的な視点から見た死と最期』）の著者

まえがき

例えば、死は、家族の中だけに収めておきたい秘め事のようなものです。死について考えると、私たちは自分たちが極めて儚いものであることを感じてしまいます。死について考えなければ、儚さを感じずにいられますから、死という事実やその必然性から逃れていられると思い込んでいるのです。

アメリカの医療制度も、死を病院やナーシングホーム解説0-1に隠し続けることで、私たち同様に、死から目を背けてきました。そのため今でも七割近くの人が、殺風景で温かみのない環境で死を迎えざるを得ないのです。そして、そのうちの四分の一の人たちは、ＩＣＵの機械音が響く中、チューブにつながれたまま息を引き取ります。医学研究や科学的進歩、新たな治療への見通しに関するメディアの報道は、私たちに、やっかいな病に対する治療法がいつ誕生してもおかしくないと信じさせてしまうのです。死を否定した究極の例として、アメリカには、「生命の神秘を犯して」死を克服することに成功した者に、一〇〇万ドルの賞金を与えようとした医師さえいました。

人は死に対する恐怖心が非常に強く、それを避けたいという機能も備わっているため、余命宣告を受けた者は、ほとんどその覚悟ができていないだけではなく、多くの場合、わずかな脆い希望にすがろうと現実逃避をしてしまいがちです。もう少し時間があるという希望、回復するのではという希望、より良い出口が見つかることへの希望。多くの医師は、こうした希望が意味を成す時期をとうに過ぎた後も、患者の意を酌んで死について語ろうとしません。彼らは、他の、より適切な希望の形へと話題を変える術を知らないからです。彼らは、病状を正直に評価することで起こる患者の感情の暴発を避けようとします。明らかな病状の進行と機能低下を目の当たりにしても、患者や家族はそうした事実を避けようとします。彼らは、症状の管理、前向きな姿勢、そして「普通」の生活を維持しようとする英雄的な試みに専念するのです。

このように、死を否定し続けることは、死を迎える人とその人が愛する人とのやりとりを表面的でつまらないものにします。人生の意味を探求する機会を逃し、感情は押し殺され、願いは叶えられません。家族は、これでよいのかという不安を抱えながら、介護に圧倒され、看取りは不安と疲労による容赦のない負のスパイラルへと変貌します。そして、死後に襲う虚無感と耐えがたい悲しみの中で、見せかけや秘密にしがみつき続けたことへの重い罪悪感がその悲しみを覆い隠すのです。

しかし、死を迎えることは、このように陰鬱で、悲痛なものである必要はありません。死に対する新たなアプローチが登場しているからです。それは死を迎える人とその愛する人々が死への恐怖に立ち向かい、死を否定することを乗り越え、素直にありのまま死を迎えられるよう促します。

このアプローチは、死と直接的に向き合うことを妨げる否定と逃避という固い殻を破ろうとするだけではありません。それはまた、自らの人生の意味を見出し、記憶を記録したもの、それをビデオや巻物にしたもの、特別な、その人生を物語るものを入れたきれいな保存のための箱等の製作を通して、その意味を表現するように促します。死のプロセスの中に、ある種の神聖さを取り入れ、最期をどのような場所で過ごし、どのように感じたいのかを決めることを助けます。看取りの体験をより有意義なものにするために、亡くなった直後に行うささやかな儀式を計画しておくこともあります。また、イメージを誘発したり、触れ合ったり、音楽などを使って、全ての人がより快適に過ごせるようにする方法を教えてくれるのです。

最後に、愛する人が亡くなった後、家族がその死の体験を反芻することの重要性を理解し、寝ても覚めてもつきまとうイメージや考えを再処理するよう促します。必然的に、このアプローチは、死を迎える患者とその家族に、死のプロセスを自らがコントロールできるようにしてくれるのです。

これらのアプローチは、死を迎える人とその家族が学習し、あらゆる方法で自らの体験に取り入れることができるものとなっています。これらは、周産期の女性のために働く出産のドゥーラ[解説0-2]から着想を得たものです。そして今、周死期への関わりを通して、死を迎える人とその家族を導き、サポートする人々が増えています。彼らは、看取りのドゥーラ、死のドゥーラ、または死の助産師などと呼ばれています。人生最期の数日間の過ごし方を立案する手助けをしたり、死を迎え

筆者注：本書で「家族」という言葉を使う際、その人の両親、パートナー、子ども、血縁者や親戚だけを指しているわけではありません。公私ともに、互いに支え合うことを決め、感情的なつながりを持つ二人以上の人を意味します。「家族」という言葉を使うのは、表現をわかりやすくするためです。

る準備作業を通して、感情的でスピリチュアルな、あるいは物理的なサポートをしたり、死後に家族の感情面をケアしたりするなど、看取りのドゥーラは、出産のドゥーラと同様に、その体験の全てにおいて、死を迎える人とその家族を導きます。

私が看取りのドゥーラとして仕事を始めたのは、二〇〇三年、国内初のホスピスにおける看取りのドゥーラプログラムを立ち上げたときのことでした。当時、私はホスピスのソーシャルワーカーとして勤めてまだ六年目でした。ホスピスで四年間ボランティアをした後、大学院に戻ってソーシャルワークの学位を習得し、四〇代後半になってからこの分野に入りました。死を迎える人やその死を嘆く人々と接していくうちに、この役割に天命を感じたのです。

ニューヨークの大規模ホスピスで、終末期患者とその家族に奉仕するうちに、到底理想的とはいえない死を何度も目にしました。自宅で最期を迎えることを望んでいたにもかかわらず、病院に救急搬送された患者。疲労で起きていられず、死期が近づいていることにも気づけなかったために、隣の部屋で息を引き取る夫や妻の死を、寝過ごしてしまった者。親を看取る苦痛からその子どもを「守ろう」と勝手に行動する介護者を雇ったために、親の死に目に立ち会えなかった、十分に一人前の大人であるその子ども。ホスピスという啓蒙的なアプローチのもとでさえ、死への理解や準備が不足していたことによって、死を迎える人やその愛する人からその人らしさや安らぎを奪った結末は数えきれません。

このような不幸な死を目の当たりにしながら、私は、ソーシャルワーカーとしてどうすればより良い仕事をすることができるのか、また、勤務先のホスピスで終末期患者の看取り方をどのように改善することができるのかについて考えました。私が気づいたことをホスピスの管理者が気づいていなかったわけではありません。彼らに改善への意思がなかったわけでもないのです。ただ、ホスピスのあり方と、世間で行われている自宅での看取り介護のもとでは、私たちが提供したいと思うケアを実現することができなかったのです。

二〇〇三年の初めの頃、人類学の博士課程をやめ、出産のドゥーラになることを決意した友人がいました。彼女は、当初思い描いていた学者の道から一転して、出産の体験を変革するために積極的に働きたいと考えたのです。何を学び、出産する女性にどのように働きかけるのかについて、彼女の話を聞いていくうちに、出産のドゥーラのモデルは人生の終末期においても非常に有用なのではないかと考えるようになりました。出産と死には多くの共通点があり、出産のドゥーラのアプローチや哲学、さらには技術さえも、比較的容易に終末期の支援に取り入れることができるのではないか。ついに私自身も、出産のドゥーラの研修を受け、彼女たちが学んだことや、死を迎える人々への支援にどのようにそれを適応させることができるかの学習をすることにしたのです。

同じようなアプローチで人生の終末期に取り組んでいる人はいないかを徹底的に調べた結果、私は誰も試したことのないアプローチにたどり着いたのだと確信しました。そして、勤務していたホスピスのCEOに相談し、彼女の承諾を得て、看取りのドゥーラプログラムを開始することにしたのです。二〇〇三年の年末に実施した最初のクラスの参加者は一七名でした。二〇〇四年に入り、私たちは人々の人生最期のときを導く、アメリカ初の看取りのドゥーラとなりました。それ以来、何百人もの人々の死のプロセスに関わり、二〇〇〇人近くに看取りのドゥーラになる方法や、友人、家族、コミュニティをサポートする方法についてひたすら教えてきました。本書で物語っている事例は、これらの長年の経験から紡ぎ出されたものなのです。

看取りのドゥーラのアプローチが最大限に発揮されるためには、特別に訓練された個人が必要かもしれません。しかし、誰もが看取りのドゥーラの原則と技術から学ぶことができ、死を迎える者として、あるいは家族の介護者として、自らが体験することを、より良いものに変えることができるのです。本書の目的は、死に対するこの新たなアプローチの基本的理念を誰もが学べるようにすることであり、物語られた事例を通してその心を伝えることです。しかし、家族や友人の輪の外で看取りのドゥーラとして活躍するためには、適切なトレーニング・プログラムを受けることが重要となります。また、身内のためにしかこのアプローチを使わないと考えている人でさえも、正式なトレーニングを受けることで知識を増やし、スキルを向上させることができます。

死と死に逝く人を扱うドゥーラのアプローチを紹介する本書を通して、死を恐れる必要はないということに気づいてもらえることでしょう。自らの人生の終わりに、あるいは愛する人の人生の終わりに際して、より豊かでより意図的なやり方で死の体験に備えることができるのですから。

第1章　異なる死への扉を開く者

「死ぬのが怖いんじゃない。ただ、そのときが来たら、その場にいたくないだけだよ」。ウディ・アレン氏の著書『羽根むしられて』解説1-1（邦訳、河出書房新社、一九九二年）に述べられた、この絶妙な言葉は多くの人が感じていることを要約しています。つまり、人は死そのものが怖いのではなく、本当に恐れているのは死に逝く過程だということです。そしてそこには納得のゆく理由があります。西洋社会において、私たちは、死のプロセスを引き延ばすことに成功してきました。しかしそれは、より充実した時間を過ごせるような方法によってではなく、苦しみを長引かせ、尊厳を奪うようなやり方で延命してきたのです。そのため、私たちが死の場面を敬遠するのは当然ともいえるでしょう。アレン氏の印象深い言葉の裏には、痛みと苦しみの厳しい現実が隠されているのです。しかし、こうである必要はありません。次に紹介する二つの物語には、全く異なる死の体験が描かれています。一つ目は、あまりにも多くの人が経験する典型的な死を遂げたサムの不幸な物語。二つ目は、全く異なる方法でその六年後に息を引き取った、サムの妻、グロリアの話です。彼女の死は、最期の数日間を、より有意義で、この上ない幸福感をもたらすものとしたことで、死の体験を意味づける新たなアプローチを描いています。

*

サムが舌がんと診断されたのは、七〇歳の誕生日を迎えた直後のことでした。彼は、舌の下にまるで食べ物が詰まっているような、口内炎でもできているかのような違和感を覚えていました。それは治るどころか、日に日に悪化していきました。ようやく病院に行った彼は、生体検査を受け、診断がすぐに下されました。

彼の闘病生活は、一二年以上に及びました。化学療法と放射線治療を受けた後、補完・代替療法解説1-2を試すために、ドイツに何度も渡航しました。一時的に病状が緩和することもありましたが、最終的に、どの治療法でもがんの進行を止めることはできず、悪化していきました。

闘病の終盤、サムは、主治医と妻に説得され、肥大化した腫瘍を切除する気管切開に同意しました。その後、言葉を発することは彼にとって困難で不快を伴う行為となり、人から誤解を招くことが多くなりました。また、食事も腹部に差し込まれた胃ろうのチューブから摂取するようになり、夜通しの長時間の介護作業を要し、日中もいたたまれない思いをするようになります。サムの生活は、生きるための最も基本的な作業に限定され、生きる意味や喜びが全て奪われたのです。

ある朝、雇っていたホームヘルパーがサムの入浴と着替えのために訪問してくると、彼に反応がないことに気づきました。彼女は、彼の妻に慌てて救急車を呼ぶよう指示し、救急隊員が到着し、サムは近くの病院に救急搬送されました。そこは、彼が一度もかかったことのない病院だったため、病院の医師は、サムがさらなる昏睡状態に陥いろうとしていても、様々な検査を実施しなければなりませんでした。夜半、サムの妻は医師から簡潔な説明を受けました。腫瘍による内出血を止めるには、リスクの高い手術をする以外にない、と。人ごみで混雑する居心地の悪い救急救命室で約一二時間も過ごしたサムの妻は、医師が手術をする翌朝に、また戻ればよいという看護師たちの勧めもあり、自宅に戻って休むことにしました。

夜中に救急搬送が相次いだことで、サムは看護助手によって救急救命室横の誰もいない廊下に押し出されました。彼がようやく上の階にある一般の病室に移されたのは早朝になってからのことで、大声でうめきながら痛みに耐える他の患者と同室でした。午前七時に出勤してきた日勤の看護師が、担当の新患の様子を確認に行くと、彼のバイタルが弱まっていることに気づきます。彼女はサムのカルテにそのことを記録し、他の業務へと移動します。

八時半に予定されていた手術の前に一目会おうと、サムの妻が病院に到着したのは八時でした。入り口付近のベッドにいた男性とサムとの間に引いてあるカーテンを開けると、彼女はサムが既に息を引き取っていることに気づきました。

サムの人生最期の日は、自分や妻のことも認識していない医師のもと、何時間にもわたる無益な検査に費やされ、誰もいない廊下にしばらく放置された後、初対面の同室者のうめき声に包まれたものとなりました。サムの病室には彼の私物や写真は一つもなく、愛する妻や二人の子どもと最期の時間を過ごすことさえ叶いませんでした。最先端の治療を受けたサムは、最も孤独で、虚しい死を迎えたのです。

＊

サムの妻、グロリアが、卵巣がんと診断されたのは、サムが亡くなってからわずか四年半後のことで、もうすぐ彼の命日を迎える頃のことでした。診断を受けた後も、グロリアは一年近く、家族のためにサムと購入した家で、ひとり、普段通りの生活や暮らしを続けました。彼女は化学療法による治療を二度受けたものの、がんの進行を食い止めることはできず、二度目の治療を終えた後、治療を続けたことでサムの生活の質が低下したことを思い出し、治療をやめることを決めました。

体力が衰えるにつれ、グロリアは助けが必要だと自覚するようになります。そこで、彼女の娘が、職場の長期休暇を取得し、彼女の家に引っ越して来てくれました。その直後、彼女たちはホスピスケアを申請します。幸運にも、彼女たちの地元のホスピスケアのプログラムには、特別に訓練されたボランティアである看取りのドゥーラのサービスが提供されていたのです。

彼女たちの担当となったドゥーラは、グロリアや彼女の娘との親睦を深めた後、グロリアの人生における重要な出来事や、長年にわたり学んできたこと、大切にしてきた価値観などについて話し始めました。ドゥーラの説明によると、人生の最期を迎えようとしている人の多くは、ごく自然に、どれほど有意義な人生を送ってきたのかを振り返ったり、どのような過ちを犯してきたのかを考えたりするというのです。そうした振り返りを積極的に行うことで、人生の歩みから意味を見出す総括的なプロセスにつながるのです。

初めは、「人生の総括」や「人生の意味」に関する話について、グロリアはあまりピンときてはいませんでした。しかし、一人でソファに腰掛けていたり、ベッドに横たわっていたりすると、ふと記憶が蘇る瞬間があったそうです。そのほとんどが心地の良い大切な記憶でしたが、中には顔をしかめたくなるようなものもありました。ある匂いや特定の色、子どもたちを愛おしむサムの表情など、彼女の人生経験のあらゆる断片が、突然脳裏に浮かんでは消えていくのです。ドゥーラは、彼女の人生の意味をより深掘りするための方法として、こうした回想を勧めたのです。

ある日、グロリアは、結婚記念日、誕生日、母の日、バレンタインデーなど、記念日ごとにサムからもらったカードを保管している靴箱の存在を思い出しました。彼女は娘にクローゼットからその靴箱を持ってきてもらい、彼女がサムに贈ったカードとともに、娘と二人でそれらのカードを読み上げてみました。全てのカードを読み返すのに数日を要しました。そしてそれは、グロリアと彼女の娘に絶大な効果をもたらしたのです。そこで、ドゥーラはレガシープロジェクト解説1-3を始めるよう彼女たちに提案しました。

レガシープロジェクトとは、個人の人生において重要だった側面を捉えて表現する方法の一つです。それは、非常に満足のいく、革命的な方法で、人に人生の一部を深く掘り下げ、感謝する機会を与えてくれるのです。また、家族にとっては、自らの人生にその人がどのような影響を与えたのかを、その人が亡くなった後も、思い出させてくれる方法なのです。後の世代の人々にとって、先祖にどのような人物がいて、何を大切にして生きていたのかを知るための手立てにもなります。

ドゥーラの助けのもと、グロリアは、二人の子どもと最年長の孫とともに、メッセージカードの画像や言葉を盛り込んだ、二つの大きなコラージュ（子どもたちの家族に一つずつ）を作成しました。それらのコラージュは、グロリアとサムが交際を始めたときから、サムが亡くなるまでに交わした愛の言葉を永遠に留めたもので、視覚的にも素晴らしい仕上がりでした。しかし、このレガシープロジェクトの一番の利点は、サムとの関係を維持し、深めてきた重要な価値観について、グロリアが二人の子どもたちに直接話す機会を得たことです。このコラージュの作成は、そうした価値観を伝えるだけでなく、グロリアが子どもたちや孫とともにそれを製作した貴重な時間を思い出させてくれるものでもありました。

この作業で得られた最も重要な発見の一つは、グロリアのレガシーがサムのレガシーと密接につながっているということでした。つまり、サム自身は同じように自らの人生を振り返る機会はなかったものの、ある意味、グロリアのレガシープロジェクトを通して、グロリアと娘たちが代わりにそれをやり遂げたのです。彼の死から数年経っているにもかかわらず、コラージュの作成は、彼の死亡時のネガティブな記憶を和らげてくれたのです。

レガシープロジェクトに取り組むために訪問したとき、ドゥーラは、彼女の説明によると、幸福感を増幅したり、症状を緩和したりするのに役立つ「誘導イメージ法」解説1-4というテクニックについても紹介してくれました。そしてドゥーラは、グロリアとサムが、子どもたちを連れて何度も夏に訪れた、マーサズ・ビンヤードにあるお気に入りのビーチの話を中心に、誘導イメージ法のセッションを行いました。グロリアが息を引き取る場所を神聖なものとする手法となり、彼女が息を引き取った後は、それは安堵感を増幅したり、悲嘆の症状を緩和したりするのに役立つと説明されました。

グロリアの身体の衰えが最終段階に入ったのは、グロリアの娘が引っ越してきてから半年後のことでした。グロリアは希望通り、家族や友人、サムと行った旅行の写真に囲まれながら、自宅で最期のときを過ごしました。ラベンダーのキャンドルが夜通し灯り続け、その穏やかな炎は彼女の好きな香りで部屋を包みました。ドゥーラたちは二四時間、交代で訪れ、グロリアの子どもや友人、その他の親族とともに、枕元で彼女のことを見守ってくれました。ドゥーラたちは、彼女の唇や口が乾いていないかを確認し、顔や頭をさすり、マーサズ・ビンヤードの森を抜けたところにあるビーチの話をしたり、彼女が愛してやまないジェームズ・テイラーのCDをかけたり……。時折、ドゥーラや家族、または友人が、レガシーボードに貼られたメッセージカードや、ベッドの横に置かれた靴箱に残されたカードの中からランダムな一枚を読み上げることもありました。

また、ドゥーラたちは、グロリアの子どもたちや孫にも感情的でスピリチュアルなサポートを提供していました。あるドゥーラは、グロリアの娘に、一、二時間ほど母親のベッドに潜り込み、彼女に寄り添って、彼女の顔や腕を撫でるよう勧めました。また別のドゥーラは、グロリアの息子に母親と父親に関する好きな思い出話をするように勧め、涙を流す彼を抱きしめることもありました。ドゥーラたちは、最後に残る感覚は聴覚であることを家族に伝え、彼女のことをどれほど愛しているか、彼女からどれほどのことを学んだのか、そして、準備ができたなら彼女はいつでもその肉体から解放されてよいのだということを、家族たちが伝え続けられるようにしたのです。

約三日間の、交代制の見守りが行われた後、夜中に付き添っていたドゥーラが、グロリアに最期のときがまさに訪れようとしていることに気づきました。彼女はグロリアの娘を起こし、隣町にいる彼女の息子にも、最期に立ち会えるよう連絡をとりました。その約一時間半後、グロリアが最期の浅く穏やかな息をした瞬間には、家族の全員が彼女の傍らでその死に立ち会うことができたのです。

数ヶ月ほど前に、ドゥーラと相談をして決めていたように、グロリアの娘はラベンダーの香りのするぬるま湯で母親の体を洗いました。そして、グロリアの体を覆い、彼女の息子が、彼女の髪の毛を洗い、櫛で整えました。娘はドゥーラの助けを借りて、グロリア自身が選んでおいた服を彼女に着せ、その後、全員がベッドの周りに集まり、手を握って黙禱を捧げました。最期の儀式の一環として、グロリアは立ち会った人全員に、このときに心に浮かんだことを話して欲しいと頼んでいました。

次にドゥーラは、グロリアがこの瞬間のために書き残したメッセージカードを広げて読み上げました。グロリアは彼女とサムが日常的に日々与えてきた無償の愛をその始まりとする、心の底からの愛情で、互いが結びつくことを願っていました。二人の子どもたち同士の絆を築き上げた愛、そして彼らが、家族として迎え入れた人々に対する愛。愛は、人が与え、受け取る贈り物の中で、最も重要なものだと彼女は記していました。それは、彼女が彼らと共有したい深い内面の真実でした。

グロリアの終末期の体験は、サムが苦しみ抜いた体験とは、様々な意味で正反対のものでした。その違いは、グロリアが、人生の最期をどのようなものにしたいのかを調整し、その体験をより意義深いものにするためのアイデアに触れたことにあります。このプロセスにおいて、触媒の役割を果たし、死に対する異なるアプローチへの扉を開いたのはドゥーラですが、このアプローチを家族がどのように受け入れ、どのように実行したのかが極めて重要なことでした。

二つの死の物語は、死に逝く過程への医学的介入、死への忌避、そして恐怖に基づいたプロセスと、死に逝く過程への真正面からの関与、レガシーへの注目、そして愛に溢れたプロセスとの違いを明確に描き出しています。グロリアが体験した死は、あなたやあなたの愛する人が、ドゥーラの原則や技術を取り入れることで体験することができる死です。この新たな死に方を受け入れ、以下のページに述べられた内容をそれぞれの状況に合わせて、その人らしい方法で適用することが大切なのです。そして、もし、あなたが死への旅路へと向かう人々への奉仕に天命を感じるのであれば、その道を歩み始めるために必要なことを、本書で見出すことでしょう。

第2章　看取りのドゥーラのアプローチとは

末期の病で、死を迎えるまでには、時には数ヶ月、多くの場合は数年かかります。末期患者の身体機能が低下するにつれ、介護者への要求は高まります。そのため、末期患者の身体が最後の崩壊過程に入る頃には、家族は精神的にも肉体的にも疲れ果てていることがほとんどです。しかし、終わりが近いことを認識した家族は、この段階で、自分たちの存在意義が一層求められているように感じてしまいます。彼らにはさらなるサポートが必要となるのですが、専門の医療サポートは散発的にしか利用できません。そしてそれは、新たな症状が現れたり、家族が想定していなかった状態にそれまでの症状が悪化したりする深刻な場面では、利用できないことが多いのです。

死を迎える人が自宅でホスピスケアを受けている場合、看護師、ソーシャルワーカー、またはチャプレン[解説2-1]が、急を要する事態に連絡をとると、駆けつけてくれます。しかし、他の何人もの患者への対応や、移動にかかる時間を考えると、対応が間に合わないことが多く、実際には最も肝心なときに駆けつけることができないこともあります。ホスピスケアは、制度上、必然的に、終末期における最高のケアを提供することはできないのです。

これは、病院や他の施設で亡くなる場合も同じことが言えるでしょう。医療の専門家の場合、次の患者に会うために足を運ぶ必要がないため、より容易に危篤状態の患者のもとに駆けつけることができるのですが、シフトのスケジュールや他に担当している患者の数によって、その行動は制限を受けます。週末や夜間など、スタッフの人数が少ない場合、問題はさらに深刻化します。

そのため、終末期の数時間から数日間、死を迎える人やその家族は死のプロセスがもたらす負担を全て背負い込み、最小限の支援しか得られないこともあります。「見捨てられた」「孤立している」「備えが足りなかった」と感じてしまうこともあるでしょう。彼らの意識は基本的な身体的ケアに集中し、感情をできる限り抑え、曖昧なままそれを経験します。私は、死を迎える人の家族がこのような状況に陥るところを何度も目にしてきました。そして、父が亡くなった一五年前、自分の家族においてもそれを経験したのです。

＊

父の人生最期の数ヶ月間、母は父の介護のために介助をする人を雇っていたものの、夜も眠れず、父の要求を全て満たすために、日中はずっと気を張っていました。当時、父は九〇歳で、母は七七歳。最期の一週間頃まで、母は家事をこなしながら、毎日出勤し、マンハッタンの中心にある四〇階建てのビルを管理していたのです。街の反対側に住んでいた姉は、平日に何度も手伝いに訪れていましたが、一方で、一時間半離れた場所に住んでいた私は、週に一度や二度しか会いに行くことができませんでした。

最期の数週間、訪問できる日には、私が父の隣のベッドで寝て、母にはリビングのソファで寝てもらいました。そうすることで、夜中に父が発する音や微かな動きに母が起こされないようにできると思ったのです。しかし、どんな手助けをしても、母は疲れきっていました。

父が終末期を迎えたのは、私が看取りのドゥーラのアプローチを確立する何年も前でしたが、当時、私は既にホスピスのソーシャルワーカーとして働いていました。私たちは、家族で父の介護をし、父の死を頑なに否定しながら日常生活を送っていたのです。姉は、ピンポイントで放射線を照射する新しい技術が父を治すかもしれないという考えにしがみついていた時期もありました。長い間、私たちは全員、死を寄せつけることなく、もっと長く父と過ごせるという信念を抱いていました。父の衰弱が一時は停止しているように見えるときもありました。父の機能的な衰えは深刻であったものの、そのたびに持ち直している姿を見て、私たちは再び死を否定していました。しかし、死のプロセスは止まることなく、父の死という現実が私たちの否定を打ち破ることとなったのです。

父が亡くなる四日前、私たちは死が近いことを悟っていました。数週間前から父は食事を摂ることがなくなり、常に「寝たきり」となりました。父の肉体の崩壊は最終段階に入り、全ての機能が失われつつあることはあまりにも明らかでした。

最期の数日間、父が死につつあるということは私たち全員に重くのしかかりました。私たちはそのことをお互いに感じ取っていることを口に出しませんでしたが、母や姉の表情からは、それが読み取れましたし、私の表情からもそのことは読み取れたでしょう。現れていた兆候や症状から、母や姉に、父が死につつあることを説明できるだけの知識が私にはありました。それでも、私より知識のある冷静な第三者が、その兆候をより正確に読み取り、私たちを精神的にサポートしてくれることを望んでいたことも覚えています。もちろん、私たちはお互いにできる限り助け合ってはいたものの、それだけでは不十分でした。私は、とても心細さを感じていたのです。最期の数日で、ホスピスの看護師の訪問は確か一度だけで、それもたったの一時間程度だったように記憶しています。

父が亡くなった日の前の夜、私は父の隣のベッドで一晩を過ごしました。ナイトテーブルに置かれたランプがベッドの半分を淡い黄色に照らし、部屋の大部分は暗闇に包まれていたのを覚えています。父は眠りが浅くなっており、彼の微かな動きや音によって、私自身も寝つくことができませんでした。あの晩、父の死がどれほど近づいていたのかはわからなかったものの、そう遠くはないことは明らかで、父のいない生活がどんなものになるのかという考えが頭の中をぐるぐると駆け巡りました。常に私の人生において、父は善良で愛すべき存在でした。とにかく、父のいない世界など私には想像もできなかったのです。

午前六時、私は一度自宅に戻ることにしました。その日は木曜日で、朝から長男の学校のクラスで私が参加したいと思っていた行事がありました。しかし、帰宅するなり、父が危篤であるという知らせが母からあったと妻から聞かされたのです。私は子どもたちにキスをして、顔も洗わず、歯も磨かずに出かけました。

父の寝室に戻ると、手足が硬直した全く動かない父の姿が目に飛び込んできました。呼吸する際に胸がわずかに上下しますが、息を吐いて、次の呼吸までの間が長く、その間、微動だにしないのです。

私は父が横たわるツインベッドの傍らに腰掛け、父のことを見守っていました。それから三時間、父の呼吸は弱くなり、無呼吸の状態も長くなりました。昼前には雇っていた介護の方も到着し、寝室で待機していました。母も姉も時折顔を出しては、父のそばに腰掛けました。とうとう、ずっと座っていたことで足腰が痺れた私は、ストレッチのためにキッチンまで歩いて飲み物をとりに行くことにしました。姉と介護の方は窓際で座って話をしていました。私が部屋にいなかったのはせいぜい三分程度のことでした。

寝室に戻ると、父は息をしていませんでした。微動だにしない父を見て、部屋の入り口で固まった私は、ベッドのそばに戻る前に、父が次の呼吸をするのを確認したいとじっと待ちました。そして、一分ほど待って、父がもう息を吹き返すことはないのだと、悟りました。父の様子を見守っていなかった姉と介護の方は、寝室に入ろうとしない私を見て、「もしや亡くなったの」と声をかけてきました。そのときにはさらに一分近くが経過していたと思います。

私は「そうだと思う」と答え、母を呼びに行きました。私たちはベッドの片側に集まり、お互いを抱きしめ合いながら、ホスピスの看護師に父の訃報を知らせる前に、数分間父を見守っていました。看護師は、父が亡くなる前の三日間、一度も訪れることはありませんでした。

今思えば、キッチンに行って父の最期を看取れなかったことについて、すぐに罪悪感は抱きませんでした。父は、自分が死ぬときに私たちがそばにいることを望んだことがなかったのです。それどころか、父の性格を考えると、父は自分の死を私たちが可能な限り負担なく迎えて欲しいと思っていたはずです。したいようにしなさいとも言っていたのです。しかし、父の死が現実のものとなり、葬儀の準備を始めると、罪悪感のような感情を覚えるようになり、知らず知らずのうちに、それは私にとって重大事となっていることに気づいたのです。

父が埋葬されたのは、その三日後、空から紙吹雪のように雪が舞い降ちる日曜日でした。四月初旬とは思えないほどの寒さの中、凍えながら父が埋葬される墓穴の周りに私たちは集まっていました。母と姉と身を寄せ合い、妻が私をきつく抱き締めてくれていたのを覚えています。ラビが読み上げていた祈りはよくわからなかったものの、そのリズミカルで物悲しい響きはとても懐かしく感じました。ユダヤ教の祈りには、常に心の叫びのように聞こえるものがあります。深くて満たされない切なる思いのような叫び。墓の脇に積まれた橙褐色の大きな土の山に雪が積もり始めるのを眺めながら、私はその叫びを心の中で感じていました。私は祈りに耳を傾けるのをやめ、心の中で父に対し、最期のときにそばにいなかったこと、手を握ってあげられなかったことを密かに謝りました。

その後も、私は何度も何度も謝罪を繰り返してはみたものの、罪悪感が消えることはありませんでした。私は罪悪感が浮かぶたびに、父の死に際にキッチンに行った自分を責めました。愛する人にそばにいて欲しいと思っていたであろうときに、父を置き去りしたように感じていたのです。

それから数ヶ月が経ち、私はようやく罪悪感を和らげてくれる理由づけを見つけることができました。私は、父のそばにいられなかった最期の瞬間と、父が病に伏してから介護に費やした七ヶ月間の時間を天秤にかけることにしたのです。そして、何度も父に「愛している」「誇りに思っている」と伝えたこともその秤の計測に加えました。

最終的に、父の最期を看取ることができなかったことに折り合いをつけることはできたものの、できればそばにいたかったと今でも思います。父が亡くなった後の数年間で、私は死のプロセスをより良く理解するようになりました。今では、死が近づいているという兆候を読み取ることもできます。もし、今日父が死を迎えようとしているなら、その兆候が現れているときにそばを離れることはないでしょう。数ヶ月間も私のように罪悪感に責め苛まれることがないように、今、私は、それらの兆候について他の人々に教えています。

*

愛する人の最期に立ち会えないのは、死というものがもたらすしなくてもよい苦悩のうちの一つに過ぎません。例えば、病院に搬送されたがために、望んでいない死に方をする人もいます。死につつあると知らされなかったために、修復あるいはせめて改善が望めた関係性がそのままになってしまったこともあります。死を迎える人のスピリチュアルペイン解説2-2が認識されず、そのための対処がなされなかったこともあります。これらを含む多くの失敗により、避けられたはずの余計な苦しみが伴う死の体験がもたらされるのです。

悲観的な出来事や状況だけが死を不幸なものにするのではありません。死の体験に内在する深遠な意味や偉大な安らぎを得る機会もまた失われたことを、多くの人々は知るよしもないのです。過去一〇〇年以上もの間、病院や医療技術の発展に伴い、死や死につつあることは高度に医療化しました。解説2-3この変化はいくつかの残念な影響ももたらしました。まず、人は人生の意義を探ろうとする内なる衝動に無関心になったことです。また、技術と医療の発展による延命処置は、命の質を劇的に低下させたため、死を迎える人、ひいてはその家族の身体的・心理的苦痛が増したことです。

ホスピスのソーシャルワーカーとして、私は毎日のように死の悲観的な側面に遭遇してきました。それは、死と死につつあることに対する新たなアプローチを考えるきっかけとなり、その結果、意味づけること、レガシーワーク、立案、死の深淵さへの注目、症状を管理するための代替的介入、人生最期の数日間への集中的な関与、死後に愛する者とその体験を再処理すること、そして最後に、初期の悲嘆への積極的な関与を強調した看取りのドゥーラのアプローチを練りました。このモデルは、これまで、基本的には変わっていません。とはいえ、このモデルが生み出した活動が活発になるにつれて、いくつかの側面は改善され、重要性を増していきました。死と死につつあることにおける他分野の進展が、このモデルに盛り込まれたことでより良いものへと進化し続けることができのかもしれません。

看取りのドゥーラのアプローチは、三つの異なる活動分野から成り立っています。一つ目は、死を迎える人が自らの人生を振り返り、最期のときをどのように過ごしたいかを立案することです。二つ目は、肉体がいよいよ終わりを迎える最期の数日間を過ごす場を整えることがその主な活動となります。プログラムの最後の段階は、本人に死が訪れた直後に始まり、家族や友人に看取りを追体験させることで、悲嘆処理の作業を始めます。

振り返り

発達心理学者のエリック・エリクソン氏によると、人生を振り返ろうとする衝動は、人生の最終段階である老年期になると自然と生じる本能のようなものだそうです。エリクソン氏は、人生の様々な時期には発達課題があるとし、それがより完成された人格や高い幸福感を招くか、社会適応能力の低下や狭義的な自己意識を招くかのどちらかだと考えました。彼は、各発達段階に、その心理社会的な課題の中心となる危機を定義する言葉を当てはめました。そして、人生の最後の段階を「自己統合対絶望」解説2-4と名づけたのです。自己統合と絶望の対立の中心には、次の二つの質問があります。「私の人生に意味はあったのか?」さらに「私の人生は満足のいくものだったのか?」というこれらの質問にどう答えるかによって、人は自己統合か絶望かのどちらかに導かれるのです。

末期と診断された人は、年齢に関係なく、自動的にエリクソン氏の最終発達段階に陥ります。私は、二〇代後半から三〇代前半で死を迎える人も、八〇代や九〇代の人と同様に、これらの質問に必至に取り組む姿を見てきました。

死を迎える人は、人生を振り返る過程の中で自己統合ができれば、成し遂げたことを誇りに思い、自らの人生の意味を理解して、ポジティブな達成感を味わうことができます。さらには、自分が残すべき遺産を認識するようになるのです。一方、発達的課題に失敗すれば、自らの人生は無駄だったと思うようになり、後悔、苦しみ、そして絶望の感情を抱くようになります。

この発達段階の中心にある問いに取りかかるためには、自己観察やジャーナリング解説2-5、回顧録、回想法解説2-6、そして時には他の人と深く関わることが必要です。この作業を意義のあるものとするためには真剣で、計画的な練られたアプローチが必要です。人生の中で成し遂げたことや学んだことだけではなく、失敗したこと、捨て去った信念、やり残したことにも目を向けなければいけないのです。

プロセスが進むにつれ、死を迎える人は自然と自らの人生で最も重要な出来事を振り返るようになります。当時その出来事についてどう感じたのか、その出来事が自分の人生に与えた影響をどう思っているのか、そして、その出来事に対してやり残したことがあれば、それは何なのかなどと検討します。その他にも、自らの体験に包摂されていたテーマや、重要視してきた価値観、成功あるいは失敗から学んだことなども探求することができます。これら全てが人生を理解するために耕すに足る土壌となるのです。

意味の探求は、様々な場面で起こり得ます。例えば、ドゥーラや家族との対話の中で、死につつある人が一人のときにはその心の内を振り返る瞬間に、人に手渡す特定のレガシーに込める意味を具現化しようとするその試みの中に、そして、死を迎える本人はあまり認知していない視点を提案してくれる家族や友人との話し合いの中に。

たいていの場合、このように意味を探求する試みはあまり行われることがありません。死を迎える人とその家族が死についてありのままに話し合っておらず、平常心を保とうとばかりしていたために、回想や人生の振り返りは死を迎える人が一人でいるときのほんの一瞬にしか行われないものとなります。人生を真に振り返るためには、意味を見出すための拠り所が必要で、それがなければ、結果は絶望的なものとなることが多いのです。

人生の意味を探求するとき、人は自然と、満足のゆく具体的な方法や、愛する人が有益に、あるいは感動的だと感じるような方法で、それを表現しようと考えます。この意味を具現化したもののことをレガシープロジェクトと呼びます。それは、思い出をつづった本の形をとったり、家族や友人からのメッセージが書かれたカードの入ったイラスト付きの箱であったりします。また、その人生の一つまたは複数の側面に焦点を当てたオーディオかビデオインタビューの場合もあるかもしれません。重要な場面や繰り返されるテーマを描いた人生の巻物である場合もあります。あるいは、現在のまたは未来の家族に向けて、人生の重要な節目を迎えたときの思いや願いを綴った一連の手紙かもしれません。レガシープロジェクトの種類は、その作成に関与する人々の想像力、あるいは物を創造する力に依拠します。時間を経ることで、これらのレガシーは、家族にとってかけがえのない宝物となります。なぜなら、亡くなった後も、それらは故人と人々を再び結びつけ、故人が思い出していた人生の意味を人々に再び理解させてくれるのですから。

レガシープロジェクトは、単なる意味の具現化ではありません。それは個人の、ひいては家族の歴史をたどるものとなります。また、死を迎えようとしている人にとっては、人生最期の数ヶ月、数週間の過ごし方をより良くコントロールする機会を与えてくれるのです。重病を患い、死につつあるときの不幸の一つは、人生のあらゆる面でのコントロール力を失うことです。そのため、つまり、何らかの方法で失われたその力を取り戻すということは、死を迎える人の心理的状態に作用することであり、その人の人生の質を向上させることになるのです。

死につつある人が、既に死んでいるかのように扱われることはよくあることです。家庭内の出来事や問題に関して彼らの意見や考え、助言が求められることがなくなり、日々の決め事や、将来の計画に関わることからも除外されてしまいます。ところがレガシープロジェクトを作成することで、死を目前にした人は、自分自身を取り戻し、周囲の人との関わりを取り戻すことができるのです。さらには、亡くなった後も、彼らのレガシーが彼らに代わって彼らの物語を語り、彼らの価値観を表現し、彼らの望みを残された人や彼らの子孫に伝え続けてくれるのです。

立案（計画する）

末期の病を抱えて生きるということは、自身の命が失われるということだけではなく、アイデンティティ、自律性、身体機能の能力、コントロールする力が徐々に失われていくことと向き合わねばならないということです。これらの喪失が積み重なるにつれ、死を迎える人はますます打ちひしがれることになるのですが、多くの場合、家族や友人、プロの介護者でさえも、こうした喪失感や、それが死につつある人の感情や心理面での健康を阻害していることに目を向けることがほとんどありません。

意味づけの作業やレガシーの作成に取りかかるということは、死を目前にした人に目的意識を与え、死のプロセスをより良く生きるためにコントロールする力を与えます。自律性やコントロール力を取り戻すための別のアプローチとして、人生最期の数日間の計画を立てるという方法がありま す。死につつある人は病の最終段階に入ると、自らケアの方法についての意思決定を語ることができなくなります。だからこそ、必要な決断を早い段階で検討し、「寝ずの番の実施案」を作成しておくことが極めて重要なのです。

死を迎える人は、医療の介入、ベッドサイドの環境の雰囲気、そして介護者や訪問者との交流のあり方などについて、自らの意思を表明しておくようにします。これらのことに関して本人の希望に基づいて立案しておくことは、看取りの体験を家族にとってより有意義なものとし、関与する全ての人に必要な安心感を与えることにもなります。

死を迎える人にとって、どこで最期を迎えるかは重要な選択の一つです。多くの人にとって、その選択は「自宅」かもしれません。自宅は、完全に自分らしくいられることができ、守られている、安全かつ居心地が良いと感じる場所なのです。また、旅の思い出や、愛する人の写真、自らの美意識や信念と象徴的なつながりのあるものが飾られた、気分を高揚させてくれる場所でもあります。子どもを育て、愛を育み、喪失感に泣き叫び、娯楽を楽しみ、流れた時間をたどり、夢を見、自分や身近な人を育んだ場所なのです。人生にとって最高の思い出の多くがこの空間に染みついているのです。ほとんど気づくことができないほど淡い緑青のように、あらゆる表面をコーティングし、そこで暮らす住人の人生に、特有の感情的な光沢を与えているのです。

自宅で死を迎えることが受け入れられない、あるいは可能ではない場合もあります。ある文化では、死者の魂が愛する人の元を去ることが困難にならならないよう、人が住む場所は死を迎えるべき場所ではないと考えられています。自宅では症状をうまく管理できないため、看護師や医師の二四時間体制でのサポートが必要な場合もあります。家族介護者の中には、何ヶ月、あるいは何年にも及ぶ介護によって疲労困憊し、もうこれ以上は介護を継続できない事態に陥っている人もいます。そのような場合は、介護者が安心して小休止ができるよう、死を迎える人は、ホスピスの入院病棟、介護施設、または病院に移されることもあるのです。

死を迎える人が最期のときを自宅以外で過ごさなければならない場合、病室や施設の個室のような無味乾燥で代わり映えしない空間を、どのようにわが家を感じさせる場所に変えるかという工夫が重要となります。それは、一般的な意味での自宅用の家具を揃えたり、壁をカラフルにしたり、雰囲気の良いカーテンを窓にかけたりするということではなく、個人的な写真や芸術作品、私物などを取り入れて、空間をよりその人らしく、その人にとって最も重要なものを反映できる場所に整えるということなのです。

自宅で死を迎えるとしても、そこが必ずしも寝室とは限りません。時には、ファミリールームやリビングのほうが、家族が生活する場に死を迎える本人を位置づけることができ、トイレに行くために、階段や長い距離を移動する必要がなくなり、より容易に外の景色を見ることができるようにもなります。どの部屋で最期のときを過ごすにしても、死を迎える本人にとって最も大切なものをそこには置くべきなのです。写真や芸術作品、宗教的なものを他の部屋から移し替え、ベッドの周りや壁に飾るのもよいでしょう。あるいは、視界を広げ、部屋の雰囲気を変えるために、家具の位置を移動することも一つの手かもしれません。

その他にも、空間に関する様々な選択肢があります。昼夜、部屋の明かりはどうなっているでしょうか。本人が求めているのは強い自然光ですか。あるいは陰影のある間接光でしょうか。スタンドライトによる蜂蜜色の柔らかい光、もしくは天井の縁に沿ってぶら下げられた小さな青や白の光でしょうか。キャンドルは、マッチで火をつけるタイプがよいのでしょうか、それとも電池式のものがよいのでしょうか。

音も重要な要素です。その人が聞きたい音楽は、ジャズなのか、ニューエイジなのか、それともクラシックなのか。あるいは、自然音、遠くから聞こえる汽笛、生の歌声などかもしれません。また、空間に漂う香りも重要です。薔薇の香りやラベンダーの香りのディフューザー（香を拡散させるもの）、白檀のお香、柑橘系のキャンドル、もしくは開け放たれた窓から漂う自然の香りでしょうか。

空間がどう見え、どんな音が聞こえ、どんな香りを嗅ぐことができ、どんな雰囲気なのかというだけではなく、死を迎える人は、介護の方や見舞い客にどう接するか、そして医療的介入についてどうするかを決めておかなければなりません。

*

通常、人生最期の数ヶ月間、特に最期の数週間に、末期患者は医師や看護師による医療を受けざるを得ない状況を迎えますが、たいていは、患者本人がその介入に同意しているかが確認されることはありません。医療的介入は、常に、その介入がもたらすプラス面とマイナス面が示されるべきなのですが、症状の改善となると、多くの場合、患者は次のように言われるだけです。「これで、症状はよくなりますよ」と。投薬中の副作用や、総合的にそれが生きるための質に与える影響について何の言及もなかったことは、全く議論されることはありません。

末期の病において、最も発症頻度が高い症状の一つは痛みです。痛みの度合いは、病気の種類、またその人の生理機能や状況などに関連したその他の要因によって異なります。痛みというものは、身体的なものだけでなく、心理的、情緒的、そしてスピリチュアルなものでもあることがわかっています。そのため、終末期において、痛みを治療するために薬だけに頼ることは好ましいことではありません。医師や看護師は、しばしば痛みを主に医学的な問題として捉え、痛みの原因となっているその他の要因に配慮することなくオピオイドを処方します。オピオイドは比較的に副作用が軽く、たとえ副作用が起こっても、別の薬で抑えることができますが、その利点や欠点は多くの場合説明されることがありません。新たな薬を提案したり、投与量を増やしたりする場合、その根拠、期待される効果、そのマイナス面、そして、その選択によって影響する暮らしや生活の状況など、十分な評価と話し合いが行われるべきなのです。

私たちは、生涯を通して、医療従事者との数え切れないやりとりの中で、専門的な知識から医師や看護師は正しい判断を下してくれるものと教えられてきました。しかし、この条件づけられた反応は、私たちが実際に持っている選択肢を理解しようとすると、私たちにとって障害となる場合もあります。また、医師や看護師が自信を持って提案することには、推量も含まれているということを私たちは気づいていないのです。

多くの薬はその作用がまだ十分に解明されておらず、実際に、人によっては、思いもよらない反応が引き起こされることもあります。医学には、非常に多くの実験的段階のものや技巧でしかないものが科学と混ざり合っているのです。つまり、投薬や医療的介入に同意する前に、その利点と影響をより良く理解することが必要で、人は医師や看護師にもっと質問をするべきなのです。これは、不安、不眠、分泌関係（気道に液体が詰まるなど）、吐き気、嘔吐などの症状を治療するために使用されるあらゆる薬剤に当てはまります。

また、自宅で死を迎える人は、病院のベッドを使用するか、自分のベッドで過ごすかの選択肢が与えられるべきです。多くの人にとって、体を横たえるベッドは重要なものだからです。病院のベッドなら身体的介護の提供がより容易になりますが、枕を使えば、いろいろなやり方で身体を支えることができます。その他にも、尿道カテーテルや失禁用の下着を活用することで、最期の数日間は介護の場所を移すことも考えられます。どうするかの決定は、何を快適と感じるか、尊厳の感覚の個人的なレベル、自然な死を妨げることに対する考え方などに左右されます。死を迎える人の衰弱が進み、認知機能が衰えてきたら、本人が既に下している選択を支持してくれる人が必要です。看取りのドゥーラは、なされた選択に感情的に介入することなく、寝ずの番の実施案に沿って、うまくことを進めてくれます。

また、従来の療法や薬剤を補完する、症状に対処するための代替手段もあります。例えば、鍼灸、レイキ[解説2-7]、アロマセラピー、リンパマッサージなどの補完・代替療法ですが、これらは公式の資格を持つ施術者のみが行うことができます。一方、誘導イメージ法というまた別の代替的手段は、一定のトレーニングで効果的に使用できます。死を迎えようとしている人でさえも、自分自身のためにこのテクニックを使う方法を簡単に学ぶことができるのです。誘導イメージ法は、個人の想像力を使って、身体的、感情的、さらにはスピリチュアルな影響を与えます。そして、症状を改善したり、その人に全体的な幸福感を感じさせたり、スピリチュアルな命とのつながりを深めるために活用されます。

自己への誘導イメージ法や他者への誘導イメージ法には、多少の訓練を要しますが、全く経験のない人でも、相手が何を見、何を聞き、何を嗅ぎ、何を感じているのかに関してその心の内のイメージを探り、視覚化することでそれなりの成果を挙げることができるのです。第9章で誘導イメージ法とその上手な活用方法について詳しく説明します。

＊

終末期の計画で重要なことは、死につつある人が、家族、友人、介護者とどのような交流を望んでいるのかということです。枕元で家族や友人と手を握り、顔を撫でてもらい、ベッドで一緒に横になってもらうことで、愛されていることが実感でき、安らぎを得ることができる人もいるでしょう。その一方で、触れられることで、死のスピリチュアルなプロセスが妨げられ、立ち去ろうとしているこの世界との関わりに引き戻されてしまうのではと考え、接触は控えたいと考える人もいるかもしれません。

身体的接触を求めている人でさえも、特定の種類の触れ合いや、心地良く感じられる部位への接触のみを求めている場合があります。私は、夫や妻以外の人から足をマッサージされたり、撫でられたりするのを受け入れられないという人を何人も知っています。同様に、家族やドゥーラに手を握ってもらったり、腕をさすってもらうことは好んでも、顔を撫でられたり、ベッドに入ってこられたりするのは、親しい家族でない限り親密すぎて嫌がる人もいるのです。

愛する人がそのような要求をすることが理解できない、あるいは想像してもいなかったという家族や友人に比べて、ドゥーラたちは家族ではないからこそ、死を迎える人の望みを代弁することが可能なのです。そのため、ドゥーラは死を迎える人とどのように触れ合えば彼らが安心や安堵感を得られるかの手本を、家族や友人に示さねばなりません。

身体的な触れ合いに加え、死を迎える人は、枕元に付き添ってくれる人との言語的なやりとりに関しても決めておくべきです。ともに過ごしたこれまでのことについて語って欲しいのか、愛情や安堵の言葉が欲しいのか、祈りや、瞑想、告白や許しを求めているのか、あるいは聖書や詩集、今日のニュースを聞きたいのか。幼い子どもたちに居心地の悪さを感じることもあれば、子どもたちがそばにいることに抵抗感を感じない場合もあります。あるいは、彼らが死を迎えようとしている場に、子どもを連れてきて動揺させたくないという人もいるでしょう。

こうした話し合いの結果の選択や希望は、最期の日々の過ごし方の実施案に盛り込まれ、愛する人が何を望んでいるのかは、家族や見舞い客にわかるように明記されます。また、その実施案は、人生最期の数日間に二四時間体制で死を迎える人とその家族の支え方をドゥーラたちに示してくれます。それは、人生最期の時間をその人らしさを尊重された方法で迎える権利が人にはあることを正しく認識することでもあるのです。本人にとっての「良い死」とは何なのか、つまりは、その人が思い描く最期のときに見たいものは何で、聞きたいこと、感じたいことが何なのかを描いた台本なのです。

もちろん、人生最期の日が必ずしもその台本通りにいくとは限りません。立案していたときはうまくいくと思っていても、実際の看取りではそうはいかないこともあるからです。また、全く話し合っていなかったことが起こり、それが環境の雰囲気や、愛する人の関与の方法がより良くなるきっかけとなることもあります。繰り返しになりますが、ドゥーラは家族のように感情的なつながりを持っていないため、家族が見落としてしまうようなことも、見極めることができるのです。

私は、あるイタリア人家族の、女性の家長のために行われていた寝ずの番の様子を見に行ったことがあります。彼女は一戸建ての住宅の地下室で過ごしていました。その地下室は、大きなワンルームで、角にはベッド、その反対にオープンキッチン、そしてその間に家族団欒の場がありました。

昼夜を問わず、部屋は家族で溢れかえっていました。その女性の妹夫婦、二人の娘と息子、彼らの配偶者や二〇代、一〇代の子どもたち、姪や甥たち。そして四〇年以上もともに暮らしてきた隣人たち。私が訪問した際は、常に二、三人がベッドの脇に座っていました。女性の夫は、ベッドの傍らの枕元に座っていることが多く、茫然自失の様子でした。彼は妻の手をそれがまるで木で作られた何かででもあるかのように握り締めていました。家族が近寄り、彼に話しかけると、彼は妻の指先だけを見つめ、まるで、そこに命を吹き込もうとしているかのように、時折彼女の手を親指でさすっていました。

すると、寝ずの番をしていたドゥーラが、私にそっと耳打ちをしてこう言ったのです。「彼はまるで周りを遮断しているように見えます。他の人たちの存在が彼と妻との心の中のやりとりを阻害しているのではないのでしょうか。周りに人がいるせいで、彼は彼女に言いたいことが言えないように思うのです」。私はそのドゥーラに、彼の娘の一人に彼女の気づいたことを話すよう促しました。

ドゥーラの話を聞いた娘は、それまで気づくことができなかったが、その通りであると察知したのでしょう。すぐに父親のそばに行き、臨終を迎えようとしている妻と二人きりの時間が欲しいのではないかを尋ねると、彼は頷いたのです。そこで、娘とドゥーラは、一年以上も使用していなかった一階にあるリビングに他の全員を連れ出し、私たちは皆張り詰めた沈黙の中で、時折、小声で言葉を交わしながらじっと座っていました。部屋の中には、硬いビニールで覆われた椅子やソファの上で誰かが体勢を変えるときの音だけが聞こえていました。

二〇分ほど経った後、皆を一階に案内してくれた娘が父親の様子を見に行きました。戻ってきた彼女が、父親が皆を地下室に迎え入れる準備ができたと言うので、私たちは全員で下に戻りました。後に、彼女は、父親が母親と二人だけで過ごすことができたあの二〇分が、寝ずの番の中で最良のことだったと話していました。「あなたたちドゥーラが提案してくれなければ起こり得なかったことでした。私には父が必要としていることが見えていなかったのです」。

*

振り返りと実施案の作成作業は、死を迎える人とその家族がどれほど深く関与するかによって、数週間から数ヶ月かかることもあります。必要なだけ時間をかけるのが理想的ではありますが、場合によっては、病状の悪化によって暗礁に乗り上げ、作業時間を大幅に短縮せざるを得なくなることもあります。また、本人の臨死期までにとりまとめることや、実施案を完成させることができないことも起こります。そのような場合、意味づけやレガシーの製作、寝ずの番の初期段階の簡易版の実施案を練りますが、その際も感情面やスピリチュアルなサポートに重点を置いて、作り上げておくとよいでしょう。最低でも、ある程度の実施案が計画されていれば、少なくとも、寝ずの番をするための見取り図は出来上がります。

寝ずの番

寝ずの番は、死のプロセスの最終段階に入ったことが明らかになってから、すなわち肉体が不可逆的に崩壊し始める兆候や症状が現れたときから始まります。この時点で、ベッドのそばには、二四時間体制で誰かがいることが必要です。ただしこれは、死を迎える人がある一定の時間帯は一人でいたいと望んでいない場合に限ります。寝ずの番は数日から、一週間以に及ぶこともあるため、家族やドゥーラたちが交代で、ベッドのそばにいることになります。

寝ずの番を通して、ドゥーラは死を迎える人とその家族が立てた実施案を実行するための環境を整えますが、これには死を迎える本人（たとえ既に意識がなかったとしても）とその家族との深い関わり合いが必要となります。遺伝子の筋書きに沿って、肉体は死に方を知っているものなのですが、実はどの死も特別に個人的なものなのです。そのため、ドゥーラや家族はその瞬間その瞬間に起こることに注意を払わなければなりません。

肉体が衰弱する速さと家族の介護力によって、それぞれの寝ずの番は独自のリズムを確立します。ドゥーラは、このリズムに合わせて行動し、合理的な介入手段があれば、それを直感的に感じ取ります。通常、誘導イメージ法を使ったり、音楽をかけたり、特別に意味のある文章を読み上げたり、単に腕や顔を撫でたりするのに適したタイミングを見分けるのもドゥーラの仕事です。これら一連の行動は、しばしばスローダンスのような性質を示します。

時には、家族のニーズが死を迎える人のニーズより優先される場合もあります。特に死につつある様子やそれに伴って生じる音によって、家族の感情が掻き乱された場合などです。家族に慰めが必要なタイミングをドゥーラは見計らって、手を握り、抱きしめたりします。また症状を説明することで家族を安心させ、死を迎える人について何か語るように促すことで、高ぶった家族の感情を軌道修正するタイミングを計るのです。

ドゥーラは家族の傍らに付き添って歩み、そのサービスと思いやりを通して家族の心を開きます。ドゥーラは、他者の感情や反応、態度を非難することはありません。代わりに、自らの言動で人々を支え、感情を落ち着かせ、あるべき振る舞いをもって、家族を苦しめているものの真相を探ります。その結果、しばしば不可解ではありますが、ドゥーラは思いやりや、感謝、癒し、さらには変革の一瞬への扉を開けてくれるのです。

寝ずの番をする際のドゥーラの重要な目的は、死を迎える人のそばにより長くいられるように、家族を休ませること、患者がひとりで亡くなることのないようにすることです。死期が近づいていることの兆候や症状を理解することで、ドゥーラは、最期のときに立ち会うべき人たちがその場にいられるようにするのです。また、別の目的は、こうした兆候を家族が認識できるようにすることで、息を引き取る瞬間に向けて、家族が心の準備を整えられるようにするのです。

寝ずの番が行われる間、ドゥーラは家族や雇った介護者をサポートしながら基本的な身体的看取り介護を施します。それは主に、患者の口や唇が乾いていないかを確認したり、流れ出た唾液を拭き取り、患者の発熱には冷湿布を貼ったりすることを意味します。また、ドゥーラはベッドに横たわっている人の体勢を変えたり、横たわっている状態のままベッドのシーツを替えたりします。死を迎えようとしている人の身体的ケアは、それほど多くはないのです。

臨終の最期の呼吸まで、寝ずの番は否応なく進みます。時間はまるで引き延ばされたかのようにゆっくり流れているように感じられ、感情は高まっていきます。その場にいる人々は、意義深い何ものかが空間を満たしていくのを感じ取るのです。

＊

本人が亡くなった後、ドゥーラと家族は以前から決めていた儀式やその場で咄嗟に決めた儀式を行うことがあります。セレモニーを執り行うことで、人はある現実からまた別の現実へと正しく通過していくことができるのです。儀式は、たとえ短い時間であっても、喪失という混乱の中に何らかの秩序をもたらしてくれます。死の現実と人生のプロセスにおける死の位置づけを受容させてくれるのです。それは、喪失感を表現する最初の機会となり、亡くなった人の人生と、その人生が自分の人生に与えた影響を讃える機会にもなるのです。

儀式は、全体的にあるいは部分的に、その人の伝統や文化に直接由来することがあります。そうした場合、儀式を行うことで、自分のコミュニティや、時間を超えて継承された先祖伝来の喪失体験とつながることができるのです。しかし、儀式には、他の文化や伝統からの要素を取り入れたり、個人的な経験から生み出された要素を取り入れたりすることもできます。死を迎える人とその家族によって儀式が編み出される場合、それはその人たちの個性や、死と看取りに対する彼らしい理解を表現するものとなります。私の経験上、こうした個人的な儀式は非常に有意義で、関与する人々に大きな慰めをもたらします。

以前テレビで見た『Hawaii Five-O』解説2-8のエピソードで、とても心動かされるセレモニーのシーンがありました。亡くなった友人を弔うために、三〇人ほどのグループがサーフボードに乗って海に出るシーンです。皆が大きな円を作り、ボートの上に座り、一人が円の中心に向かって漕ぎ出して、友人の遺灰を撒きます。そして、一人ひとりが首に掛けていたレイを外し、円の中心に投げ入れるのです。彼らは何か話をし、歌を歌っていたかもしれません。詳細は覚えていませんが、ハワイの伝統に由来しているであろう、この数分間のセレモニーに私はとても心を動かされたのです。

その数ヶ月後、私は死を迎えようとしていたある人物とその家族にこの儀式について話しました。彼らは、その話に感動し、何らかの形でそれに倣いたいと考えたのです。話し合いを進めていくうちに、私たちはその儀式の雰囲気をうまく捉えつつ、病院のベッドで最期のときを過ごす愛する者のために、それを可能にする方法を考え出しました。

私たちは、本人が亡くなった後、ベッドを部屋の中央へとできる限り移動することにしたのです。水の要素は、家の裏手にある小川から汲んだ水をボウルに入れ、ベッドの足元の小さいテーブルの上に置くことで取り入れました。レイの代わりに、水のボウルに薔薇の花弁を浮かべました。これらの要素について話し合う過程で、水や花弁は家族によって新たな意味づけが成され、ボウルの中の水は、時間の流れと悲しみの涙を、摘まれた薔薇の花弁は、心の底の喪失感や命には限りがあることを認める現れとなりました。

セレモニーの間、一人ひとりが水のボウルから花弁をすくい、遺体にそれを載せながら、その人が自らの人生にもたらしてくれた幸福に感謝をする言葉を述べました。それが終わると、全員がベッドの周りに集まり、手をつなぎながら、お気に入りの歌を歌い、祈りを捧げ、最後に黙禱を行いました。儀式の改まった部分が終わると、家族はベッドの周りに座り、愛する人について語り合いました。そう願うなら、何度でも水のボウルから薔薇の花弁をすくい、遺体に供えました。

私はこの儀式の話を通して、他に死を迎えようとしている人やその家族に、可能な限り、死の直後に儀式を行うことがどれほど美しく有意義なことであるかを説明してきました。他にも、この儀式を応用し、異なる伝統に由来する要素を取り入れ、独自の儀式を作り上げた人々もいました。

一〇〇年以上も前ですが、自宅で死ぬことが一般的だった時代、墓地に埋葬する前に、集った人々が一目見られるよう、ご遺体は何日間か家に安置されていました。わずかな間でも自宅に遺体を安置することで、家族は死を受け入れる最初の一歩を踏み出すことができたのです。

私たちの現代文化では、遺体はできる限り早く搬出することが通例となっています。それは、死を目の当たりにしたくないという、私たちの死に対する忌避観の延長なのです。そうすることが彼らにとって意味があるなら、家族は遺体をすぐに搬出することを選択できます。しかし、望むだけの時間をかけて、自宅で故人と弔問のための対面をしたり、弔ったりするために遺体を安置することが可能であると家族に知らせることは、彼らに、死というものの全ての面を分かち合う機会を与えることでもあるのです。

儀式を終えた後、ドゥーラは家族の希望に沿って、一緒にときを過ごします。もし、家族があまりに動揺していて、彼ら自身で対処できない場合は、ドゥーラが彼らに代わって葬儀場や故人の友人たちに一報を入れることもあります。通常、ドゥーラはご遺体が搬送されるまでその場で付き添いますが、特定の家族や友人が到着するまで待つこともあります。

再処理

死後三週間から六週間、一人または複数のドゥーラが家族と何度か会って、彼らが死の体験を再処理して、悲嘆の初期プロセスを開始できるように促します。こうしたドゥーラの活動は、極めて意図的にタイミングが図られたものです。死の直後、家族は非常に援助的になる傾向があり、喪に服している人たちのために数日間から一週間ともに過ごしてくれることもあります。また、友人や隣人たちは、料理を差し入れてくれたり、頻繁に連絡をよこしたり、会いに来てくれたりなど、様々に気を使ってくれます。

しかし、数週間も経つと、そのような特別な配慮は次第に薄れていきます。人々は日常生活に戻り、喪に服している人に注意を払うことも少なくなります。死の喪失感や、悲しみが襲ってくるこの時期こそが、死の再処理を始めるタイミングです。

何を見、何を聞き、何をしたのか、家族が語ってくれるにつれて、彼らの心の中のこだわりを、特に負の感情と結びついているこだわりを読み解くことができます。愛する者の疲れ果て、硬直した別人のような最期の顔。喉や胸の奥に溜まった分泌物がゴボゴボと鳴る音。肺に空気を取り込もうと必死になるせわしない呼吸。家族が疲れや不満、恐怖のあまり、死を迎えようとしている人に対して、思わず発してしまった傷つける言葉。こうしたイメージや出来事について話すだけでも、ある程度はそうした苦しみを和らげることができるのです。また、リフレーミング解説2-9の方法を使ってそうした経験の感情的な影響を軽減することもできます。

再処理を行う際、人々は自分が体験したかけがえのないひと時や感動的な瞬間を共有します。私は、これまでに参加した寝ずの番で、そうした時間をたくさん経験してきました。例えば、死につつある祖父の部屋に入ることを怖がっていた若い女性が、それを克服した姿をはっきりと覚えています。彼女は、祖父の命の最期の三時間を、彼のベッドに上体を起こしてかがみ込むように一緒に横たわり、彼女の頭の下に位置する枕元の新雪のような髪色をした彼の頭を撫で続けていました。

あるいは、夫の顔を両手で優しく包み込み、そっと寄り添ってどれだけ愛しているかを伝えた妻がいました。夫は、一週間近く言葉を発していなかったのに、その瞬間「私も愛しているよ」とつぶやいたのです。それは亡くなる前に彼が発した最後の言葉となりました。

あるいは、父親が息を引き取る際の、母親とともに手をつないでいた一〇代の少女たちの姿も忘れられません。涙で縞模様となった彼女たちの顔の輝きは、父親の闘病中、どれほど彼女たちが勇敢であったかを母親が語りかけたように、強靱さと意志の強さをたたえていました。さらに、心の中で父親はともに生き続けるのだと語り、母親は、彼女たちを癒しました。

このような瞬間を共有することで、人は負の記憶を悲嘆を癒すプロセスに組み込むことができ、頭から執拗に離れなかったネガティブなイメージを打ち消すことができるのです。辛い記憶が心に浮かんだときには、人は希望にあふれた別の記憶とそれを意識的に置き換えるものであるという話をよく聞きます。

再処理の体験は、カウンセラーとして遺族会で話をすることとは全く異なります。ドゥーラたちが、客観的で、心のこもった見方を示すことで、家族は他のやり方では失われていたであろう瞬間を思い出し、あるいは気づいたりすることができるのです。死の体験を家族と共有したからこそ、ドゥーラが彼らに語った、あるいは彼らとともに語り合った物語は、まさにより説得力を持つものとなるのです。

再処理の体験には、以前に始めたレガシープロジェクトの継続も含まれていることがあります。また、レガシープロジェクトが、再処理の訪問中に開始され、悲嘆の時期にまで及ぶ場合もあるでしょう。子どもたちが看取りに積極的に関わっていた場合、彼らにレガシープロジェクトに協力してもらうことで、親は彼らの悲しみに触れることができます。また、これは、子どもの感情をサポートする機会にもなるのです。

再処理セッションのまた別の役割は、悲嘆に対応するのための作業を紹介することです。ドゥーラは、少なくとも、人が陥るだろう領域のありようや、そこからうまく回復するために必要なことを示すことができるだけではなく、一連の訪問によって、初期の悲嘆に対応する作業を促すことができるのです。こうした訪問は、愛する人と死のプロセスについて語り続ける機会を家族に与え、その際に、ドゥーラは意味づけやレガシーを製作する初めの作業や、寝ずの番の作業を誘導してきたと同じ原則やテクニックを応用します。

例えば、誘導イメージ法は、好ましくない記憶を置き換えるために使用されたり、ネガティブな感情とポジティブな感情のバランスをとったり、亡くなった人との間にあった心残りを解消したりします。意味を探す作業は、悲嘆している人が自己認識を再構築し、人生に新たな目的意識を見出すために役立ちます。

さて、ドゥーラのプロセスはいずれ終わりを迎えなければなりません。この瞬間を知る方法の一つは、終わりの儀式を行うことです。この儀式の実施は、立案段階や、初期の再処理の訪問時に話し合われます。儀式は込み入ったものである必要はありません。キャンドルを灯し、心に響く言葉を捧げ、祈りを唱えたり、ドゥーラの目を通した臨終の体験談を文章化したり、簡単なことでよいのです。ドゥーラは、寝ずの番に関するエピソードをまとめた短い思い出の冊子を作成し、家族に手渡すこともあります。または、寝ずの番の際に流した特別な曲が収録されたCDを家族に贈ることもあるのです。

*

一〇数年にわたってドゥーラの仕事に携わり、何百もの死に立ち会ってきましたが、ドゥーラのアプローチが、死を迎える人、その家族、そして介護する者にとって、より深い意味とより大きな安らぎを与えることは明らかです。それは、不安と恐怖、苦しみに満ちた体験を、自信や奥深く優しい愛に満ちたものへと変えてくれます。

死につつある人と関わることは、ドゥーラにとってもメリットがあります。私が訓練し、ともに働く機会を得た多くの人は、この仕事が人生で最も価値のあるものだと言っていました。私は医師、看護師、ソーシャルワーカー、チャプレンなど、様々な職業の人を訓練してきました。ドゥーラたちは、死と看取りに対するより深い理解と他者に奉仕することで得られる酬いで、自らの人生が変わったと話しています。死につつある人の臨床で学んだことによって、彼ら自身の死や彼らが愛する家族の死は、より豊かなものになるだろうと確信することができます。

第3章　死にまつわる神話

誰もが、死と死につつあることに対して自身の個人的な神話[解説3-1]を抱いています。この神話は、宗教的・文化的背景、身近な人の死や友人から聞いた死、さらには文学や映画の中で描かれた死などに由来します。私たちの死に対する概念や感情は常に意識されているとは限りません。もし死を意識せざるを得ないことがあっても、私たちの社会では死への恐怖が根深いため、そのことについて深く考え、どう感じるかを探ろうとはしません。しかし、死と死につつあることの全ての体験に関するこのような神話について、死につつある人とその家族は知るべきであり、深く考えるべきなのです。そうしなければ、彼らの体験は全て塗り替えられ、感情的な反応は歪められたものとなるかもしれません。ドゥーラの支援法の一つは、このような個人的な死にまつわる神話を深く探るよう促すことなのです。

アンナという女性の事例を取り上げてみましょう。私は彼女を支援して、彼女の中皮腫の夫フランクを看取りました。私が関わり始める前、彼女は既に二年間もフランクを介護していました。フランクは、頻出する発作的な咳による痛みとは別に、胸部の痛みが表れ始めていました。この新たな痛みが、アンナが無意識に抱えていた死にまつわる神話の引き金になったことを、私はあとになって気づいたのです。

出会った当初からアンナは不安を抱えているようでした。その不安の原因が、フランクの介護からくるストレスによるものなのか、彼女自身の性格によるものなのか、それとも過去の経験によるものなのか、私にはわかりませんでした。三回目の訪問の頃、私はアンナとダイニングルームに座っていましたが、テーブルの上には、大量の書類や飲みかけのコーヒーカップ、そしてしわくちゃの色紙のように花びらが散った枯れた花が生けられた花瓶がありました。家中を見渡せば、アンナがフランク以外に気を配らなくなっていることが明らかでした。その朝、話している間も、彼女はじっと座っていることができませんでした。

廊下の先にある寝室からフランクの咳が聞こえるたびに、アンナは椅子から飛び上がり、ダイニングルームからカウンターで仕切られたキッチンへと向かいます。まずは、カウンターに落ちているパンくずを、実際には拭き取ることなく、ただかき集めていました。そして、ヤカンを火にかけ、すぐに消すのです。地面の上をジタバタと飛び回る、傷ついた鳥のように、彼女は明らかに茫然自失の様子でした。

ようやく眠りについたのか、フランクの咳が止み、何も聞こえなくなると、アンナは徐々に会話に集中するようになりました。私は、彼女のこの明らかな苦悩の原因を探ることにしました。彼女とフランクは、通りの向こう、真向かいにある庭付きのコンドミニアムの住人であるトレイシーとジョン夫婦と親しくしていたと言います。ジョンもまた、フランクが病気にかかる三年前に、同じ中皮腫を患っていました。二組のカップルは同年代で、職場は別でしたが、男性二人は同じ建築関係の仕事をしていました。トレイシーの友人として、アンナは、ジョンの介護を手伝い、彼の人生最期の一年間、彼女は毎日のようにそのそばにいました。

ジョンは最期の半年間、堪えがたいほどの強い痛みを抱えていました。彼が亡くなるまでの日々に、毎日目の当たりにしたその苦痛は、アンナにとってトラウマとなっていました。「彼は陸に上がった魚のようにベッドの上で苦しんでいました」とアンナは話してくれました。「シーツが絡まってしまうため、解くのが大変で……。彼を元の体勢に戻すたびに、さらなる苦痛を与えていたことは明らかでした」。

フランクが胸に痛みを感じ始めたとき、アンナはそれを、ジョンが最後に経験したような恐ろしい苦痛の始まりなのだと考えたのです。看護師がフランクの鎮痛剤の量を増やしても、アンナに対処可能な痛みであることを伝えても、彼女にはそれが信じられませんでした。ジョンの死の経験から、いずれ鎮痛剤が効かなくなり、フランクが激しい痛みの中で亡くなるのだと確信していたのです。それどころか、彼女は、全ての死は耐えがたい痛みの中で迎えるものであると思い込んでしまいました。

その考えは、彼女が密接に関わった二つの死と関連していました。三〇代のときに経験した叔父の死、そしてジョンの死です。交通事故で亡くなった彼女の両親は、叔父やジョンのような長期にわたる臨死期の経験をしていませんでした。アンナは恐れていたのです。「フランクがジョンのように苦しむ姿は見ていられません」と彼女は言いました。「どうすればよいのかわからないのです」とも。

これからの数ヶ月間に起こり得る出来事への恐怖は、彼女の心を支配し、悪夢を見せ、フランクに対して理不尽な怒りすら抱かせました。フランクが恐ろしい痛みを経験するかもしれないと考えるだけで、彼女の気力は萎えていきました。集中もできず、家事もままならない状態となり、今後の出来事を予見させるような兆候をもう見たくはないという思いから、フランクと一緒にいることさえ困難に感じるようになっていたのです。

極端な場合を除いては、痛みを抑える力がホスピスにはあるという看護師の話を、再度彼女に言い聞かせました。フランクが稀なケースに該当すると考える根拠は何もありませんでした。また、中皮腫という病気は本来、手に負えないほどの痛みを伴うものでもありません。鎮痛剤の処方が増えたことで、フランクはより快適に過ごしているように見えるということも伝えました。しかし、心の奥底でささやく神話の声にしか、彼女は耳を傾けようとはしませんでした。実際に彼女がその目で見ているものではなく、これから起こると何を予想しているのかが問題だったのです。

そのときの訪問では、フランクの死が彼女の過去の経験とは一致しないかもしれないという可能性を伝えることしかできませんでした。しかし、彼女の神話に一貫して取り組んだおかげで、フランクの死が近づくにつれ、ようやく彼女の恐怖心を和らげることができました。彼女は現実の出来事と向き合うことができたのです。

アンナの神話を探り、それが何なのかを明らかにしたことで、彼女がなぜあれほどまでに自分を失い、殻に閉じこもっていたのかを理解することができました。人々が抱える死の神話を探り当て、死につつある体験をより意味深いものとする支援はドゥーラの役割の一つです。もしアンナが、死は必ずしもひどい痛みが伴うものではないという事実を受け入れていなければ、ひどい痛みを伴うという思い込みは彼女の体験の全てに影を落としていたことでしょう。

＊

死と死につつあることに関する神話は、死のプロセスや死後の出来事における特定の側面だけを中心に語られる傾向があります。人が抱く神話は、どの治療法を選択するか、どこで死を迎えるか、どの治療薬を受け入れるか、家族とどのようなやりとりをするか、壊れた関係をどのように修復するか、死に関する感情をどれほど率直に話すか、遺体をどのように安置するかなどに影響します。

八〇代後半のユダヤ人男性だったエイブの看取りの際、彼の埋葬方法に関する問題が浮上しました。エイブの義理の息子のマイケルは、正統派ユダヤ教に則って彼を埋葬したいと考えていたのです。それはつまり、遺体をシュエブ解説3-2に包み、飾り気のない松の木の棺に納めることを意味していました。また、墓前で正統派のラビが特別な祈りを読み上げる必要がありました。

他の家族は、あまり信仰心の強くなかったエイブがそのような埋葬方法を好まないであろうと考え、マイケルの意見に反対していたのです。エイブは危篤状態で反応がなく、彼らは本人に聞くことができませんでした。全員がマイケルのことを愛していましたし、エイブにとってもマイケルが大切な存在であることを知っていたため、状況はさらに難しくなりました。

家族の間でこのような意見の衝突が起きることは珍しくはありません。時に、このような衝突は、人を傷つけるような怒りに満ちた暴言につながり、長期的な恨みのきっかけとなることがあります。だからこそ、人の考え方やその背景を分析し、理解する必要があるのです。エイブの家族にとって、その衝突は、怒りに満ちていたり、傷つけ合ったりするようなものではなかったものの、非常に困難で、みんながどうしたらよいのかがわからない状態でした。

エイブの三人の娘のうち、マイケルの妻ではない娘の一人が、家族全員で集まり、問題について話し合うよう呼びかけました。彼の寝ずの番を計画していた担当ドゥーラの私は、話し合いの進行役を頼まれることになったのです。午後遅く、介助する方が二階でエイブに付き添う間、エイブが石を積み上げて作った小さな人工の滝が流れる手入れの行き届いた裏庭を見下ろせるデッキに家族全員が集まりました。

私は、皆が自分の考えや感情をまとめられるように数分間、ただ静かに座るように呼びかけました。滝の音はその静けさをさらに強調しているかのようでした。そして、話し合いを始めるにあたって、全員にエイブのイメージを頭に浮かべながら、彼のことを心に留めておくように求めました。

私はまず、本題を述べることから始めました。エイブを正統派のユダヤ人として埋葬するかどうか。そして、この家族会議で、全員に守って欲しいいくつかの基本的なルールを伝えました。それは、一度に発言できるのは一人だけということ、また、発言する場合は他の人の考えや意見を否定せず、できる限り思ったままを率直に話すようにすることです。

まずは、正統派ユダヤ教の方法でエイブを埋葬したい理由について、マイケルに尋ねました。マイケルと彼の妻は、一五年間、正統派ユダヤ教徒として過ごしてきました。彼は、エイブのことをとても大切に思っていて、慎重に検討し、ラビと相談したうえで、エイブの死後に彼を見送る方法はそれしかないと考えていたのです。

次に、マイケルの要求に対して、全員が思ったこと、感じたことを尋ねました。そこで明らかになったのは、全員がマイケルのことを尊敬していて、愛してはいるものの、彼らにとって異質に感じるような埋葬方法を行うというマイケルの要求には、様々な理由で不安や抵抗感を感じているということです。家族のほとんどは、特に信仰心が篤いわけではありません。彼らはまた、年に数回、ユダヤ教の大祝日にしか礼拝にいかなかったエイブにとっても、そのような埋葬方法は異質に感じるのではないかと考えていました。

最初の意見交換が終わり、私は発言したい人が発言できるように話し合いの場を設けました。発言内容をより詳しく、あるいは明確に語ってもらい、関連のある意見をいくつかまとめたりしました。次第に、家族は正統派の方法でエイブを埋葬しないという結論に向かっているようでした。しかしそこで、マイケルが切々と訴えたのです。「この方法で埋葬しなければ、彼の魂は永遠に彷徨い続けてしまうでしょう。僕は彼の魂のために戦っているのです」。彼の熱弁に、全員の動きが止まり、黙り込んでしまいました。たどり着きかけていた結論は遠のき、再び迷いが生じ始めたのです。そのような熱意に逆らえる人はいませんでした。

その後も話し合いは続きました。そこで、私はエイブの妻であるミルドレッドにエイブを代弁してもらうよう提案したのです。それは、彼の生涯のパートナーとして、彼女は彼のことを十分に理解しており、彼を代弁する権利があると思ったからです。初めは、正統派の埋葬方法に抵抗を感じているということしか言いませんでした。彼女は、その理由としてエイブも自分も信仰心が深くないからだと考えていました。

死のプロセスのある側面に対して強い思いがあるものの、その理由がはっきりとしない場合、過去に経験した死を振り返ることが役立ちます。ミルドレッドに過去の経験について尋ねると、彼女は一〇歳の頃に初めて体験した祖父の死について語ってくれました。

「両親は祖父が亡くなった部屋から私たちを遠ざけようとしていました」とミルドレッドは語り始めました。「でも兄と私は、そんなことは気にせず、扉まで忍び寄って覗き込んでいたのです。祖父にはシーツがかけられていて、扉のほうに足が向いている状態で、床に寝かされていました。床の上の覆われた遺体をなぜか恐ろしく感じて、私たちは自分の部屋に逃げ込んだのです。数年後、映画館でミイラの映画を観た際に、床の上でシーツに覆われた祖父のことを思い出しました。こうした連想が意味不明なことはわかりますけれど、エイブを白い布で包むという考えが、それら二つの出来事で経験した恐怖を呼び起こすのです」。

「エイブを覆ったり、白布で包んだりすることに関して、どうしてそこまで抵抗を感じるのだと思いますか?」と私は尋ねました。

「おそらく彼の顔を覆い隠すからかもしれません」と彼女は躊躇いがちに話しました。「そう、それだわ。彼の顔を覆い隠すことで、彼のアイデンティティが失われて、人というより物のように感じてしまうのです」。

ミルドレッドの話を聞き、エイブの顔を覆い隠すことが彼女の抵抗感の中心にあることに気づいたことが、話し合いの突破口となりました。家族は、お互いの考え方の違いに折り合いをつける方法を見つけたのでした。マイケルの話によると、それは、正統派の伝統でも許容されるとのことで、彼らは、エイブを白い布で包んで、顔だけは覆わずに埋葬することを決めました。また、墓前での祈りは、知らないラビではなく、マイケルにお願いすることにしたのです。

*

人が抱く神話は、非常に強固なものであっても、本人には完全に把握しきれていない場合があります。それは、死に関する言動を通してのみ明らかにされるため、ドゥーラの存在が重要となるのです。ドゥーラは、死と死につつあるプロセスに関する話し合いにおいて、特に注意深く観察するよう訓練されています。

過去の死の経験を探ることも、人生の振り返りの初期段階に行われるべきでしょう。もし、死を迎えようとしている本人がこの振り返りを行うためのエネルギーと認知能力がある場合、死に関する重要な体験の全てを検討すべきです。振り返りは、死を迎える本人が心の中で行うこともできれば、ドゥーラに代わって家族の誰かの協力のもとで行うこともできます。しかし、こうした過去の回顧は強い感情を引き起こす可能性があるため、家族の絆や友情でつながっていないドゥーラとともに行うほうが容易にできるのかもしれません。

初めに、死を迎えようとしている本人が、人や動物などの、思い起こせる限りの全ての死をリストアップします。その中で、最も重要だと思う死を特定してもらいます。次に、それらの死について、頭に浮かんだことを話します。その経験の最も重要な部分は、物語を語ることで明らかになるでしょう。ドゥーラは、特に意味がありそうなものを書き留めます。また、その体験が、死を迎える人やその家族が臨終のプロセスやその後に出来事について思うこと、予想すること、恐れていることに、どのように影響しているのかを尋ねます。次のような質問がこうした考察のきっかけになるかもしれません。

- その死が、あなたを苛み、気づかせてくれたことは何ですか？
- その死は、あなたがどのように死ぬのか、どのように死にたいのかに関する考えにどう影響していますか？
- その死に影響した、文化的あるいは宗教的な考えはありますか？　そして、それらについて、今はどう感じていますか？
- その死は他の親しい家族や友人にどう影響しましたか？　そして、それはあなたが親しい人たちに望むことにどう影響していますか？
- その死で、自分の臨死期には避けたいと思うような後悔が、何か残りましたか？
- その体験で自分の死に取り入れたいと思ったことは何ですか？　また、その理由は？

時に、死の体験を結びつけるような神話を作り出すことも有効です。このような物語は、無意識のうちに行動に影響を与える隠れた思い込みを明らかにすることもあります。私が担当していた末期患者のクリスティンと、彼女の人生における重要な死を探ったとき、特筆すべきは彼女の母親の死でした。当時クリスティンは一二歳だったそうです。

「母の死は穏やかだったのを覚えています」とクリスティンは語りました。「私の人生を変えたのは、その後の出来事でした。半年後に父が再婚したのです。四人兄弟姉妹の中で私が一番年上だったので、今振り返ってみても、父が他の女性を家族に招き入れた理由はちゃんと納得していました。でも、葬儀が終わってから、父が母の話をすることが一切なくなったのです。まるで母は最初からいなかったかのように」。

クリスティンと私は、彼女の父親、母親、そして継母との関係について話し続けました。また、彼女の悲嘆について彼女が覚えていることを一緒に分析しました。「どこにも居場所がないように感じていました」と彼女は言いました。「親を亡くした友人は一人もいなくて、父にも相談することができなかったのです。父はそれについて話題にしてはいけない、触れてもいけないという明確なメッセージを発していました。そうして、新しい母親がやってきた後も、私は彼女を家族の一員として受け入れることができませんでした。彼女は優しかったけれど、やっぱり本当の母親ではなかったのです」。

クリスティンは、母親の死と奇妙に似ている別の死も体験していました。夫のクレイグと結婚して二〇年が過ぎた頃、クレイグの母が亡くなったのです。クリスティンは彼女をとても身近に感じていました。クレイグの父親は、半年も経たないうちにある女性と付き合い始め、妻の一周忌の前に再婚しました。子どもたちとの会話の中で母親の話になると、クレイグが何度か涙ぐんでいるのをクリスティンは見かけていました。自分から母親の話をすることのないクレイグですから、クリスティンは、彼の様子を気遣いましたが、夫はいつもただ一言「大丈夫」とだけ答えました。

この二つの死は驚くほど類似していました。クリスティンは義母のことを母親とは思っていませんでしたが、彼女の人生において母親のような存在だったことは確かです。どちらの夫も、妻が亡くなってすぐに再婚しており、妻の死について忌憚なく語られることもなくなりました。これらの死をさらに分析すると、いくつかの細かな側面も二人を結びつけていることがわかります。まず、どちらの女性も控えめで、夫に遠慮していたということです。もう一つは、彼女たちが子どもたちの人生に与える影響は、彼女たちの死とともに失われたということです。

私はクリスティンに、この二つの死が彼女の死に対する理解にどのように影響したのかを考え、それらの考えを物語的な神話にまとめることを提案しました。その過程の中で、彼女から自分の考えをより明確にするために支援して欲しいと頼まれたのです。最終的にまとまった彼女の神話の最も重要な部分は次の通りです。

死はいつも悪いタイミングで訪れます。残された側の悲嘆とは関係なく、石鹸まみれの手から石畳に滑り落ちたグラスのように、将来の希望や計画は粉々になり、生活はめちゃくちゃになります。辛いのは、女性の人生がすぐに忘れ去られるということです。男性たちは、妻たちの死後、まるで彼女たちが交換可能であったかのように扱います。いずれ、世界は彼女たちの存在を忘れ去り、彼女たちが他人の人生に残した痕跡は、まるで頬に残した濡れた口づけの跡のように消え去っていくのです。

私はこの神話を聴きながら、クリスティンの心の奥底にある怒りと恐怖を感じました。彼女は母親や義母の死だけではなく、自らの死についても語っていたのです。彼女自身もこのことに気づいていました。

「私が死んだ後にクレイグが別の人と出会うかもしれないということを考えると、怒りが込み上げてきます」と彼女は話しました。「彼が二度と誰も愛さないようにと願うのは、子どもじみていて、自分勝手なことだとはわかっています。ただ一二歳のときに感じていたと同じことを今も感じ、屋根裏部屋に保管されているアルバムの写真のように、忘れ去られるのではないかという不安があるのです」。

クリスティンは、クレイグが自分のためにしてくれていたことに対し、無意識的にこうした怒りや不安の感情が出ていたことにも気づきました。彼女は、彼が何をしてくれても、それが不十分で、不適当であるかのように感じさせていたのです。ある意味、彼に捨てられる前に、彼女は彼を遠ざけようとしていたのでしょう。

これらの洞察の結果、クリスティンはクレイグとの関わり方を変え、彼女が亡くなった後について、二人で深く話し合えるようになりました。彼女の隠れた神話を暴いたことで、彼女の生活の質は変わり、死後に起こることについて感じていた不安を処理することができたのです。最終的に、彼女はとても安らかな死を迎えることができました。

＊

ホスピスのソーシャルワーカーとしてキャリアを積み始めたばかりの頃、私は、末期の認知症を患っていた男性とその妻を担当していました。ある訪問で、私は彼女に宗教やスピリチュアリティについて尋ねてみたのです。彼女は無神論者であると教えてくれました。そのため、当然のことながら、彼女は死後の存在を信じていませんでした。私自身とは別の考えを持ってはいるものの、彼女のその考え方に驚きはありませんでした。しかし、彼女の激しい口調に、私は彼女の考えに対し、思わず反応してしまったのです。「死後の世界や神なんてものを信じている人はみんな愚かで幼稚よ」と彼女は私をじっと見つめて言いました。

私は表情を変えないように努めましたが、顔の強張りから感情を読まれていたのでしょう。「私が言ったことが気に入らないようね」と彼女は付け足しました。私は否定と謝罪を繰り返しましたが、もう手遅れでした。私たちは話題を変えるしかありませんでした。

かなり後になって、私は過剰に反応したり、自分の信念を押しつけたりすることなく、そのことをまた話題にすることができました。しかしこの体験を通して、私は強力な教訓を学びました。それは、信念は意見に変わることがあり、死を迎える人やその家族とのやりとりの中でそれらが明らかになった場合、ドゥーラの効果は失われるということです。

人は、特定の状況下での行動や死の本質についてどう思うかをドゥーラに尋ねることがあります。やり残したことをどう対処するのか、残された時間はどれぐらいなのか、死ぬ前に何を経験するのか、死後に何が起きるのか……。ドゥーラは自らの信念を押しつけることなく、中立的立場に立つべきで、これらの質問に答えてはなりません。こうした質問に悩むことは、質問者にとって重要な意味があり、革新的とも言える答えが生まれる場合があるのです。

そのため、一般的な質問に対する回答を求められた場合、ドゥーラはその人に質問を返します。例えば、死を迎えようとしている人に死後に何が起きるのかを尋ねられた場合、ドゥーラは次のように答えます。「〈あなた〉は何が起きると思いますか?」質問者に同じ質問を返すことで、重要な対話を開くことができます。そして、その人が自分の考えを振り返り、質問の背後に潜む自らのジレンマや不安に気づくことができるのです。

仮に、ドゥーラが自分の考えや信念を述べてしまうなら、それはさらなる気づきの妨げになるかもしれません。他にも以下のように質問を投げ返すことができます。「あなたはどう思いますか?」「その経験から何を学びましたか?」あるいは「あなたの宗教の教義や文化ではそのことについてどのように教えていますか?」などです。質問を投げ返すことで、相手は自分の中の葛藤と向き合わざるを得なくなります。

ドゥーラのアプローチは、満足のいく答えは、基本的に自身の問いに自らが答えを探ることでしか得られないという理念のもと、患者自身の葛藤を尊重します。内的な探究は急かしてはならないのです。ワインを味わうかのようにその味わいを感じ取るためには、答えを自分の中で転がし、その香りから曖昧な要素を嗅ぎ取り、舌の上に乗せて隠し味を見分ける必要があります。そうすれば、その価値がわかるようになるでしょう。

行き詰まって前に進めない場合、ドゥーラは、様々な答えを試して、それぞれの状況に身を置いて沸き起こる感情や考えがどのようなものなのかを確認するよう提案します。時に、視覚化することで、人は様々な状況を試すことができ、何が好ましい答えなのかではなく、何が適切な答えであるかを感じられるようになります。

質問を一時的に避け、その人に力を与えるものは何なのか、過去に困難な質問に対処する力を与えてくれた秘めた能力や回復の源、そして、それらの能力や回復力をきちんと利用できているかどうかなどを探る方法もあります。また、それができていない場合、その原因は何なのかということも探らねばなりません。

しかし、ドゥーラはまた、その人物が、少なくとも現時点では、これ以上は前に進めないということを認識することがあります。そういった場合、何について話し合ったのかをまとめ、その人の現状を確認し、プロセスを続けるための次のステップを提案するとよいでしょう。その探究を中途半端に感じても、本人にとっては非常に意味のあるものになるかもしれません。そして、さらなる道のりを拓いてくれることになるかもしれないのです。

ドゥーラの経験や考えは、適切なタイミングで、死を迎える人とその家族にとって別の視点を提供することもあるでしょう。しかし、それは、他の全てのアプローチを試した後で、本人がドゥーラの視点を理解し、自分の中でそれを受け入れることが前提となります。

父が最後に息を引き取った際、私は父を看取れなかったことに罪悪感を覚えていたということは既にお話ししました。この経験は、明らかに私が抱く死の神話に影響しており、最後を看取ることの重要性を教えてくれるものとなりました。死を迎える人とその家族の間で、最後に立ち会うことに関する話し合いを進めるためのアイデアとして、私はこの経験を共有させてもらうことがあります。

しかし、時には、あまりにも複雑な問いに直面すると、人は答えることを諦めてしまうこともあるのです。そうした場合、ドゥーラは偏見を持たずに、援助的な姿勢を見せます。結局のところ、思いやりと愛情あるサポートは、難問の答えを見つけることよりも重要なのです。

家族や介護をする方にも、このことを理解してもらう必要があります。彼らにとって、愛する人が悩んでいた問題の答えを見つけたり、受け入れたりすることができないということを理解するのは困難かもしれません。家族は、お互いに信念を強要する傾向があります。その人が別の考え方をすれば楽になれると考えた場合には、特にその傾向が高まります。しかし、これは死を迎える人の気分を害し、別の考えを押しつけてくる人を厭わしいと思わせてしまう可能性があるのです。そのため、愛する人が死を前にして避けがたい問いに直面したとしても、家族は本人をサポートする心の余裕を見出さねばならないのです。

第4章　人生の終わりに伝える真実

人生の終末期に直面する際、診断、予後、治療に関する真実が死を迎えようとしている患者に伏せられることは少なくありません。しかしこのように、情報を明らかにしなかったり、曖昧にしたり、あるいは秘密にしたりすることは、終末期を迎える人の孤独や心理的苦痛を増幅させるだけです。医療関係者には、今後の見通しや成功率、最新の治療などで言葉を濁しながらも、患者の予後を伝える責任があるため、真実を避けた場合は非難を受けることがあります。しかし、西洋の社会構造には、死への恐怖が堅固に内包されています。末期患者やその家族が、真実から目をそらし、奇跡にしがみつくのは仕方のないことなのです。

家族が本人に死の事実を伏せるのは、失望や絶望状態になることから彼らを守りたいと考えているからかもしれません。愛する人に希望を持たせ、生きることの喜びや楽しみを味わって欲しいと考えるのです。私は多くの家族が次のように話すのを聞いたことがあります。「真実は、彼らを死にこだわらせるだけです。私は本人に残された時間を楽しんで欲しいのです。そのために、事実をねじ曲げたり、誤った情報を伝えたりしなければならないとしても構いません」。

しかし、この理屈はいくつかの間違った前提に基づいています。まず、事実がどれほど辛く困難なものでも、そのことが必ずしも人を容赦のない悲嘆へと陥れるとは限らないのです。真実が、解放をもたらすこともあるのです。確かに、最初は嘆き悲しむかもしれません。しかし死を受容することで、より奥深い内面的な取り組みや人間関係の修復にそれはつながるのです。

五〇代前半で胃がんの診断を受けたジャックは、何年にもわたり様々な化学療法を受けてきました。最初のうちは、がんの進行を抑えることができていたのですが、病は再び徐々に悪化していきました。ついに、彼の主治医は「今はもう手の施しようがない」と認めざるを得ませんでした。

ジャックの妻、シーラは、ジャックが冷静にこの告知を受け入れたことに驚きました。彼の気分は上々でしたが、対照的に、その後の日々の彼女は悲しみに暮れていきました。続く数週間、ジャックは体を鍛え直し、失った体力を取り戻すと話していました。しかし、シーラが仕事から帰宅すると、ほぼ毎日、彼はソファでうたた寝をしていました。彼は「今日は調子が良くないから、明日から頑張る」と言って、次の日も、また次の日も同じことを繰り返しました。

シーラは、ジャックが医師の話を完全には理解していないのではないか、あるいは、極端な現実逃避をしているのではないかと考え始めました。そこで彼女は親しい友人の一人に相談をしました。その友人は、ジャックに回復への何らかの錯覚を抱かせ、彼が落ち込まないようにしてはどうかと提案してくれました。シーラは、本当のことを黙っていることは、ジャックに嘘をつくことではないかと感じましたが、友人のアドバイスに従うことにしたのです。

しかし、当時中学生と高校生だった彼女の娘たちが、状況を理解できず、困惑していることに彼女は気づいていました。シーラは彼女たちに話すことを恐れていました。真実を伝えることで、彼女たちが悲しみ、彼女たちの父親への接し方が変わることで、ジャックの現実逃避が台無しになってしまうのではないかと思ったのです。また、娘たちにもジャックにも、自分が彼のことを諦めたと思って欲しくはありませんでした。

さらに数週間が経ち、シーラはこれ以上、偽りの生活はできないと感じていました。彼女は医師に連絡をとり、もう一度ジャックに告知をしてもらえないかと頼みました。「前回の面会で、ジャックは自分が死を迎えるということを理解していなかったのだと思います」とシーラは言いました。「もう手の施しようがないと彼に伝えたとき、あなたは『今は』という言葉を付け加えました。彼はその言葉の中に、治療でよくなるかもしれないという可能性を感じたのではないでしょうか」。

「ジャックは私の言葉をきちんと理解していたように思います。多くの患者は、私が言葉にする前に既に事実を悟っています」と医師は答えました。「私は患者から希望を奪うことはしたくはありませんし、あなたもそうすべきではないと思います。希望を持つことは良い対処法の一つです。それに、いつ新たな化学療法が出てくるかわかりませんし」。

シーラは、このまま何も変化がなければ、ジャックの余命がどれぐらいなのかを尋ねました。最後のCTスキャンで確認したがんの成長速度からすると、三ヶ月から四ヶ月、よくても半年だと医師は答えました。シーラは胸が引き裂かれるような痛みを感じました。それほど余命が短いとは思ってもいなかったのです。彼女は、夫の病状を自分も完全には受け入れていなかったことを痛感しました。そこで、それまでの数週間を振り返ることで、彼女はジャックがいかに衰弱していたかに気づいたのです。

それからの数日間、彼女とジャック、そして娘たちが直面した絶望的な事実が、シーラの生活の全てを憂鬱なものにしました。彼女は、自分の抱える秘密と、ジャックの現実逃避が、お互いに真剣な話し合いを不可能にしていると気づいたのです。積み重なった雪崩のような現実逃避が彼女たちを埋め尽くし、彼女はどこから抜け出せばよいのかわからなくなっていました。ついに、彼女はジャックと話し合うことに決めました。彼女たちは泣きながら、数週間ぶりにありのままを話し合うことができました。それから娘たちにも話しました。次の日、シーラは地元のホスピスに連絡をとったのです。

ホスピスケアを始めて間もなく、看護師が、そこで提供していたドゥーラプログラムについて彼女たちに教えてくれました。それをきっかけに、私は彼らのもとを訪問することになったのです。ジャックの死が近いという真実が明らかになっても、現実逃避に走ったり、他人や自分から秘密を覆い隠したりすることに、再び彼らが陥ることは何度かありました。私は、そうした瞬間を察知すると、真実が顕わになるまで、彼らの考えや感情を探るようにしました。

私は、逃避することをやめたジャックに、人生の振り返りやその意味の探究を中心とした一連の面談を始めました。途上で、ジャックは何度も、幼い娘たちが成長して人生を歩んでいく姿を見届けることができないという悲しみに直面しました。

「娘たちが『自分』というものを認識する前に、私は彼女たちを見捨ててしまうのだと感じます」と、あるとき、彼は言いました。また、彼は死を迎えることがシーラとの結婚生活に対する裏切りだとも感じていました。彼らは、娘たちが巣立った後に、一緒に旅行を楽しむ約束をしていたのです。しかし、それはもう叶わないものとなり、彼は、自分がいなくなった後の彼女の生活を心配していました。

こうして気持ちの整理をしながら、ジャックは娘たちに宛てた手紙を書き、彼女たちをどれほど愛しているか、彼女たちの成長をどれほど誇りに思うか、そして、彼女たちの未来に何を願うのかを綴りました。シーラにも手紙を書き、彼女のことをどれほど愛しているかを伝え、支えてくれたこと、親友でいてくれたこと、子どもたちの面倒をよく見てくれたことについて、感謝の気持ちを書きました。また、彼女には一人でいるのではなく、愛する人を見つけて欲しいとも伝え、「僕ほどは愛せないかもしれないけどね」と笑顔で付け加えました。

封筒の中には、彼が彼女の誕生日のために購入したものの、直接渡すことは叶わないであろうペンダントが入っていました。彼は、姉に頼んで、それに特別なメッセージを刻印してもらっていたのです。そして、彼は私に、自分が亡くなってから数週間経った後に、シーラと娘たち、その他の家族のケアをするために訪問をした際に、手紙を渡して欲しいと頼みました。

ジャックは人生最期の数週間で驚くべき変化を遂げました。彼の人間関係はかつてないほど愛情に満ち溢れていました。シーラと娘たちは、信じられないほど多くの時間を彼とともに過ごすことができたのです。病状が進んで、顔や身体の衰弱が明らかであっても、彼はいつも楽しそうでした。彼を見舞った誰もがそう感じていました。彼は、一瞬一瞬を大切にするという教訓を自分や家族に教えてくれたがんに感謝していました。彼は本当に心穏やかでした。彼の娘の一人がまるで虹の中で暮らしているようだと話してくれました。

否定と秘密から始まり、ジャックとシーラは、長い道のりを旅し、ありのままをそのまま受容できる領域にまでたどり着きました。彼らは、幼い子どもたちをその旅路に同行させ、死にまつわるタブーを打ち破ったのです。そうすることで、別れが予期されていたとしても、喜びと平穏のうちに死と向き合う方法を彼女たちに示したのです。

私がその死のプロセスで関わってきたほぼ全ての人は、最終的には、真実の隠蔽や真実からの逃避にしがみつくことより、真実を明らかにするほうがはるかにうまくいくということに気づきました。真実は、人々が癒しを得て、人生最期の数日間を思うように生き、レガシーを育むことを可能にします。真実を避けることは、平常心を装わせ、交流を妨げ、家族に虚しさと後悔を感じさせることとなるのです。

＊

死を迎える人に嘘をつくことを正当化する理由としてよく言及されるのが、真実は希望を奪い、代わりに不安や憂鬱を与えるということです。しかし、ホスピスのソーシャルワーカーとして、またドゥーラとしてのキャリアの中で私が見てきたものは、そうではありませんでした。それどころか、人は写真を裏返しに見ているのではないでしょうか。家族が、死を迎えようとしている愛する人（また自分自身）に対して嘘をつくとき、より多くの苦しみと悪しき結果が生み出されるのです。

ジャックの場合と同様に、最初は悲しみが押し寄せてきますが、やがてそれは、誰もがありのままに語ることができるという安心感に変わります。そして、より大きなメリットとして、亡くなる人を本当に尊重し、その人を愛情で包み込むような死が可能となることです。それは、真実を恐れているときには受け取ることができない愛情表現なのです。

秘密や事実と異なる情報は、終末期をどのように過ごすかを決める権利を人から奪います。達成感を味わったり、やり残したことを処理したり、許しを受けたり、許しを与えたり、愛情を示したりなどを経験する機会を奪ってしまうのです。そして、他の人たちにとっては、死を迎えようとしている人がまだそれを受け入れることができるうちに、本音をぶつける機会を奪ってしまうのです。

真実を伝えることは、診断内容や余命を知らせるということだけではありません。それは、人間関係の困難を直視させ、やり残したことに取り組ませるための真実でもあるのです。人が死を迎えるとき、私たちは過去の嵐がもたらした残骸を全て取り除かなければなりません。良い死を迎えるためには、何年も前からのものも含め、抱えている問題に対処する機会が必要となるのです。

これまでの後悔、罪悪感、不和、心の傷などを何らかの形で処理しないと、安らかに死を迎えることは難しいでしょう。どれほど昔に起きた厄介な出来事でも、どれほど酷い言葉を浴びせられたとしても、それらの影響を和らげる方法、あるいは癒しをもたらす方法は必ずあります。それは直接的な場合もあれば、一生届かないかもしれない手紙を通しての場合もあるでしょう。後悔を表現すること、状況を明らかにすること、あるいは許しを請うことは、関係する者にとって非常に強力な変化への可能性をもたらすものなのです。絶たれた絆や破綻していた関係を癒すには、わずかな言葉で事足ります。

＊

私がエディスを担当したとき、彼女は九〇代前半でした。彼女に大きな基礎疾患はなかったものの、身体機能が衰えていたのは明らかでした。彼女の子どもたちが彼女に対して冷たく、愛情がないのは、自分がひどい母親だったからだと彼女は包み隠さず話してくれました。子どもたちの幼少期、エディスは彼らが求める愛情を十分に注いであげられなかったそうです。彼女のエネルギーは、友人のためにパーティーを開いたり、夫の仕事関係者をもてなしたりするために費やされていました。子どもたちが大人になり、自ら子を持つ親となって初めて、エディスは自分がどれだけ子どもたちをなおざりにしてきたかに気づいたのです。子どもたちは、たまに彼女に会いにくることはあったものの、長時間一緒に過ごしたり、自分たちの人生について語ったりすることはなく、彼女は孫たちの顔を見ることもほとんどありませんでした。

彼女の人生を総括する振り返りの作業を行ううちに、この失敗が山のように重く彼女の死にのしかかっていることは明らかでした。それは、彼女を悩ませ、絶え間ない苦しみをもたらしました。回想法のセッションではいつも、この罪悪感と苦悩に行きつくのです。エディスは、恐る恐る子どもたちにこの問題について話そうとしましたが、子どもたちはすぐに彼女を拒絶し、彼女の言い分を聞こうとはしなかったので、彼女が安らぎを得ることはありませんでした。

私が提案したわけではありませんが、多くを検討した末に、エディスは子どもたち一人ひとりに手紙を書き、母親として彼らをなおざりにしてきたことに関する激しい後悔について伝えることにしたのです。彼女は一つ一つの手紙を書くために、何日も苦悩しました。ようやく、とても不安そうなエディスから、手紙を読んで感想を聞かせて欲しいと頼まれました。

私はミッドタウンにある彼女の高級マンションのリビングに座っていたのを覚えています。そこには、一八世紀の絵画、大理石の床や柱、ペルシャ絨毯、磨かれたアンティークの家具など、生涯にわたって蓄積された富の証が溢れていました。しかし、今やそれらはエディスにとって、子どもたちに愛情を与えてこなかったことに比べるならとるに足らないものでした。手紙の内容は、とても痛ましいものでしたが、美しく、そして心に響くものでした。

エディスは言い訳をしたり、自分を正当化したりもしませんでした。躊躇もありませんでした。各手紙に、彼女はその手紙を宛てた子どもの長所について綴りました。そして、自分がどれだけ彼らを愛しているかを示す機会を与えて欲しいということが書かれ、見返りは求められてはいませんでした。私は彼女に、手紙は完璧であると伝えました。

エディスが子どもたちをディナーに招待したとき、私は自分の家族と旅行に出かけていました。彼女と同居していたホームヘルパーが、伝統的なフランス領ギアナの料理を作り、子どもたちが帰るときに、彼女は手紙を渡す予定だと話していました。

休暇中、エディスと彼女の手紙が何度も頭をよぎりました。私は彼女に好印象を抱いていたため、うまくいくことを願っていたのです。彼女が子どもたちに手紙を渡した一週間後に会いに行くと、すぐに彼女の明るさに気づきました。エディスの子どもたちは、手紙を読んだ後、それぞれ彼女に連絡をとり、彼女が書いたことに心を打たれたということ、彼女に心を開いてみようと思っているということを伝えてきたのでした。彼女の娘の一人は、再度エディスに会いに行き、何年も前からこうなることを望んでいたものの、自分から言い出して再び拒絶されるのを恐れていたと涙ながらに語っていたそうです。

子どもたちの傷はすぐに消えるものではありませんでしたが、彼らも、エディス自身も、お互いを隔てる壁が少し崩れ落ち始めていると感じていました。彼女の人生最期の数ヶ月は、子どもたちや孫たちからの予想外の愛情で満ち溢れていました。本音が明らかになったことは誰にとっても良い結果をもたらしたのです。

人生の終末期において、真実は力を持ちます。それは、癒しや変化、そして平和につながるのです。ドゥーラが真実に働きかけるのは、死を迎える人やその家族にそれが多大な影響を与えるからです。また、ドゥーラも求められるなら、いつでも真実を語ります。その信頼感ゆえに人々は、心を開き、死を目前にしても語るべき真実を伝えようとするのです。

第5章　より深い内面への積極的傾聴

死を迎える人とその愛する人のために、誰もができる最も重要なことは、真摯に耳を傾けることです。聞くという行為は、ドゥーラアプローチの核心なのです。それは、恐怖、後悔、不満、神への畏敬、落胆、愛情など、人が内に秘めている様々な感情や考えを共有できるようにします。このような自分の深い内面を共有するためには、批判されたり、気持ちを変えられたり、考えを押しつけられたりしないと感じられなければなりません。私が「ディープアクティブリスニング（より深い内面の積極的傾聴）」[解説5-1]と呼んでいるこの真のリスニング行為は、全ての感情的、あるいはスピリチュアルなサポートの基礎となります。それは、家族が死を迎える人に与える、あるいはお互いに与え合うことのできる慈悲の贈り物なのです。

このような傾聴を行うためには、恐れたり、個人的な利益を考えたりせず、感情に流されることなく、ドゥーラは自分のことは脇に置いて、相手が語るありのままに耳を傾けます。聞きがたいこと、自己の信念に反すること、自らの思考や感情を試さざるを得ないことであっても、ドゥーラはそれを拒むことなく、聴かねばなりません。

表層的レベルでも、傾聴とは、思っているほど単純なことではないのです。私たちの多くは、下手なリスニングスキルを身につけてしまっているからです。私たちは、脳の一部でしか聞いておらず、残りの部分は今の瞬間とは関係のない様々なことについて考えています。私たちは、自分が聞き取ったことに焦点を当てます。相手が喋り終える前に、自分の考えや経験を共有しようとしてしまうのです。私たちは、自分が正しく理解しているのかを確認し、聞いた内容を確かめることなく、理解していると思い込んでいます。相手に注意を向けたとしても、言葉だけを聞き取って、その人の仕草や顔の表情、声のイントネーションから読み取れることを見逃してしまっているのです。

このような悪い習慣に陥らないためには、「積極的」に聞く必要があります。真の傾聴とは受動的な活動ではなく、集中力を要します。聞き手は、無関係な考えや気が散るような刺激に意識が向くようなことがあっても、耳を傾けて聞き続けなければなりません。聞き上手になるためには、人の話の裏面を探る機会を探し、定期的に自分が理解できているのかを確認しなければなりません。言葉以外の手がかりを読み取り、自分の内側の反応に気づき、沈黙などの適切なタイミングを見計らい、直感からくる洞察に注意を払わなければならないのです。

センタリング（精神の統一）

良いリスニングは、最初の言葉が発せられる前から既に始まっています。それは、私たちが常に抱えている雑念を追い払うことから始まります。私たちの心は、いきなり方向を転換しては、あらゆる方向に素早く泳ぐ魚の群れのような考えや感情で満たされているのです。例えば、あなたは今受講中で、一生懸命授業を理解しようとしているのに、隣で雑談をやめないカップルがいることを想像してください。そのカップルは、あなたの気を散らし、聴講を妨げる雑念となります。こうした雑念から抜け出すことを「センタリング」（精神の統一）と呼びます。

センタリングには様々なアプローチがあります。禅宗を学んだ者として、私は呼吸を意識した瞑想が非常に効果的なアプローチであると考えています。死を迎えようとしている人やその家族を訪ねる前に、約一〇分から一五分程度、車の中や訪問先へ向かう道の途中で、この呼吸法を意識した瞑想を行うようにしています。座っている場合は、下腹部や鼻孔など、身体的感覚に意識を集中させます。歩きながらの瞑想は、足の上げ下げや地面と足が接触する際の感覚に集中し、片足ずつ踏み出す動作に合わせて呼吸をします。

時には、ティック・ナット・ハン解説5-2の教えに基づいて、息を吸ったり吐いたりする際に、短いフレーズを心の中で密かに唱えることもあります。例えば、息を吸ったときは「今この瞬間」と唱え、息を吐いたときには「この一瞬」と唱えます。

また別のアプローチとして、誘導イメージ法、あるいは、視覚化を用います。誘導イメージ法については第9章で詳しく説明します。ここでは、センタリングのための視覚化について説明しましょう。

この視覚化では、目を閉じたまま座ることで、より簡単に想像力を働かせることができます。初めに、一分から二分間ほど呼吸法による瞑想を行い、森の中にあるような静謐な湖沼を思い描きます。その水辺に座って水面を覗き込んでいる様子を思い浮かべてください。そこに一匹のカエルが飛び込んできて、水に入ったところから四方八方に波紋が広がります。

水面を見続けていると、その波紋は徐々に消えてゆき、水たまりは再び完全な静けさを取り戻します。そして、それをイメージしている本人も徐々にその静けさの一部となるのです。準備が整ったら、目を開け、湖水の静けさを心に留めて、訪問相手の家や部屋に入ります。

雑念が、極めて執拗な場合もあります。思考、記憶、音、身体の感覚などが集中を妨げたりします。そのようなときには、センタリングを実施すればよいのです。呼吸法を繰り返し、静まり返った湖水の心象風景を何度も思い描くことで、死を迎える人とその家族の話を聞くための精神的統一を備え、集中力を保つことができます。

センタリングは心を落ちつかせ、意識の表層では明らかでないものが見えるように、直感を働かせてくれます。しかし、しっかりと耳を傾けるためには、外に意識を向けることも重要です。そのためのアプローチの一つとして、周囲から聞こえる全ての音に注意を集中します。この準備段階では、全ての音を集中して聞くと同時に、呼吸にも一部意識を集中させることが重要となります。内と外の両方に意識を向けるこの二重の集中力が、より深い傾聴には効果的なのです。

センタリングの最終段階は、全ての期待や目標を取り除くことです。何か素晴らしいことを成し遂げようとしたり、間違ったことを言ってしまうのではないかと不安に感じたり、特定の問題に対する思惑があると、人は、傾聴そのものよりも、自分自身のことや自身が必要だと思うことに捉われすぎてしまいます。

家族は、死に逝く愛する人に耳を傾けるべき時期と、課題やそれに関連する事柄をとりざたする時期を明確に分けねばなりません。家族にとって、この二つの行為を分けることはしばしば困難をもたらします。ドゥーラの手助けはこのようなときに生じます。死を迎える人がありのままに、自由に、内面の意味や感情的なトピックについて話すためには、家族がその瞬間にはただ聞くためにのみ傍らにいるのだという認識が必要なのです。死につつある最期の数日間を迎えるとき、このことは極めて重要なこととなります。

心の中で目標を定めたなら、私は、それを大声で声に出してみます。準備をしていても、声に出したことで、その目標には価値と力が加わったように感じ、それを叶えるという約束をしたように感じるのです。

こうした準備を進める際、私は顔や胸の前で合掌をしますが、これは、禅の修行から生まれたもので、私にとっては、与え手と受け手、あるいは聞き手と話し手が、別の存在であると同時に同じ存在でもあることを象徴しています。この両手で示した合掌には、何であれ与えられることへの感謝の意も込められているのです。

訪問

ドゥーラが誰かの家や部屋を訪れることで、死を迎える人やその家族との関わりが始まります。どう関わり始めるかによって、その訪問の方向性は決定づけられます。外部からやってきたドゥーラの場合、まずはドゥーラについて説明をし、訪問の目的やだいたいの所要時間についての見通しを最初に伝えます。もし、家族が、死を迎える人や他の家族とともに、わざわざ傾聴のための時間を設けてくれていた場合、ドゥーラは、その時間を単なる懇談や、日常会話に費やすことなく、より深い事柄について語り、意味を探る機会や寝ずの番について計画を練る機会であることを明らかにします。訪問の最初の数分間で、安心感の度合いが決まり、信頼感が構築され、人々が必要なことをありのまま語ってくれる意思の有無が決まるのです。

病の終末期には、身体的な衰えが急速に進み、感情はまるで風向きのように突然変わり、家族の対応によっては、怒りの爆発が引き起こされることもあります。そのため、ドゥーラはより深いテーマに取り組む前に、身体的に辛い症状を抱えていないかを確認します。また、訪問を受け入れることが困難なほど疲れていないか、他に気にかかることがないかも確認します。もし、訪問の主な相手が家族である場合は、その人が、話ができないほど、日々の介護で疲労やストレスを感じていないか、家族としての対応のあり方や今後起こり得ることを予想して打ちのめされていないかを確認するのもドゥーラの仕事です。

これらの理由で訪問を早めに切り上げたほうがよいと判断した場合、ドゥーラは改めての訪問を提案します。もちろん、寝ずの番のためにそこを訪問している場合はその限りではありません。他のことを気に病んでいる人に無理強いをしても何の利益にもなりません。訪問を終える前に、ドゥーラは死を迎える人の傍らにただ座り、軽いハンドマッサージを施し、彼らがリラックスできるような視覚的な映像などを提供したりします。

より内面への積極的傾聴は、ただ座って何もしないということではありません。会話の初期段階であっても、死を迎える人やその家族にとってデリケートな話題や極めて感情的にならざるを得ないことについて話し合う必要が生じることもあります。ドゥーラはそれを認識し、常に冷静でいて、集中力を欠いてはいけません。話し手が黙り込んでしまった場合でも、ドゥーラはその沈黙を敢えて埋めようとはしません。沈黙はしばしば豊かな実りでもあるからです。人は前に進むため、あるいは適切な言葉を探るために、あるいはより強い確信を得たいと、その心の内をより深く探るためには勇気が必要なのです。沈黙は、一息、二息ほどで呼吸を整えたり、集中して傾聴するフレーズを繰り返したり、合掌を目の前で行うのに最適な瞬間なのです。

ドゥーラは、発言内容に反応したり、会話を新たな方向へと導いたりする前に「そのことについて何か付け加えたいことはありますか?」と尋ねるかもしれません。このようにして、話し手が自分の話している内容についてさらに深く掘り下げていくように促すのです。そのとき、差しさわりがないならドゥーラは手を伸ばして、相手に触れることもあります。触れることで、人の温かみや思いやりを示すことができるのです。

さらにその先へ進むために

より慎重に耳を傾けていても、聞き間違えや、意図が理解できないことが、意外と頻繁に起こります。それは、時として忍耐力の欠如によって起こる場合もあれば、あるいは聞いたことが曲解されるほど話される内容が曖昧であるため起こります。また時として、期待や思い込み、予測がそうさせることもあるのです。特定の言葉や表現が、聞き手の文化的背景や個人的な経験からくる反応を引き起こすこともあります。何に起因していたとしても、結果は全て同じです。つまり、話していることが傾聴されていない場合、あるいは話者がそう感じたとするなら、彼らが続きを語ろうとする意欲は削がれてしまうのです。

「振り返り」は極めて重要なテクニックです。それは、聞き手が自分の言葉で、聞き取った内容を話し手に伝えることです。聞き手は同じような表現を使うことはできますが、振り返りは話し手が言ったことをそのままオウム返しにするだけではいけません。

振り返りをすることで、会話の中に短い休憩を入れることができます。聞き手は理解度を確認し、話し手はより明確に語ることの必要性を感じ、聞き手は再度理解度を確認します。このテクニックを使用することで、多くの誤解を避けることができます。また、話し手が自分の言ったことを明確にすることで、自分の考えを具体化し、話す内容の比較的曖昧な部分が見えてきます。それはまるで螺旋階段を登るようなもので、視点はほぼ変えずに前に進むようなことです。聞き手と話し手のやりとりが、両者の距離を縮め、深い共感を生み出します。

振り返りと明確化の過程では、聞き手は抑えきれないほどの強い感情の揺れに見舞われることもあるでしょう。感情を共有しているということは、関わり合っている全ての人が死への道のりをともにたどっていることを意味します。死を迎えようとしている人に対する留意をそらすことがなければ、感情を表すことに問題はありません。

当然ながら、この振り返りのテクニックは、会話が展開するたびに使えるものではありません。理解度を確認することが極めて重要で、明確にすることで会話を深め、死を迎える人が何か有意義なものを発見できるような重要な場面のためにとっておくべき手法なのです。振り返りを行っている際も、ドゥーラはできる限りその気づきや勇気を讃えます。こうすることで、その人に、迷いやためらい、混乱と戦い続けるために必要な力を与えることができるのです。こうした行動こそが、積極的傾聴を真に「積極的」なものとするのです。

　家族にとって死に逝く愛する人の話に耳を傾けているときに、苦しみを和らげようとしたり、暗闇に明かりを灯そうとしたり、問題を解決しようとしたり、その人生の善きことや喜びを思い出させようとするのを控えることは最も難しいことです。訓練を受けたドゥーラでさえも、現状を打破したり、問題を解決したりしようとする衝動を抑えるのは困難なのです。しかし、悩み抜く機会を与えることで、人は自ら答えを見出し、自らの知恵を身につけることができるのです。そうやってたどり着いた答えは、真に意味のある満足のいくものとなるでしょう。

　こうした取り組みを支えることこそが、真の傾聴なのですが、取り組まれている人自身が、聞き手はその取り組みのプロセスに寄り添い、答えを得るための旅路をサポートしてくれていると感じる必要があります。そうしたただ中にある人々に寄り添った事例として、かつて私が語ったある話があります。

　反抗期で手に負えない一〇代の少女の両親は、荒野療法プログラム[解説5-3]に彼女を参加させることにしました。プログラムに参加することを拒んだ少女から、両親は靴や普段持ち歩いているもの全て（現金やカード類も含め）を取り上げました。彼女が身につけていたのは、そのとき着ていた服だけでした。プログラムの参加者には、到着次第、決まった衣服が支給されることになっていました。

集合場所で、少女はメインキャンプ場に向かうバスに乗車することを拒むと、見知らぬ街の通りをすたすたと歩き出しました。すると、カウンセラーの一人は彼女の両親に「対処は私たちがしますからお帰りください」と言いました。その場を去りながら、彼女の両親は、カウンセラーの一人が娘の後を追う姿を見かけました。その後に何が起きたかは、後日知らされました。

そのカウンセラーは少女に追いつき、何も言わずに彼女と並んで歩き始めました。この話を聞いて驚いたのは、そのカウンセラーがすぐにプログラムについて話し始めたり、素晴らしいプログラムだということを彼女に言い聞かせようとしたりはしなかったことです。彼は、プログラムがどれほど成功しているのか、彼女の人生をどのように好転させることができるのかについても話しませんでした。また、現状では彼女に選択肢がないことを伝えたり、見知らぬ土地で所持金もなく歩き回ることについての危険性を伝えて脅かしたりすることもありませんでした。彼はただ静かに彼女と並んで歩いたのです。

数ブロックほど進むと、彼は私が思うにとっぴな行動に出ました。自分の靴を脱ぎ、靴下のまま彼女の隣を歩き始めたのです。彼女は彼のことが気になったものの、何も言いませんでした。二人はそのまま歩き続けましたが、さらに八〇〇メートルほど進んだところで、彼女はようやく口を開き、こう言いました。「一人にさせてくれるつもりはないってことね?」

「そうだね、君の隣にいるよ」と彼は言いました。

その数分後、彼女は「わかったわ、戻るわよ」と言いました。帰路で、彼女はようやく本当の意味で心を開き、自分の人生で何が起きているのかを語り始めたのです。

もし、カウンセラーが彼女の怒りを無視して語りかけ、彼女の感情を否定し、彼女がプログラムを気に入るだろうと言い聞かせようとしたなら、彼女は自分のことを本当に気にかけてくれているのだと彼を信頼することはなかったでしょう。彼は、彼女の気持ちや葛藤にではなく、お決まりの手続きを順守することにしか関心がない無理解な大人の一人として認識されていたかもしれません。

同様に、ドゥーラは死を迎えようとしている人やその家族の気持ちを変えようとはしません。仮にもしそうするのであれば、彼らは激しい感情に対処ができず、他者の視点から課題や問題を把握することができないというメッセージを伝えることになるでしょう。この一〇代の少女とカウンセラーの話は、ドゥーラがサービスを提供する人々とどのようにともに歩むのかを示しています。比喩的な意味で、ドゥーラは自らの靴を脱ぎ捨てるのです。それはつまり、自分の心を守るために設定した境界線を取り除き、相手の気持ちを変えたり、問題を解決したりしようとすることなく、相手が話したいことを受け入れるということなのです。

ドゥーラは、感情を受け入れ、それを平常化し、その拠り所となるものを探ります。相手が感情や関連する問題に対し行動を起こす覚悟ができていることを何らかの形で示した場合にのみ、ドゥーラは手を差し伸べ、解決策を提案し、相手が見方を変えるよう試みるのです。

積極的傾聴を通して誰かの傍らをともに歩みながら、ドゥーラは忍耐強く、相手が自らの感情に対処し、自らの知恵を身につけることができると信じます。もし、悩んでいる人が自分の進むべき道を見つけられないのであれば、ドゥーラはその人の自主性を尊重した選択肢を提案します。その人が決断したとき、道を決めたとき、あるいはただ諦めたとき、ドゥーラは批判することなく、その人が今いる場所をサポートします。

時間が経つにつれ、より深い内面への積極的傾聴は、ドゥーラや死を迎える本人、そしてその家族との関係の一部となって定着します。ドゥーラが訪問したときや、家族が愛する人の話を聞くために特別な時間を設けたとき、人々は自然に真の傾聴にシフトするようになります。批判せずに聞くことで生まれる信頼関係は、ドゥーラ、死を迎える本人、そしてその家族との関わりを深めていくのです。

そのような環境の中では、死と向き合うことの困難についても自然と話しやすくなります。死を迎える人は、死への恐怖、神への怒り、家族の将来への懸念、既に経験している喪失したものへの不満、やり残した仕事、人生における失望・失敗・後悔・罪悪感など、多くの死につつある人が苛まれる痛みに通底する根源的苦悩や実存的恐怖について、今やありのままを語れるようになります。

同じ理由で、また同じようなやり方で、家族は、愛する者が心身ともに衰えていく様子を見守る苦痛、そして死のプロセスの最終段階を目の当たりにすることで、経験せざるを得ない苦しみなど、自らの心の痛みについてより容易に話すことができるようになります。神や病、自分たちが十分な管理を怠ったことで死につつある人の病気を避けることができなかったことへの怒りについても話しやすくなるでしょう。

まとめ

初めてアンソニーの家を訪問する際、私は通りの角で車を停めて、数分間、心を落ち着かせるためにセンタリングを行いました。家の前に車を停めて、すぐに車から出ないことを家族の人たちに不審に思われたくなかったからです。周りの雑音に意識の一部が囚われる前に、数分間、呼吸を意識しながら瞑想します。こうして私は気持ちを落ち着かせました。そして、集中力と開放感を感じながら、アンソニーの家に車を向かわせました。

車から降りる前に、心の中で私は仏教の教えからくる最後の手順を行いました。アンソニー、彼の家族、他の患者、そして死を迎える全ての人に対し、この訪問が善き結果をもたらすようにと願ったのです。仏教の言葉では、これを「功徳を施す」と言います。この簡単な実践は、うまくやろう、好かれようとする自分のエゴを捨て、この訪問が死を迎えようとしている人とその家族のためであることを思い出させる手段でもあります。

アンソニーのことは、彼のソーシャルワーカーや看護師を通して、ある程度は知っていました。彼は地元の公共事業部で働いていて、彼を知るほとんどの人が、地域の道路整備に対する彼の熱心さ、妻や四人の娘に対する献身的な愛情、そして隣人に対する寛容さを高く評価していました。仕事が終わると、よく近所の家に顔を出し、水漏れや壊れた草刈り機を修理したりしていたそうです。

タバコや葉巻を吸い続けたために肺がんを患ったアンソニーは、「家の表に面した応接室」に療養のベッドを置いていました。その区画一帯と、そこにある住宅の前で起きている全ての出来事が見える位置でした。この意図的なベッドの設置は、アンソニーにとって近所との絆がどれほど重要であるかを表していました。家にいたとしても同じように外にいる感覚を味わうことができるのです。通りの向かいにある三軒の家には、四〇年間ずっと同じ人が住んでいると彼が後に教えてくれました。彼が住んでいた区域は、彼の出身地であるイタリアの小さな村と同じ規模でした。

私は誰かの家を訪問する際、そこに飾られているものや家具を確認するようにしています。それらはそこに住む人がどんな人物であるかを語り、その人物を理解するのに役立つからです。アンソニーの場合、通りに面した窓が、サイドボードや壁に飾られた彼の孫の写真と同様に、彼がどのような人物であるのかを物語っていました。

握手をした彼の手は、まるで木片のように厚く硬い感触でした。肉体労働で鍛えられてきたその皮膚を通して、どうやってものを感じることができるのか、私には想像できませんでした。彼は、子どものような満面の笑みを浮かべており、彼の応援団で、見守り隊でもあった妻と四人の娘たちは、彼が療養するベッドの向かい側に配置されたソファや椅子に集まっていました。

自己紹介を終えた後、私はアンソニーのその日の体調について尋ねました。彼の最初の返事は「大丈夫」でした。ところが、娘の一人が彼を促しました。「ほら、お父さん、ちゃんと彼に本当のことを言って」と。

彼女が話している間、彼の気持ちを汲み取れるかを私は心の内で探りました。感じたのはある種の居心地の悪さでした。彼は自分の気持ちについて話したり、愚痴をこぼしていると思われたりするのが嫌だったのではないでしょうか。その後に続いた沈黙に、私は何も言わず、彼や家族の誰かが話し始めるのを待ちました。私は彼らの力関係をもう少し知りたかったのです。彼が口を開かないのを見て、彼を促していた娘が、彼には体力がなく、ベッドからもほとんど起き上がることができないということを教えてくれました。私たちは、彼の体調や家族が従事している仕事やその住まい、孫たちのことについて少しずつ話しました。

すぐにでも対処を要する問題はなかったため、彼らが理解しているかを確認することも含め、私はドゥーラのプログラムについて説明を始めました。全員がドゥーラを希望していることは明らかでした。その後、アンソニーと二人きりで個人的な話ができるように、家族の人たちが席を外しました。私はいつも通り、できる限り自由に回答できるような形式の質問から始めました。「では、あなたのことを教えてください」。

「そうですね、娘たちにはもうお会いいただけましたし」と彼は語り始めました。「これ以上言うことはあまりありません。この区域で家を購入したカップルは、メアリーと私が三組目でした。最初の二組はまだあそこに住んでいます」と彼は通りの向かい側を指差しました。

人が何について話し始めるかは、提供される情報と同じぐらいその人のことを明らかにしてくれます。アンソニーにとっては、家族と近隣住民が、第三者から見た自分、そしておそらく自分自身から見た自分を定義していたのです。また、彼の控えめな性格もそこからうかがえました。

会話が進むにつれ、私は質問を繰り返しましたが、他の人と接するときよりも積極的に会話を誘導する必要がありました。質問内容をどれほど自由回答形式のものにしたとしても、彼の答えは簡潔なものばかりだったのです。そんな中でも、私は会話の方向性を彼に委ねようと努めました。しばらくすると、彼が徐々に私に対し安心感を抱き始めているのがわかり、私は彼の心の奥にある気がかりの扉を開こうと試みたのです。

「あなたの病状を考えると、あなたにとって今何が大切なのか、残りの時間をどのように過ごしたいのか知りたいと思います」と私は言いました。「ここに一人で座っているとき、家族や外の出来事に気をとられていないとき、あなたは何について考えますか？」

「庭のことを考えています」と彼は言いました。

「詳しく教えてもらえますか」

「家の横に裏の敷地まで続いているのが私の庭です。この家を購入してから初めて迎えた春からそこで野菜を育ててきました。近所の人たちは、私が育てたトマトが今まで食べた中で一番美味しいと言ってくれます。いつも家族のために残しておく数より、他人に分け与える数のほうが多いのですが、それでも夏の間に食べられる分と一年中使える妻特製のソースを作る分には十分な数があります」。これは彼から得た回答の中で最も長いものの一つでした。

「後で庭を見せていただきたいですね」と私は言いました。

「帰られる前に、キャシー（彼の娘の一人）が案内してくれますよ」

「今のあなたにとってその庭が重要だと思う理由は何ですか？」と彼の気がかりをさらに掘り下げるために、自由回答形式の質問で尋ねました。

「私には外に出る体力が残っていません。手入れをしなくなった庭がどうなるのか心配しています」

「あなたが手をかけないと、庭に同じ量の収穫や同じような品質の野菜ができないと心配しているのですか？」と、彼が言おうとしていることを振り返りながら尋ねました。

「そうです。それと家族や近所の人たちが野菜を楽しみにしてくれているのを知っているので。自分が死ぬからといって、庭も一緒に死んで欲しくはないんですよ」とさらに踏み込んだ表現で意味を明確にしてくれました。

「それがあなたにとってどれほど悲しいことなのか伝わってきます」と私は言いました。私が感情について言及したり、口に出したりするのはこれが初めてでした。彼が直接口にしなくても、彼の感じていることは汲み取っているということを示したかったのです。また、会話がいかなる方向へ向かったとしても、彼とともに歩むつもりであることを彼に知って欲しかったのです。「そのことについて、あなたには何ができると思いますか？」

「わかりません。どう思いますか？」

「それは、私が口にすることはできません」。私は、可能であれば、彼自身で解決しなければならないということを伝えたかったのです。私の役割は、彼のジレンマを解決することではなく、彼の葛藤へと彼を押し戻すことでした。「既に検討されたことは何かありますか？」

私たちはこの議題についてもう少し深掘りしたものの、その日、彼が解決策にたどり着くことはありませんでした。二、三度目の訪問の後、彼は解決策にたどり着いたと教えてくれました。彼は娘のキャシーと彼女の夫に庭の手入れの仕方を教えることにしたのです。彼は家族と工夫して何度か庭に出られる方法を模索し、土に何が必要なのかを彼らが感じ取ったり、嗅ぎ分けたりできるように教えました。そして、トマトの豊作を通して、近所付き合いを継続するよう家族と約束を交わしたのです。時間をかけ、庭に対する彼のジレンマは、彼の価値観を明らかにし、人生で学んだことを発見させ、庭とその意味を何世代にもわたり保つことができるようなレガシープロジェクトを生み出したのでした。

彼が庭に出られる最後の何度目かの機会に、キャシーの夫は、彼が後に植える植物のための苗床の作り方を家族に教えている様子をビデオに収めました。そして、家に引っ越してきたときのことや、両親が所有していたニュージャージー州の小さな農場での幼少期についても語っている様子を記録に残しました。

＊

アンソニーに関する話から明らかな通り、積極的傾聴は、ドゥーラがただ話を聞けばよいというものではありません。適切なタイミングで、感じたことを述べたり、可能な限りの解決策を提案したり、経験を共有したりします。これらは、慎重に考えられたうえで、可能性が満ちている瞬間に行われます。どのような場合でも、ドゥーラは自己発見という成長過程を促すようにします。

ドゥーラは人々の感情を内面まで共有してくれるので、死を迎える人は、自身の痛みに彼らが寄り添ってくれていることを実感することができます。しかし、死につつある本人が自分の死を自分のものとすることができるように、ドゥーラは薄い境界線を維持します。熱帯地方でよくあるベッドの周りに張られた最高級のレースのネットのように、その境界線はほぼ透明ではあっても、その布による隔たりは確固として存在しているのです。また、その境界線は、死に逝く過程への立会いを背負うことから生じる重圧からドゥーラを守ってもくれます。

＊

ドゥーラは、死を迎える人とその家族との関わりの中で、何度もより内面への積極的傾聴のスキルを使います。終末期前の一連の訪問において、意味を探索する手助けをするとき、レガシーについて語るとき、最期の数日間の過ごし方を計画するとき、寝ずの番の間、そして死後の再処理のときなどにそれを用いるのです。全ての感情的、あるいはスピリチュアルなサポートは、積極的傾聴によって、ドゥーラとドゥーラが支援をする人々との間にどのような絆が育まれたのかによって左右されます。誘導イメージ法や儀式などのツールも、この積極的傾聴に基づいているのです。

第6章 回想法と意味の探索

死に近づくと、人生の意味に関する質問が自然と湧き上がってきます。それらの質問は、どれだけ良い人生を送ってきたか、何を達成してきたか、どれほど幸せだったのか、そして他人にどのような影響を与えてきたのかなどがその核心です。こうした質問は、死を迎えようとしている人が眠れない真夜中や、周囲に気を紛らわすものがない瞬間に浮かんでくるのです。通常、こうした質問は、様々な出来事を慎重に検討した結果、発せられるものではありません。なぜなら、人はそうすることの利点を理解していないからです。むしろ、銀色の魚が川から飛びはねてまた潜るように、一瞬で浮かび上がっては消えていくものなのです。

こうした問いの答えを真摯に探ることでのみ、人は、エリック・エリクソン氏が説いた自己統合と絶望（第2章で説明）との間にある根本的な対立を解決することができるのです。死につつある人は、この発達上の課題を無視することもできれば、正面から向き合うこともできます。この課題をうまく解決することで、死を迎える人は、人生の最期に知恵と安らぎを手に入れることがわかっているので、ドゥーラのアプローチではこの課題に取り組むことを勧めるのです。

*

死を迎える人がその人生の意味を探究できるようにするために、ドゥーラが用いる主たるツールが回想法です。回想法の主要な理論家の一人であるロバート・バトラー博士は、過去の経験を肯定的に捉えられるように、それらを振り返る必要性について述べています。バトラー博士の研究に触発されて実施されたある調査によると、回想法は、抑うつ状態を軽減し、人生の満足度を高め、より高い自己肯定感を促すことが明らかになっています。これらは全て、健全な自己統合を支えるものなのです。

死を迎える人と関わる中で、最も強く痛烈な記憶には、未解決の葛藤、罪悪感、後悔、非難などがその中心にあることがわかっています。そのような記憶は、死を迎える人との信頼関係を築いた後に、容易に探ることができます。しかし、最初の訪問だとしても、辛い記憶がすぐそこに、しかも早急に対処を要する状態で待ち構えているときもあります。これは、六〇代後半で、膵臓がんで死に瀕していたリチャードへの初めての訪問で起きたことです。

＊

大理石の廊下を通って、リチャードの妻に案内されたのは、予想外に小さいリビングルームで、そこには家具、花瓶、彫刻、そして床から天井までびっしりと飾られたたくさんの絵画がひしめいていました。それらは、まるで部屋が突然自転し始めたかのように、閉塞恐怖症や目眩を感じさせる効果がありました。リチャードはワイルドな柄の布が被せられたソファの一角にうずくまっていました。自己紹介をすると、彼はどこかのスキー場で堂々と立っている自分の姿が映った額入りの写真を見せてくれました。いかにも頑丈そうで、太っているというほどではありませんが、立派な体格をしていました。

「それが病気になる前の私です」と彼は言いました。「今では鏡で見る自分の姿が誰だかわかりません」。ソファに座っていた彼は、写真と比べるとそのほぼ半分のサイズにも見え、まるで別人でした。

「ゲレンデがお似合いですね」と私は言いました。

「私はスキーが得意でした。毎年、冬になるとヨーロッパに行って、アルプスのどこかでスキーをしていました。それが私の楽しみの一つだったんです」と、懐かしむような声で彼は話しました。「今では、トイレに行くために、このソファから起き上がるのも一苦労です。残された数少ない楽しみの一つは、（部屋にある唯一の窓を指差し）そこにあるもみじの葉が風に乗って舞い散る様子を見ることぐらいです。それらは木の一部ではなく、まるで鳥の一部であるかのように見えるんですよ」。

私はソファの前に置かれた椅子に座り、彼が話し続けるかどうか、様子をうかがいながら黙っていました。彼のゆっくりとした口調は、どこか物哀しい感じがしました。彼が体の衰え以上の何かに悩まされていることは明らかでした。積極的傾聴に関する章でも述べた通り、ドゥーラは、特に今回のような緊張感の漂う瞬間には、沈黙を受け入れます。

「ここ数日、いろいろなことについて考えています」とリチャードは言いました。「過去の失敗や後悔が頭から離れないのです。こんな状況で、どう折り合いをつければいいのか？　打ちのめされてます」。

そうして、私たちはリチャードからの働きかけで、回想法の作業に取り組むことになったのです。リチャードのように、それが自らの内面から起こった場合、ドゥーラは話し合いの方向性を本人に委ねます。なぜなら、それは本人の内なる切迫感からきているからです。

「どうやら、あなたは人生で起こったネガティブなこと、変えたいと思っていることについて考えているようですが、間違いないでしょうか?」
「ええ、頭に浮かぶのは、失敗してきたことばかりです。もしかしたら、死に直面しているから
そのように考えているのかもしれません。私の身体を見ておわかりのように死に徐々に近づいてい
ますから」
「少しでも、そのことについて、今話してみますか?」まだ回想法の作業を始める覚悟が彼にあ
るのかわからず、私は尋ねました。彼に判断してもらいたかったのです。
再び窓の外を眺めながらそこに座る彼は、次第により小さくなっているように感じました。私
は、次に何を言うべきかを考えている彼の邪魔をしてはいけないとわかっていました。彼が話し始
めるのを待っていると、リチャードの顔に肉体的苦痛の兆候が表れ、彼は助骨の下の右側の腹部を
さすり始めました。内面的なプロセスから彼の気をそらしたくなかったため、私はすぐにその痛み
について問うことはしませんでした。しかし、彼が人生のネガティブな側面について語らなければ
ならないと焦っているのは、痛みが悪化し、残された時間が少ないことを悟っているからであろう
と考えました。
再び話し始めたリチャードは、初めの結婚について言及しました。当時彼は二〇代半ばで、彼の
妻は定期的に重いうつ症状に陥り、彼自身も経験したことのないような暗い気分に引き込まれてい
ました。次第に夫婦喧嘩が絶えなくなり、数年も経つと、彼女に対する愛情が冷めていることに気
づいたそうです。しかし、彼は自分からこの関係を終わらせることができませんでした。人生にお

ける重要な決断のときには、どちらか一方の選択を迫られますが、そう選択をした理由には、多くのことが隠されています。それらは、意味を探り、後にその意味をレガシープロジェクトで表現する際の焦点となり得るものです。

選択は、ポジティブな結果、ネガティブな結果、またはその両方を組み合わせた結果につながります。回想法を行う際、人はその選択、起こったこと、そしてその結果を探る必要があります。ネガティブな結果や出来事に関する話し合いは、絶望から統合へと視点を変えることを妨げている葛藤を解決するために、その人に何ができるかを明らかにします。ポジティブな結果や出来事に関する話し合いは、統合を強化し、レガシープロジェクトにつながります。どちらにも目を向けることで、意味を発見することができるのです。

結果的に、最初の結婚で行った選択とその結果こそが、リチャードの人生最大の苦悩をもたらしていました。彼ととても仲の良い二人の娘を授かった二度目の結婚は、喜び以外の何物でもなかったからです。

回想法の作業を行う際、人生の全ての時期を振り返り、その人の全体的な達成感や挫折感をもたらした重要な経験を見出すようにします。一般的に、成人してからの中年期にはそうした経験が多く含まれているため、私はそこから回想法をはじめ、仕事、人間関係、人付き合い、スピリチュアルなこと、一人のときに何をして過ごすのかなど、人生における主な活動に焦点を当てた質問を行います。質問は次のように自由回答形式がよいでしょう。「あなたの仕事について教えてください」

「あなたの人生でスピリチュアルなことや宗教はどのような役割を果たしましたか?」「あなたが行ってきたことで、満足したことや失望したことは何ですか?」などです。やり残したことや未解決の葛藤を見出すために、私はよく、次のようなおおまかな質問もします。「中年以後、どのような困難に直面してきましたか?」

この質問を私がするまでもなく、リチャードは、彼の人生における最大の苦悩について話し始めました。今になって振り返ると、その苦悩には、一連の誤った選択と痛ましい結果が関係していたことがわかります。何度目かの訪問を経て、それらの選択と結果を全て探ることができました。意に反して子どもができたこと、そのために結婚生活をいたずらに長引かせてしまったことなどが含まれていました。

「私がようやく別れを決意した頃には、元妻は冷酷で意地の悪い人間になっていました」と二度目の訪問の際に、リチャードは話してくれました。「私は家族を一人で養っていました。娘のジェニファーの人生にはできる限り関わり続けようとしましたが、元妻のせいでそれも徐々に困難となりました。ジェニファーが一〇代半ばになる頃には、娘とはめったに会えなくなり、彼女からは会えなくても何とも思わないとはっきり言われてしまったのです」。

「それはとても辛かったでしょうね」と私は言いました。

「胸が張り裂ける思いでした。でも、そのときには既に再婚していましたし、私のことを愛してくれる幼い子どもたちもいたのです。あるときから、成功したビジネスの様々な事情や都合によって、ジェニファーと半年以上会えないことがありました。彼女と連絡をとろうとしましたが、何だかとても辛く感じて、そうすることができなかったのです。それから約五年経ってから、一度だけジェニファーから連絡がありました。とても怒りに満ちた電話でした。彼女は、私が彼女を捨てたのだと非難し、人生でうまくいかないことは全て私のせいだと言っていました。彼女とはもう一五年以上も話していません。これが私の人生最大の過ちです。死が近づくにつれ、このことが全く頭から離れないのです」

このとき、リチャードは私の目を真っ直ぐに見つめていましたが、その瞳は苦悩に満ちていました。これほどまでの絶望を抱えている人に対して、その気持ちを和らげ、自宅前の落ち葉を掃き出すようにその気持ちを切り替えさせることは得策ではありません。彼の人生には誇れることもたくさんあったことはわかっていました。しかし、死を目前にすると、最も執拗に心に浮かんでくるのは、失敗や後悔なのです。

「耳に残るメロディーのように、ジェニファーのことが頭から離れません」と彼は言いました。

「そして、その思いは、より大きく、より執拗なものになっているのです。自分の人生の良いところについて考えようとしても、罪悪感と自責の念が頭から離れないのです」。

「辛い思いをポジティブなものに代替しようとしてもうまくいかないのですね。何か他のやり方を考えたことはありますか？」

「娘と連絡をとろうと思ったことがあります。でも、たとえ連絡がついたとしても、彼女が私と関わりたくないかもしれないと思うと、恐くてなりません。このような時期にそれは絶望的なものとなるでしょう。そんな思いを抱えたままどうやって死を迎えたらよいのでしょうか？」

それまで、ドゥーラとしての私の役割は、リチャードの頭を悩ませている問題を探り、葛藤の中から解決策を見つけ出せるようにすることでした。彼の頭に浮かんではいたものの、試すのを恐れていたほうへ進むよう、具体的に提案をするのは今だと私は感じました。

「もちろん、何が起きるかはわかりません。しかし、あなたが今、とても苦しんでいることは明らかです。他の対処法を試すことで、自分のことを責め続けるのをやめられるかもしれません。物理的にも私の支えを感じられるように、私は彼の腕に手を置きました。「もしかしたら直接連絡をとる必要はないのかもしれません。私がこれまで担当してきた人の中にも、壊れた人間関係に悩まされていた人たちがいましたが、相手に手紙を書くことが有効だったと言います。手紙という慣れ親しんだ形式をとることで、その手紙が送られなくても、相手に届くことがなくても、コミュニケーションがとれているように感じるのです。既に亡くなった親や兄弟姉妹に手紙を書いた人たちもいますが、それでも彼らはコミュニケーションがとれているように感じました。この方法で、もっと自分を解放できるかもしれないのです」。

これをきっかけに、リチャードは自分が陥っていた絶望から抜け出し、解決に向うために、また痛みを和らげるために行動を始めました。

手紙を何度か書き直し、ようやく書き終えた彼は、実際にジェニファーにその手紙を届けることを決めました。娘の一人、リサがインターネットでジェニファーの住所を突き止め、リチャードは手紙を送ることができました。

彼女の返事を待つ間、リチャードは罪悪感を和らげるための視覚化法を試してみることに同意してくれました。私は、彼が抱える罪悪感や恥は、胸の中に溜まり心臓にまとわりつく暗い雲だと想像してもらいました。心臓の周りが灰色になっていく様子を思い描きます。そして、その想像の中で、私は彼のもとに行き、魔法の軟膏が入った瓶を彼に渡すのです。私は彼に、それを心臓の真上あたりに塗り、それが乳白色の光を放ち、皮膚の中へと浸透し、暗い雲を白い癒しの雲へと変える様子を思い浮かべるように指示しました。彼は、心臓が生き生きと赤く輝き、周りの人やジェニファー、そして自分自身に対する愛情で満たされていくのを感じることができました。

それからの三週間、私はリチャードに何度もこの視覚化法を行いました。また、回想法の作業も続けました。ジェニファーに関する心残りに取り組み始めたおかげで、彼は人生の他の側面にも目を向けられるようになりました。強力でネガティブな問題に圧倒されているとき、人生経験のよりポジティブな部分を探ることは困難です。何かしらの方法（耳を傾けるだけで十分なときもあります）で、ネガティブな問題が対処されれば、絶望から統合へと向かうことが容易となります。そして、成功や成果、喜びに満ちた出来事について話し合うことで、統合への動きがさらに加速するのです。

リチャードがジェニファーからの返事をやっと受け取ると、そこにはその翌週に彼女が会いにくるということが書かれていました。その訪問は、全員にとって非常に気まずく、居心地の悪いものでした。彼らの会話が、リチャードとジェニファーとの間にある真の問題を避けていたからです。ジェニファーの緊迫した話し方から、彼らは彼女の怒りを感じました。その結果、訪問は硬直したものとなり、満足を得ることはできませんでした。リサはジェニファーを玄関まで送り、また会いにきて欲しいと頼みました。彼女はジェニファーに、この数ヶ月、リチャードが何度も昔のことを激しく悔やんでいたこと、そして死ぬ前に何とか状況を変えたいと切に願っていたのだと伝えました。

ジェニファーは数週間後にまた訪問してきたときに、ようやく心の中に抱えていた怒りや痛みについて語りました。リチャードは全てを受け止め、彼女をそれほどまでに傷つけてしまったことについて謝罪しました。その訪問によって、気持ちが解消されることはなかったものの、ジェニファーはその後も訪問し続けてくれました。そして、人生最期の四ヶ月間で、リチャードはジェニファーとの壊れた関係をある程度まで回復することができたのです。彼らにもう少し時間があれば、どのように関係が進展したかはわかりませんが、少なからず彼らは何かしらの関係を築くことはできました。

リチャードとの回想法の作業は新たな領域へと移行しました。彼は過去の傷と折り合いをつけることができ、私たちは彼が誇りに思っていること、彼の最も満足している経験、そして雪や山に対する彼の愛着についても話すことができたのです。精神状態は劇的に変化しました。彼は、死に近づきながらも、心の内はより生き生きとしていました。

彼は、自分が守ろうとしていた価値観、人生において最も重要だと気づいたこと、間違いや失敗を通して学んだことなどを語るビデオレガシーを製作しました。そして、ジェニファーを含む全員に、どれほどみんなを愛しているか、亡くなった後に彼女たちに何を望むのかを伝えました。

わずか三〇分ほどのその動画は、彼の人生を力強く包括していました。動画を見ると、その中のリチャードは、初めて会ったときの痩せこけた姿ではなく、彼が見せてくれた写真のスキー場での姿のように大きく見えました。最期は、激しい痛みに耐えながらではありませんでしたが、彼は安らかに眠りにつくことができたのです。

＊

誰しも、死に直面すると、後悔、心の傷、失敗、そして失ったチャンスについて考えるものです。それを見過ごしたり、諦めたりする人もいれば、リチャードのように、それらからの癒しを求める人もいます。しかし、回想法に頭を悩ませたり、意味を見出そうとする試みが打ち負かされたりするほどの強烈な問題を抱える人はほんの一部しかいないのです。ドゥーラの仕事は、死を迎える人が自らの人生経験と向き合えるように導くことです。また理解への扉を開くことなのです。その関わりの結果、総じてその人が絶望か統合かのどちらに位置づけられるかが決まるのです。

絶望が優位であるなら、ドゥーラは、その人がネガティブなエネルギーを発散する方法を見つけ、意味の探究にもっと集中できるようにサポートします。しかし、常にそうなるとは限りません。絶望の力が特に強大な場合、人はそれを乗り越えられないこともあるのです。慰めを与えようとしているドゥーラにとって、この事実を受け入れることはとても困難なことかもしれません。しかし最後に息を引き取るまでの道のりは、死を迎えるその人本人のものであることを忘れてはいけません。たとえ絶望の中を進むこととなったとしても、ドゥーラはその人をあらゆる方法で支え、いかなる結果をも見守るのです。

＊

死を目前にしていたショーンは、自分が「本当のろくでなし」だったと告白してくれました。彼はニューヨーク市の警察官で、妻がいるにもかかわらず、何度も浮気を繰り返していたのです。また、はっきりと口にはしなかったものの、他にも人には言えないようなことをしてきたと言います。このような自己評価から、彼は自らの人生に意味を見出すことを避けていました。彼にとって、意味が見つかることは、今まで犯してきた間違いや人に与えた痛みを全て覆い隠すことと同じことのように思えたのです。彼にはそれができませんでした。最期の息を引き取るその瞬間まで、自分は苦しまなければいけない、それが自分に対する相応の罰だと考えていたのです。

あるとき、彼の妻を交えた話し合いの場で、彼は自分の不倫について打ち明けました。当然のように、彼の妻は浮気に気づいていました。彼女は、彼のことを許すことはできなかったものの（彼自身も自分が許されるべきではないと考えていたことでしょう）、彼のことを気にかけ、彼の介護を引き受けていました。しかし、それさえも、彼にとっては受け入れがたいことだったのです。

ショーンは人生を総括したり、人生最期の数日間を計画したりすることに関心がありませんでしたが、ドゥーラに看取ってもらうことを希望していました。彼は、妻や子どもたちが、死のプロセスを乗り越えられるようにする計画を立てることを望んでいました。ドゥーラのアプローチは、死を迎える人とその死に直接関わる全ての人にとって、有益かつ適切な方法で助言とサポートを提供します。私はショーンに同情したものの、最終的には、これが彼の死への道程であると受け入れるしかありませんでした。

他の終末期ケアの専門家たちは「人はどのように生きたかによって、どのように死ぬかが決まる」という言葉をよく使います。確かにそれはある程度事実かもしれません。しかし、私は、死に際して救いや変革を見出し、それまでの人生の物語を逆転させた人たちを見てきました。そのため、屋根裏部屋にある古いタンスから見知らぬ家宝を見つけるかのように、突然、思いもかけず、救いが見出される可能性を決して諦めてはいけないことを私は学びました。

ショーンの看取りは非常に短期間なものでした。ある晩危篤状態となり、次の日の午前中には息を引き取りました。カトリック教徒として、死後に神の裁きがあると信じていた彼は、まるで自分が受けるべき罰を受けにいくために、死に急いでいるかのようでした。

＊

意味を探究するとき、人は幼少期に遡ることが多いようです。人の幸福や不幸の根源は幼少期にあるのです。末期の大腸がんを患っていたある女性、ロレーヌと回想法の作業を行ったあるドゥーラは、彼女に次のように尋ねました。「あなたの両親の短所と長所は何ですか？」

ロレーヌが指摘した短所の一つは、リスクを伴うかもしれないことは一切しないという両親の厳格な態度でした。何を決断するにしても、安全と安定を一番に考えていたのです。彼女の両親はどちらも貧困家庭で生まれ育ったため、このような生き方は理解しがたいものではありません。しかし、その生き方は、絵を描くことに対するロレーヌの関心や才能を否定し、彼女に教師や看護師への道を勧めるよう促したのです。

ところが、ロレーヌは両親のような「面白味のない」人生を送ることに反発しました。その結果、長い間不満を抱えたまま、喧嘩の絶えない幼少期を送ることとなったのです。そんな中でも、彼女は機会があれば絵を描いていました。葉脈や樹皮の模様に魅せられ、花の内部や小川の小石、岩壁の地衣類など、あまり目立たない自然の様子を模様として描いていました。高校では、授業中でも夢中になって、目をぎゅっと瞑ると浮かんでくる様々な模様を描き、心の中の風景を赤や黄色の形象で埋め尽くしました。

ロレーヌは有名な画家になることはなかったものの、布地のデザインの分野において、大成功を収めました。その過程で、彼女は自分のデザイン会社を立ち上げるなど、たくさんのリスクをとってきました。最終的には、自社製の模様が国内の高級住宅や企業のオフィスでカーテンや壁紙として使われたことに彼女は満足していました。

回想法が進み、成人になってからの話になると、ドゥーラはロレーヌの主な人間関係について尋ねました。ロレーヌは三回結婚していたため、ドゥーラは「それらの結婚から何を学びましたか？」と尋ねました。

「今振り返ってみると、あまり安定しているとは言えない男性ばかりを選んできました」とロレーヌは言いました。「私は仕事以外でもリスクをとることに惹かれていたのかもしれません。リスクをとることには代償があることを学びました。いずれにしても、何も変えたいとは思いません。私は自由を愛し、素敵な冒険をし、感動を人一倍得てきたのですから」。

ドゥーラの力を借り、ロレーヌは、自分の人生について、今まで気づくことのなかった真実を理解することができました。それは、これまでの選択を左右してきたことは、リスクではなく、情熱だということです。そして、情熱を持って行動することは、たとえ途中に困難が待ち受けていたとしても、最終的には強力な幸福感をもたらします。彼女にとって、情熱は、人生という岩の中できらめくアメジストの鉱脈のようなものでした。

ロレーヌにとって、意味の探究はより深い理解へとつながりました。それは、彼女が生涯をかけて身につけた知恵を明確に視覚化したのです。彼女には、子どもはいなかったものの、姪たちがいました。そして、彼女たちには、自分の生き方を見習い、情熱を追い求めることを恐れないで欲しいとロレーヌは願っていました。特に、若い女性にとって、いまだに男性が優位な社会に立ち向かわなければならないことを彼女は知っていたからです。それが彼女が姪たちに遺したレガシーでした。

レガシーワークを担当したドゥーラとともにロレーヌの遺体との対面解説6-1に訪れた際、彼女の姪が挨拶に来て、私たちドゥーラが提供したサービスに対して感謝を述べてくれました。ドゥーラは、担当した人の遺体との対面や葬儀に出席することがよくあります。それは亡くなった本人と心の中で別れをする機会になり、同時にその家族と関わり続ける機会にもなります。こうした場での分かち合いが、その後の再処理作業の序幕となる場合があるのです。また、家族が感謝を述べることのできる最初の機会ともなります。

お礼を言った後、ロレーヌの姪は、ロレーヌが亡くなる約一ヶ月前に二人でじっくり話したことを教えてくれました。会話の中で、ロレーヌは回想法の作業を通して得ることができた気づきについて話していたそうです。

「ロレーヌおばさんがいい意味で変わり者だということはずっとわかっていました」とその姪は言いました。「でも、それが情熱を貫くという考えのもとで成り立っているものだとは思いもしませんでした。これからは、情熱を貫くことが私のモットーであることをあなた方に伝えたかったのです。ロレーヌおばさんのために私ができることはこれぐらいなので。それがロレーヌおばさんを私の中で生かし続ける方法なんです」。

第7章 レガシープロジェクトに取り組む

レガシーとは、人が意識的あるいは無意識的に、周囲の人々や世界に与える影響のことです。生きているだけで、人は何かしらの影響を与えます。家族の一員となったり、子どもを育てたり、友達の輪に参加したり、仕事に行ったり、地域社会で役割を担ったりなど、濡れたセメントの上を歩くと足跡が固まり残るように、人は人生のあらゆる場面で自らの痕跡を遺しているのです。

人生における意味について考えてこなかったように、ほとんどの場合、人はレガシーについても深く考えることなく人生を送ります。しかし、看取りのドゥーラアプローチにおいて、意味づけとレガシーは、人が価値ある死の過程を始めるための最も重要な要素なのです。これらの要素が、前述した統合か、それとも絶望かの意識を導くのです。意味の探究と同様に、レガシーに取り組むとき、ライフレビューは主なツールとなります。実際、意味づけとレガシーの作業を完全に切り離すことは困難です。この二つは密接に絡み合っていて、ライフレビューはどちらにとっても役立ちます。

つまりは、初期段階のライフレビュー作業で人が思い浮べる質問は、意味だけでなく、レガシーにもつながるのです。探究のプロセスをさらに進めていくことで、それぞれの目的が変わります。一般的に、レガシーは実体があって目に見えやすいものである一方、意味づけには洞察と演繹的推理が必要となります。考古学の発掘にたとえるなら、土器の破片、壁の残骸に描かれた鹿の絵、壊れたビーズのネックレスの一部がレガシーです。「レガシー」とは人の遺物を指すのです。「意味づけ」は、これらのものがどのように組み合わさり、その人の人生を反映しているかということです。考古学者は、同じタイミングで、同じ道具を使ってこの二つを掘り起こします。しかし、同じ遺物でも、レガシーと意味づけでは視点が異なるのです。

意味の探究は、主に死を迎える本人のためのもので、一般的に、一人で内省するときや、死を迎える人が綴る記録物のページの中で現れます。意味づけの作業は、家族やプロのドゥーラなど、探究のパートナーとして選ばれた人との特別な会話の中でも行われます。

その一方で、レガシーは、主に家族のためのもので、多くの場合、死を迎える本人とその家族がともに作り上げるものです。ドゥーラが意味を理解する手助けを行う途上でレガシーに関するアイ

郵便はがき

料金受取人払郵便

神田局
承認

7846

差出有効期間
2024年6月
30日まで

切手を貼らずに
お出し下さい。

101-8796

537

【受 取 人】

東京都千代田区外神田6-9-5

株式会社 **明石書店** 読者通信係 行

お買い上げ、ありがとうございました。
今後の出版物の参考といたしたく、ご記入、ご投函いただければ幸いに存じます。

ふりがな お 名 前	年齢	性別

ご 住 所 〒 -

TEL ( ) FAX ( )

メールアドレス	ご職業（または学校名）

＊図書目録のご希望 □ある □ない	＊ジャンル別などのご案内（不定期）のご希望 □ある：ジャンル（ □ない

籍のタイトル

本書を何でお知りになりましたか？
□新聞・雑誌の広告…掲載紙誌名[ ]
□書評・紹介記事……掲載紙誌名[ ]
□店頭で □知人のすすめ □弊社からの案内 □弊社ホームページ
□ネット書店［ ］ □その他[ ]

本書についてのご意見・ご感想
■定　価 □安い（満足） □ほどほど □高い（不満）
■カバーデザイン □良い □ふつう □悪い・ふさわしくない
■内　容 □良い □ふつう □期待はずれ
■その他お気づきの点、ご質問、ご感想など、ご自由にお書き下さい。

本書をお買い上げの書店
市・区・町・村 書店 店]

今後どのような書籍をお望みですか？

今関心をお持ちのテーマ・人・ジャンル、また翻訳希望の本など、何でもお書き下さい。

ご購読紙 (1)朝日 (2)読売 (3)毎日 (4)日経 (5)その他[新聞]
定期ご購読の雑誌［ ］

協力ありがとうございました。

意見などを弊社ホームページなどでご紹介させていただくことがあります。 □諾 □否

ご 注 文 書◆ このハガキで弊社刊行物をご注文いただけます。
□ご指定の書店でお受取り……下欄に書店名と所在地域、わかれば電話番号をご記入下さい。
□代金引換郵便にてお受取り…送料+手数料として500円かかります(表記ご住所宛のみ)。

	冊
	冊

定の書店・支店名
書店の所在地域
都・道 府・県 市・区 町・村
書店の電話番号 ( )

デアは自然と浮かびます。

レガシーは、本、箱、巻物、一連の手紙、キルトや布製の壁掛け、木工品、割れた食器の破片を使ったモザイク、オーディオ録音、ビデオなど、様々な形があります。森の中の小道や迷路のように、幾度となく歩き回った場所がレガシーということもあります。それらは自宅の壁に掛けられた一連の写真として保存されているかもしれません。レガシーがどのような形をとるのかは、それを作り出す人の想像力と物づくりの能力に依存します。

紙や布で作られた巻物は、ドゥーラアプローチの中でも、美しいとされるレガシープロジェクトの一種です。レガシー用の巻物は、私が看取りのドゥーラアプローチを考案するはるか前に参加したバト・ミツヴァ解説7-1から着想を得ました。ユダヤ教における成人年齢を迎えようとしていたある少女が、それまでの自分の人生にとって大切だと思うものをポスターとして描いていたのです。

壇上で、彼女の友人二人が、ギターや靴、当時のアイドルの切り抜き、滝の写真、お腹を空かせた子どもの写真、他にも思い出せないほど様々なものが描かれた、丸められた厚紙を広げました。彼女は他にも、鮮やかに色づけられた羽やサッカーリーグのワッペンなども貼っていました。巻物を広げ終わると、少女はそれぞれの絵や物を指差しながら、それがなぜここにあるのか、自分という人間とどう関係しているのか、同時に、成人を迎えるにあたり、世界にどんな影響を与える者になりたいかについて語りました。

私にとって、それは今まで見たことのない光景でした。式が終わった後、巻物のプロジェクトはラビから提案されたものだったと彼女から聞きました。そこで、ラビにどこから着想を得たのかを尋ねたのです。彼は、四〇〇年前のドイツ系ユダヤ人の習慣に基づいていると教えてくれました。子どもが生まれる際、特に男の子の場合、母親は赤ん坊のおくるみを使って、聖なる巻物トーラー[解説7-2]のための布のベルトを作ったそうです。これらのベルトは「ウィンプル」（ドイツ語で「垂れ幕」を意味する）と呼ばれ、トーラーの巻物を束ねる役割を果たしていました。

時には、母親のドレスから切り取られた布地でベルトが作られることもありました。ウィンプルは赤ん坊の名前や家系の情報で装飾され、多くの場合、聖書の物語やコミュニティの日常的な出来事が刺繍されたり、描かれたりしていました。中には、その子どもがいずれ結婚し、家系とコミュニティを存続させてくれることを願って、結婚式の天幕が描かれているものもありました。このように、ウィンプルには、アイデンティティ、過去、そして新しい命に対する未来への願いが込められていたのです。

ウィンプルは、赤ん坊が生まれた直後に作られ、赤ん坊が初めてユダヤ教の礼拝所に連れていかれる際に、トーラーを巻くために使用されました。また、他の儀式でも使用することができ、ラビによってコミュニティの工芸品として収集されたり、家族の間で代々受け継がれたりすることもあったようです。

私は、バト・ミツヴァの巻物とウィンプルの歴史に魅了されました。それから何年か経ち、人々のレガシープロジェクトの取り組みに携わるようになると、紙や布で作られた巻物のポスターは素晴らしいレガシーになるのではないかと考えたのです。巻物は、その人の人生における重要な側面を、写真、コラージュ、言葉を通して表現します。それは、その人が大切にしていたこと、人生で達成してきたこと、人の記憶にどう残りたいのか、そして家族の将来に対して抱くビジョンなどについて伝えることができるのです。また、元々のウィンプルがおくるみで作られていたということも、看取りのドゥーラアプローチの原点が出産ドゥーラの活動にあることを思い起こさせてくれるので、とても気に入っています。

巻物が興味深いのは、一定の期間は一部分だけを広げて飾り、また丸めて別の部分を飾ることができるという点です。日本や中国では、風景や日常を描いた掛け軸の持ち主は、一時期はある掛け軸を掛けた後、別の掛け軸を掛け直したりします。掛けるものを変えていくことで、新鮮な気持ちで描かれた絵と向き合うことができるのです。死を迎える人が作成する人生の巻物は、同じように、部分的に見せて使うことで、愛する人の一生の一部分を改めて振り返ることができるのです。

*

末期の卵巣がんを患っていたアンドレアは、巻物を作ることを決意しました。長い一枚の紙は、彼女の人生を「川」にたとえるようなものでした。彼女は、音楽を奏でること（彼女はバイオリニストでした）、森の中をハイキングすること、動物に対する愛情、川・湖・海を守る必要性など、自分が大切にしていることを表現したいと考えていました。そして、自分の人生における予期せぬ幸運との出会いであるセレンディピティについて表現したいと考えたのです。彼女は、巻物の作成に携わったドゥーラに、人生の重要な場面で起こるこの不思議な力についてたくさん語っています。

ピーターとの結婚にも、セレンディピティが大きく影響しているとアンドレアは話しました。四〇代前半で出会い、結婚してから一八年目に、彼女はがんと診断されました。お互いに初婚で、出会った当時、アンドレアは私立高校の音楽教師として勤め始めたばかりでした。そこで英語を教えていたピーターと、食堂に向かう廊下でぶつかったのです。その一週間後、地元の田園地帯や地域について学ぼうと、ピーターは彼女をハイキングに誘いました。

お互いの人生について語り合ううちに、二人は、学校の廊下で出会うまでに、同じ時間に同じ場所で何度もすれ違っていたことを知りました。まるで、二人がついに出会うまで、人生は偶然に二人を出会わせようとし続けてくれていたようでした。そして、出会ってからわずか四ヶ月で二人は結婚したのです。

アンドレアは、結婚後も、ピーターとの生活においてセレンディピティが関わっていたと話していました。あるとき、アンドレアの姉が住む町にある別の高校から、ピーターに新しい仕事のオファーが舞い込んできたのです。そして、その仕事を引き受けることを決めた直後に、アンドレアの姉が、彼女の助けが必要なほど重度のライム病を患っていたことが判明しました。また、アンドレアがバイオリンのカルテットに誘われたとき、他の奏者の夫の一人が、連絡が途絶えていたピーターの幼馴染みであることが判明したのです。アンドレアを通して、そして彼女の人生におけるセレンディピティの力を通して、ピーターは素晴らしい旧交を温めることができたのです。

アンドレアの巻物のコンセプトが具体化するにつれ、ドゥーラは、巻物全体を断続的に走る一連の線が、間隔を置いて交差することで、彼女の人生における様々な出来事や人が、一見偶然のようでいて実は必然的に引き合わされたものであることを表現することができるのではないかと提案しました。アンドレア、ピーター、ドゥーラ、そして彼女の友人たちは、アンドレアにとってその瞬間や出来事がどのような意味を持つかを表す画像をそれぞれの分岐点に貼りつけました。時には、芸術家肌の友人が絵を描きました。また、コラージュを使ったり、小さく平らな物を紙に縫い貼りをし、色を塗ったり、手書きの言葉を使って意味を明確にしました。

体が衰弱していく中でも、巻物の製作はアンドレアに目標を与えてくれました。レガシーへの取り組みは、このように作用することがよくあるのです。人は死に近づくにつれ、ただ死を待っているだけの存在であると感じることがあります。自分では何もできず、家族の中で自分が果たす役割も何もないと思うようになります。そして目標を見出せなくなるのです。

しかし、レガシープロジェクトに取り組むことで、人は再び生きる目的意識を取り戻すことができます。生産的な作業を指示したり、行ったりすることで、家族とともに過ごす時間が増えるだけではなく、面白くもあり感動的でもある実りある交流の場を設けることができるのです。また、死につつある人にも、肉体を超えたその先の未来があることに気づかされるきっかけにもなるのです。レガシープロジェクトは、将来的に彼らの声となって、家族が、彼らや彼らのレガシーと関わり続けることができるようになるのです。

アンドレアの巻物の創作が進むにつれ、彼女は死ぬことを恐れなくなっていることに気がつきます。なぜなら、彼女は、ピーターと自分を引き合わせた世界が、この先再び出会う可能性がないまま、二人を引き裂くことはないと信じることができたからです。彼女にとって、セレンディピティの力とは、死は終わりではないというメッセージだったのです。

「ピーターとはまた一緒になれると思っています」と彼女はドゥーラに言いました。「私たちは前世でも一緒だっただろうし、来世でも何度も一緒になれると信じています」と。

巻物が完成間近になり、アンドレアとピーターは、絵具を使って巻物に互いの人差し指と親指が触れ合う手形を残しました。アンドレアは巻物を見続けられるように、ベッドの向かいの壁にかけて欲しいとピーターに頼みました。数日ごとに、ピーターは巻物を巻き取り、別の箇所を開いて見せました。巻いたり広げたりしやすいように、巻物の両端には木製の棒がつけられました。アンドレアが亡くなった後も、何かを付け加えられるように、ドゥーラは巻物の端に少しだけ余白を残すことを提案しました。アンドレアが息を引き取った後、ピーターはその時刻を彼女の手形の真ん中に書き込みました。また、事前に計画してはいませんでしたが、彼はアンドレアの死に立ち会った全員（ドゥーラも含め）に、巻物に名前を書き入れるように頼みました。

再処理のためにドゥーラが訪れた際、ピーターは巻物を取り出し、全開にしてリビングルームの床に広げました。彼はドゥーラとともに、その周りを歩き、お互いにお気に入りのイメージを指差して、それがアンドレアにとってどれほど重要なものであったかを語り合いました。

ドゥーラはその後の三ヶ月間、再処理のための訪問を続けました。訪問の合間に、ピーターと彼の義理の姉、そして親しい友人たちで巻物の製作を続けました。その作業は、彼が感情的にならないように支え、悲嘆の初期段階を乗り越えるのに役立ったのです。

最終的に、再処理の訪問を続けていたドゥーラの提案に賛成し、ピーターは再処理の作業と巻物の創作を終わらせることにしました。巻物は再びリビングの床に広げられ、部屋には無数のキャンドルが灯されました。ピーターは、アンドレアが好きだったバイオリンの音楽をかけ、みんなにアンドレアに対する心からのいくつかのメッセージを巻物に書き込んで欲しいと頼みました。そして、絵筆でアンドレアが好きだった緑色を使って、ピーターが最後の言葉を書き込みました。「また会う日まで」と。

＊

レガシープロジェクトのコンテンツは、人生の重要な一側面に的を絞ることもあれば、当事者たちやその周りの人たちにとって大切で多様な事柄を取り上げることもあります。その人にとって最もかけがえのないこと、主だった人生におけるイベント、大切にしていた価値観、人生で学んだこと、家族や友人との関係、成し遂げたこと、地域との関わり、社会を変えるための活動など、あらゆるものをコンテンツとして認識することができるのです。

何よりも、レガシープロジェクトは、死を迎える人が皆の記憶にどのように残り続けたいのか、あるいは、未来に向けてどのようなメッセージを遺しておきたいのかに焦点を当てるべきなのです。レガシープロジェクトは、死後も人々に影響を与え続けるものとなるからです。別の言葉で言うなら、人生の一部を共有してきた家族や友人たちが受け取る、それは感情的であるとともに知性的な、そして何よりスピリチュアルな遺産となります。その人が遺すかもしれないお金や物よりもはるかに価値のある、それは遺産なのです。

レガシープロジェクトのコンテンツについて思案し、その焦点を何に絞るかについて最善の方法を見出そうとすることは、死につつある人が、彼らの人生の意味について明らかにしようとしているということなのです。両者は発見のための堂々巡りを繰り返しながら、互いに作用し、影響し合います。コンテンツそのものから、そのコンテンツをどう表現するかに取り組みが移行することは内的な集中から外的なものへと過程が変化したことになります。この時点で、家族はプロセスに参加し、それぞれの視点でプロジェクトをより豊かなものにすることができるのです。

＊

自分のレガシーについて考えたとき、スーザンは食べ物が真っ先に頭に浮かんだと言います。彼女が人生において最も生き生きとしていた場所はキッチンでした。そこは、彼女にとって一日の始まりと終わりの場所でもあったのです。彼女は、料理をしているときの光景や匂い、コンロの上でソースを煮込みながら考え事をする時間、夫や子どもたちに切ったり、みじん切りにしたり、混ぜたりしてもらっているときの会話などが好きでした。下準備、調理、後片づけを行う際、家族の間には容易に連帯感が生まれました。料理中に喧嘩する人はいませんでした。

キッチンは家族の生活の中心でした。そこは、子どもたちが幼い頃に宿題をした場所、家族がいつも食事をした場所、週末になると食事後にボードゲームをして遊ぶ場所、友人をもてなす場所、そして大切な祝日を祝う場所でした。家族の生活の中心は、キッチンの壁一面に広がる窓の前に堂々と位置するマホガニー製のダイニングテーブルだったのです。

また、スーザンと言えば、人々が真っ先に連想することも「食べ物」でした。彼女の作る料理に失敗はなく、どれも美味しく健康に良さそうなものばかりだったのです。彼女はしばしば友人に食べ物を差し入れ、隣人のためにお菓子を作りました。友人と出かける際に、レストランでの外食が予定されていると失望しました。

スーザンはよく人にレシピを尋ねられることがありました、彼女は量ることなくそれらを作っていたので、教えることができませんでした。感覚的に目分量で料理をしていたのです。それはまるで、偉大な作曲家がオーボエのどの音が交響曲全体の響きにどう貢献するかを正確に把握できるように、彼女は、ひとつまみのスパイスが料理の全体的な味わいにどう影響するのかを、頭の中で味わうことができました。スーザンは、全く同じ方法で料理をしていた母親と祖母から、この自由なスタイルの料理を学んだのです。

ただ、スーザンにとっての食べ物の重要性を、レガシープロジェクトでどう表現するかが問題でした。息子の一人は、レシピ本を作ることを提案しました。彼には、作り方を知りたい料理があったのです。そのアイデアに全員が賛成していたものの、当然ながら、材料の分量をどう記録するかが問題となりました。この問題を解決するために、彼らは、いくつかの料理を一緒に作りながら、スーザンが指でつまんだり、手にとったりした分量、鍋やフライパンの火加減、材料を加える順番など、全ての工程を写真に収めることを考えついたのです。

しかし、そこで新たな問題が浮上しました。病の進行により弱った体で、数分も立っていられないスーザンがどうやってキッチンに立つことができるのでしょう。いろいろと調べた結果、彼らは背の高いスツールより上の位置に座面のついた歩行器を見つけたました。この歩行器は、鍋の中を確認して料理をかき混ぜたりするのに十分な高さがありながら、可能なときは肘かけを使って立つことができ、必要なときは座ることができたのです。

彼らは、お気に入りの献立から六つを厳選しました。それでも、その数品目を完成させるのに数週間はかかることになります。プロジェクトについて考えるうちに、彼らは料理を作るそもそもの目的である「一緒に食べる」という行為も写真に収めることにしました。

プロジェクトは、作業を進めるうちにどんどん拡大していきました。スーザンの息子の一人は、使用したスパイスについて調べることにしました。例えば、レシピ本に紹介される家族の好物「チキンパプリカッシュ」の主原料はパプリカです。この料理はハンガリー料理を基にしたものですが、数世代前にスーザンの母方の親戚が住んでいたウクライナやロシアでも似たようなものが作られていました。

パプリカの原産地はメキシコで、クリストファー・コロンブスによってスペインに持ち込まれた後、オスマントルコ民族によってバルカン半島に持ち込まれたことがわかりました。スーザンの息子は、チキンパプリカッシュのレシピを紹介するページの余白に、このレシピをスーザンに教えた彼女の祖母のセピア色の何枚かの写真とともに、こうした来歴の一部を書き込みました。

シンプルなレシピ本として始まったこのプロジェクトは、家族の歴史や食材の歴史、家族写真や料理を分け合う様子などを織り交ぜた、より豊かなものとなりました。このようにプロジェクトが有機的な方法で展開していくことは珍しいことではありません。これは、レガシープロジェクトに取り組むことの醍醐味の一つでもあります。

スーザンのプロジェクトは、生涯を通して彼女がどういう人物であったかを表す重要な部分を保存するものとなりました。それは、差し迫る死によって家族関係がギクシャクしてしまったかもしれない時期に、家族の絆を深めてくれたのでした。そして、これまで家族の伝統を守り続けた女性の一人として、家族はスーザンのことを認識するようになったのです。スーザン自身も、家族を大切にすることの重要性、友人に食べ物を差し入れする寛容さ、自分より他人のニーズを優先することなど、自分が抱いていた大切な価値観は「食べ物」によって反映されていることを理解し始めました。それどころか、レガシーワークは、今まで以上に彼女を意味の探求へと導いたのです。

レシピ本の製作に関わった全員が、その本が何世代にもわたり引き継がれていく家の宝になることを実感しました。レシピ本はスーザンが亡くなった後も、家族が彼女とのつながりを取り戻すのに役立ちます。また次世代の人々は、自分のルーツを知り、自分がどこから来たのかを理解するのに役立つことでしょう。

＊

人が生み出すレガシーは、生み出す人の数だけ変化に富んでいます。それは規模の大きなものである必要も、手の込んだものである必要も、芸術的である必要もないのです。ただ、その人がどのような人物であったか、家族や地域社会でどのような役割を担っていたか、これから家族にどのような影響を与えるものとなるのか表現されていればよいのです。

レガシープロジェクトの製作過程は、死を迎える人の今、この瞬間にかけがえのない恩恵をもたらします。目的意識を与え、空虚になりがちな時間をポジティブな考えや行動で埋めることができ、自分自身を見失いそうな時期に自分らしさを保つことができます。また、レガシープロジェクトに取り組むことで、痛み、吐き気、嘔吐、不安、抑うつなどの症状が軽減されることに私は気がつきました。

完成した作品が、その後の日々において、その人のことを語り、その人を代弁してくれることを知ったときの人々の満足感は、極めて深いものとなります。それは、彼らの生きた証が、未来にも形を留めることであり、彼らの大切な人への贈り物なのです。

レガシーワークは家族にとっても、直接的な効果をもたらします。その製作に参加することで、家族は愛する人と具体的でポジティブな関わりを持つことができ、それまでの関係性を完全に変えることができるのです。その結果、不安、恐怖、抑鬱、予期悲嘆が軽減されるのです。目の当たりにした苦しみに、よりうまく対応できるようになり、赦しや感謝の言葉をかけたり与えられたりする自然な機会を得ることができます。

家族にとって、これら全てのポジティブな効果は、その人が亡くなった後の死別体験でも引き継がれ、喪失感の痛みを和らげるだけでなく、より深い癒しをもたらすのです。

＊

ドゥーラがフィリスと関わり始めたとき、彼女は既に衰弱していて、周囲の世界や家族にもほとんど関心がないようでした。彼女はひたすら横になっていました。夫のクリフは、まるで彼女が諦めて死を待っているかのように感じられたと言います。フィリスとクリフの娘のマリリンも同じように感じていました。「母が末期なのはわかっています」と彼女は言いました。「でも、あまりにも世間との関わりを絶ちすぎていて、既にこの世にいないように感じます。それは病気によるものではなく、うつ病だと思うのです」。

初めは、ドゥーラたちもフィリスと会話することに苦労しました。少しの間、目を開けていても、すぐに意識が遠のき、目を瞑ってしまうからです。そんなフィリスについて、ドゥーラが知ることができたのはマリリンのおかげでした。「母はパーティーを主催したり、人をもてなしたりすることが大好きだったのです」とマリリンはドゥーラに話しました。「それは母がみんなに愛情を示す方法でもあり、母のパーティーに参加した人たちも『フィリスの愛が降り注ぐ夜』とそれを感じていました」。

フィリスは全ての家族行事を特別なものにし、細部にまでこだわっていました。彼女は些細なことにも愛情を込めました。誕生日にはいつも異なるテーマがあったとマリリンは言います。マリリンが高校を卒業したときも、フィリスは彼女の友人や家族のためにパーティーを開いてくれました。各テーブルには、マリリンに関する面白い話や彼女の成長していく姿を反映する物語が用意されていました。

食事が始まる前に、全員が順番に、自分の席に用意されていた物語を読み上げました。マリリン自身も覚えていないような、笑いを堪えられないほど面白い話もあれば、涙ぐむような話もあったそうです。

マリリンの卒業式の話を聞いて、ドゥーラは家族でフィリスの話を集めて本にすることを提案しました。ドゥーラとマリリンはクリフに話してから、フィリスにどう思うかを尋ねたのです。注目されるのが嫌いだったフィリスは、最初は提案を断りました。しかし、ドゥーラが、プロジェクトはみんなのためのものだということを伝えると、彼女は折れてくれました。プロジェクトはマリリンが担当し、実行に移しました。何か生産的なことに取り組めるということ、そして母親を讃える方法があるということは、彼女にとって、とても喜ばしいことだったのです。

プロジェクトは、家族が話を聞きたいと思う人たちをリストアップするところから始まりました。マリリン一人では、全員に連絡をとることが不可能なほど、そのリストはあっという間に増えました。子どもがいなかったマリリンは、姪や甥に相談することにし、彼らは快く協力してくれました。彼女たちは、メール、電話、スカイプなどを駆使して協力し合いました。手書きの郵便やメール、口述筆記によって様々な話が集まりました。また、彼女たちから頼むまでもなく、人々から写真も送られてくるようになったのです。その中には、マリリンもクリフも見たことのなかった写真も含まれていました。

プロジェクトに取り組む興奮の中で、マリリンは集まった話の中から面白いものや、感動的なものをフィリスと共有し始めました。こうして、それまでの数ヶ月間よりも、フィリスはプロジェクトに集中し、積極的に取り組むようになっていきました。フィリスの体力の消耗や眠気は明らかに病気の進行によるものでしたが、プロジェクトのおかげで元の彼女を家族は取り戻すことができたのです。彼女は、ある話について自分の記憶を語ったり、詳細を付け足したり、面白い話に対しては笑い転げたりすることもありました。一度に多くのことはできませんでしたが、自らの思い出を提供したり、本に追加できそうな写真のありかをマリリンに教えてくれたりしました。

ある日、マリリンは一枚の素敵な写真をフィリスに見せました。それは、フィリスが四人の友人と買い物に出かけたときの写真でした。写真の中の彼女たちは、奇抜な帽子を被り、変顔をしていたのです。それを見たフィリスは笑い転げていました。

「あの日は本当に楽しかったわ」とフィリスは言いました。「人生、楽なことばかりじゃなかったのよ。あなたのお父さんと私が若い頃は、うまくやっていくために、たくさん努力をしなければならないときもあったわ。金銭的なゆとりがなくて、あなたたちも反抗的な時期があったからね。でも、どんなときも、ユーモアの感覚や楽しむことを忘れなかったわ。人に与えられるアドバイス、言わば私の『レガシー』は、『楽しむのを忘れないこと』ね。人は楽しんだ分だけ幸せになれるのよ」。

後に、その言葉「楽しむことを忘れない」は、フィリスの思い出の本のタイトルに使われることになりました。

本が出来上がると、マリリンは、出来上がった本をお披露目するために家族を集めました。マリリンと彼女の義理の姉たちは、皆のために食事を用意しました。このとき、ほとんど食べることができなくなっていたフィリスには、ピューレ状の食事が用意されていました。マリリンは、三五人が座るテーブルの上座にフィリスを座らせ、食事の前に、完成した本を皆が見えるように姪の一人に、それを掲げるように頼みました。

表紙には、タイトルの下に、クリフが自ら選んでフォトショップで合成したお気に入りのフィリスの写真が載せられていました。本を掲げながら姪は言いました。「おばあちゃん、この本には私たちが集めたおばあちゃんの物語が詰まっています。おばあちゃんがみんなの人生にどれほどの愛情と喜びをもたらしてくれたかをこれらの物語は語っています。この本は、私たちなりに、おばあちゃんに感謝を示し、永遠におばあちゃんのことを忘れないようにするためのものです」。写真のコラージュを見つめ、そこに掲載された物語の重みが感じられるように、姪はフィリスに本を手渡しました。

クリフはフィリスの食事を介助するために、彼女の隣に座りました。彼は彼女から本を受け取り、その中から、借りもののバイクで彼女を迎えに行った初デートの思い出話を読み上げました。フィリスの父親と母親は、その姿に驚き、娘を出かけさせることに不安を覚えましたが、クリフの礼儀正しさに、その躊躇いが払拭されたという内容でした。その最初の話が語られた後、夕食が饗されました。

食事が終わり、テーブルが片づけられると、マリリンは本を手にとり、父親が読み上げた話の次の話を読み上げました。本は次から次へと順番に手渡され、一人ひとりが一つの思い出話を読み上げていきました。後にマリリンはこう語っています。話が読み上げられるたびに、部屋の空間に広がりが感じられるようになりましたが、読み上げられる言葉の先にある深く敬虔な静けさがその空間を満たしているかのようにも感じられました。それは、かつて彼女が、メサ・ヴェルデ国立公園解説7-3の地下にある「キヴァ」と呼ばれるアナサジ・インディアン解説7-4の儀式用の部屋に降りた際の感覚を思い出させるものだったと言います。

笑える話もあれば、感動的な話も多く、どれもフィリスへの愛を感じさせるものでした。「母のそばにいると誰もが母の中にある喜びを感じ取って、いい気分になりました」とマリリンは言います。「母は、人がすぐに感じ取られるような温かい心を持っていました。人生でうまくいっていないことがあっても、母に相談すれば『もう大丈夫、何も心配することはない』のだと感じさせてくれたのです」。

語られた思い出の物語は、まるで渦を巻きながら、合流してフィリスの人生や人柄をパノラマのように映し出してくれました。全員が、フィリスとのつながり、そしてお互いのつながりを手にとるように感じていました。クリフはこの夜がどれほど特別なものであったかを語っています。フィリスの顔を何度も覗いた彼女には、彼女がどれほど感動していたかが見えました。

共有した楽しい思い出を、一人ひとりの口から直接聞くことができたのは、彼女にとって何よりの贈り物でした。死に逝く人に、物語を語り返すということは非常に稀なことなのです。クリフは、その夜の思い出と、それがフィリスの心の支えになったということを、悲嘆を軽くするためにも、皆が心に刻むだろうと思いました。

最後の人が本から思い出を読み上げた後、全員が自然と立ち上がり、フィリスに拍手を送りました。それは、彼女がこれまでに生きてきた人生と、彼女の思い出が彼らの心の中で一生生き続けることを讃えた美しい瞬間だったのです。それは、終わりに近づいている人生を見事に統合する瞬間でした。疲れ果てたフィリスはまっすぐに部屋に向かい、ベッドに潜り込みました。クリフは、しばらく彼女の枕元に腰かけ、彼女の手を握りながら優しく顔を撫でました。眠りについた後も、彼女の顔は生き生きとしていて、笑顔だったと彼は言います。一階では、語られた思い出の素晴らしさや、本の出来栄えの良さについて、みんなが話し合っていました。

その三週間後、フィリスは危篤状態に陥りました。二日半にわたる寝ずの番が行われた間、本はベッドの脇にあるナイトテーブルに置かれていました。時折、家族や友人、ドゥーラが本を開き、一つ二つの物語を読み聞かせました。時には、フィリスのそばにいる人が、別の物語を思い出し、巻末に残された空白のページにそれを書き込むこともありました。

フィリスが息を引き取った後、立ち会った人たちはベッドの周りに集まりました。ドゥーラは、フィリスがこの瞬間のために密かにしたためていた手紙を取り出し、彼女の言葉を読み上げました。手紙には、いかに自分の人生が家族や友人からの愛で満たされたものであったかが綴られていました。そこには「人生において、人間関係を大切にすることが最も重要な行為である」という、彼女が人生の指針としてきた真実が記されていました。また、みんなが思い出を読み上げてくれたあの晩についても彼女は感謝をしたためていました。その数時間は、人生の中で最も貴重な時間であり、それからの数日間、死ぬことがそれほど悪いことではないと感じられるようになったと彼女は語っていました。

フィリスが亡くなって一週間後に行われた追悼式では、葬儀場の部屋の前に、彼女の遺灰の入った骨壺とともに、彼女の思い出話の詰まった本が置かれました。数週間後に行われた再処理の訪問の際に、マリリンは、遺灰と本がともに並んでいるのを見て、その瞬間まで気づくことのなかった命の神秘について感じたことを語ってくれました。

「母を宿していた肉体は、灰になってしまうただの器だったのです」と彼女は言いました。「母の本当の命は、母がそれを示し、出会った全ての人と共有してきた愛情溢れるエネルギーの中に宿っていました。そのエネルギーは、肉体の死によって、失われたり、減少したりすることのないものだったのです。それどころか、母の記憶を抱える全ての人の心や、本の中の物語から母を知ることになる全ての人の心にもそのエネルギーは宿り、そして広がり続けることができるのです。母のレガシーは愛でした」。

＊

レガシーワークを行うためには、数ヶ月、少なくとも数週間の期間を確保することが理想的です。レガシーにかける時間が長ければ長いほど、死を迎える人とそのご家族にとってのメリットは大きくなります。しかし、状況によっては時間をかけることができない場合もあります。レガシーワークを始める前に、既に臨死期であった場合、少なくとも寝ずの番の時期であるなら、手の込んだものよりシンプルなものにするほうがよいでしょう。家族は、愛する人に寄り添うことに集中したいと思うでしょうし、複雑なレガシーワークに気をとられたくないと感じるかもしれません。枕元に寄り添い、必要な休息をとることは、レガシーワークよりも優先されるべきことです。

しかし、シンプルなレガシーワークでも、呼吸の変化を慎重に見守りながら、死につつある人の命の充実に家族が関わる機会を与えることができます。寝ずの番の間に始める、効果的で、最も簡単なレガシーワークの一つは、枕元で物語を集めることです。多くの家族は、ナイトテーブルに籠や箱を置き、筆記用具や紙、インデックスカードを用意したりします。

ベッド脇で過ごす数分間で、死に逝く人との思い出話や、その人に言われたことなどを書き留めてもらうのです。また、その人に対する思いや、寝ずの番や看取り後に願うことなどを綴ってもらうのです。心に浮かんだことなら何でもよいのです。色をつけたり、絵で表現してもらうことで、彼らのメッセージを際立たせることもできます。

こうした細やかで形を成さない記憶の断片や願いの蓄積でも、レガシーとしての重みを帯びるようになるのです。後日、家族が悲しみに暮れているとき、これらの文章を本や巻物にまとめることもできます。箱に収められたコレクションとして残したとしても、それらの物語は家族にとって価値のあるものになるでしょう。

レガシーワークは、必ずしもその人が亡くなる前に始めなければならないというものではありません。レガシープロジェクトに取り組むことで、家族は悲しみの中でも愛する人の人生に関わることができます。そしてそれは、彼ら自身のあり方を変え、あるいは記憶の残滓という形で、その人が遺した感情的でスピリチュアルな遺産を見出すことや、評価することに十分に役立つのです。

古代ギリシャ語を教えるカナダの詩人、アン・カーソン[解説7-5]は、兄が亡くなったことを知った後に、彼に関するレガシー本を作成しました。彼女の兄の人生は波乱に満ちており、アンと母親は、彼がどこにいるのか、生きているかさえもわからない時期があったと言います。悲嘆のプロセスの中で作成された彼女のレガシー本の複製は、アコーディオン本（折り本）という形で出版されました。それは、貼り合わされた長い紙が、冒頭のページから巻末のページまで連続して折りたたまれるようにして作られる本です。ある意味、この形式は、別々でありながらつながっている途切れることのないのない瞬間の連続であるという、私たちの人生の本質を反映しているのではないでしょうか。

ニューダイレクションズ社から出版された、この『Nox』という本は、執筆物の抄録、航空便の便箋に書かれた手紙の切れ端、シンプルな絵、コラージュ、写真、そして所々に、真っ暗で悲痛な走り書きに囲まれたページ、突き刺すような言葉などで構成されています。この作品は、アンの兄を悼む痛切な哀歌であり、彼の人生がもたらした影響と彼が残した謎の証でもあるのです。

つまり、突然、死が訪れたとしても、レガシーワークは大きな影響をもたらします。それは、その人の人生を理解し、意味を明らかにし、その人自身を讃えるためのツールとなるのです。そして、どのような形であっても、レガシープロジェクトは、人生の確実な成果物となり、亡くなった人と再び関わることを可能にし、これからの生活の中で、人々がその人物を心の中でどう捉えるかを思い起こさせるものとなるのです。

*

植物や果物の皮から蒸留されるエッセンシャルオイルのように、レガシープロジェクトはその人の人生の香りを凝縮し、その最も甘味な香りや最も重要な本質を捉えます。それは、死に逝く人が肉体の寿命を超えて生き続ける方法なのです。彼らの命が他の人の人生の表層やその深い内面で再生され続ける方法でもあります。また、息を引き取って心臓の動きが止まった後に何が起ころうとも、死というものは存在しないのだと理解するための方法でもあるのです。

多くの人は、自分の人生を振り返り、その意味を探る機会や、意識的に統合に向かって達成感を味わう機会などないまま死を迎えます。死が近づいても、友人や親戚から直接、自分が彼らにとって、どのような意味をもたらしたのかを聞くことができないのです。死を迎える人のほとんどが、自分のレガシーが保存され、維持されることを知らないというのは、何と悲しいことでしょう。意味づけとレガシーの作業を通して、人は自分自身を理解するようになり、死との折り合いのつけ方を他の人に示すことができるようになるのです。

第8章　最期の日々の過ごし方

人生の最期を計画することは、ドゥーラアプローチにおいて、死に逝く人をケアするための重要な側面の一つです。ほとんどの人は、計画を立てることなく、当面のケアや、日常生活を可能な限り維持することに集中します。こうした行動は、人が死に対して考えることを避けることに役立ちますが、それは、狭い山肌の路を歩くときに、崖下を見て、自分がどれくらいの高さにいるか、落ちたらどうなるかを考えないのと同じことです。それどころか、足元の少し先にのみ目をやり、普通に屋外を散歩しているのだと思い込もうとします。さもないと、バランスを崩したり、恐怖で動けなくなったりするからでしょう。

人が病の終わりのために計画を立てないもう一つの理由は、自分が持つ選択肢や計画を立てるメリットを理解していないからです。それどころか、できることなら一刻も早くそのような体験が終わることを願いながら、ただ苦しむしかないのだと感じています。

末期患者をケアする者も含めて、医療従事者は、通常、患者やその家族に、彼らが手にしているあらゆる選択肢に関する情報を伝えてはくれません。それは彼らの専門家としての指向に一致しないからです。むしろ、人々に選択肢ではなくすべきことが何かを伝え、家族に治療薬や基本的な身体的ケアについて教えます。その後は、病気の経過次第とするのです。それとは対照的に、ドゥーラは、死ぬ場所、部屋の様子、ベッド周りの雰囲気、お互いや専門スタッフとの関わり方など、あらゆる選択肢を検討するように促します。

死を迎える人とその家族は、最期を計画することで、恐れや不安を軽減することができるのです。病によって奪われた主導権をささやかでも取り戻すことができるのです。それに加え、ドゥーラは人が普段考えたことがないような質問を投げかけます。それによって最期に向けた覚悟ができていると感じられるようになるだけではなく、計画を立てたことによって、死につつある経験の意味を深化させていると感じられるようになるのです。

環境

多くの人は、可能であれば、自宅で死を迎えることを望みます解説8-1。好きなものに囲まれ、施設の規則に従う必要もなく、より快適で安全だと感じるからでしょう。自宅で死を迎えたいという願いは、ホスピスケアを選ぶ主な動機の一つです。現在、アメリカではホスピスサービスを利用する患者の七五%が自宅で死を迎えています。残りの二五%の中には、パニックに陥って救急車を呼んでしまったために、病院で亡くなる人もいます解説8-2。その他の患者に関しては、症状管理の問題、文化的嗜好、介護者の限界、情緒的に不安定な年齢の子どもが家にいるなどの理由から、ホスピスの施設あるいは病院のどちらかで死を迎えます。

死を迎える人とその家族が環境を決めることができるのなら、次は部屋の雰囲気について考えます。当然、自宅にいるときのほうが、人は環境をコントロールすることができます。しかし、たとえ病室であっても、施設的な画一性をなくし、よりパーソナルな空間を生み出すことも可能です。多くの人が病院や介護施設で死を迎えていることを考えると、これは考慮すべき重要な事柄でしょう。もちろん、自宅で死を迎えるからといって、必ずしもその空間がその人にとって居心地が良いとは限りません。

時には、様々な医療用品で部屋が埋め尽くされている場合もあります。複数の歩行器、車椅子、部屋の隅に置かれた魚雷のような酸素ボンベ、シューシューという酸素濃縮器の耳障りな音、紙おむつやベッドパッドの山に、ガーゼや軟膏、薬瓶などです。死につつある人の寝室は、まるで病室のように施設的な雰囲気を醸し出している場合があるのです。唯一、病室と違うところは、ベッドの後ろの壁にバイタルを確認するためのモニターが設置されていないことぐらいでしょう。

施設的な感じを出さないためにも、これらのものは全て移動するか、視界から取り除くことです。必要なものはすぐ手に届くようにしなければなりませんが、死につつある人や見舞い客の目にそれらの物が映らないようにするためにはどうすればよいのかを考える必要があるのです。

死を迎える人が病院や介護施設にいる場合、最も検討すべきことは、その空間をいかにして自宅の寝室に近づけるかということです。つまり、その人にとって一番大切なものや写真が目に入るようにする必要があります。例えば、工芸品、家族写真、壁掛け、植物、ぬいぐるみ、電気キャンドルなどです。自宅にいる場合、自分の家具や私物が周りにあるという快適さがあるとしても、その一方で、その人にとって大切な物をより多く取り入れるための環境整備が必要な場合があります。

例えば、私の自宅には、中国や日本を旅したときに集めた美しい山水画の掛け軸がいくつかあります。今はリビングに飾ってありますが、ベッドから起き上がれなくなるときが来たら、それらの巻物をいつでも見られるように、少なくとも数点は寝室に移動させることを考えています。

＊

私が一度担当したある女性は、彼女の息子の二世帯住宅のリビングに置かれた病院用ベッドに寝ていました。その家は、上下ではなく、横並びに一世帯ずつが区切られていたのです。家の外扉から入ると、小さな玄関ホールに二つの扉があり、一つは息子の居住スペース、もう一つは娘の居住スペースにつながっていました。息子のほうには子どもはいませんでしたが、娘には幼い子どもが二人いました。

意味づけ、レガシー、計画立案について、その女性と話し合った際、隣の家にいた彼女の孫たちがよく部屋に入ってきて、静かに遊んだり、小さなテーブルで絵を描いたりしていました。あるとき、その女性は、息子に孫たちが描いたばかりの絵を飾って欲しいと頼みました。それ以来、子どもたちが遊びに来るたびに、彼らが描いた絵は叔父や母親によって壁にかけられるようになりました。この行動は、寝ずの番が行われる間、ずっと続けられたので、女性が亡くなる頃には、児童絵画展のように、壁は孫たちの絵で埋め尽くされていました。子どもたちの絵は、いつも明るい色で幸せそうな情景が描かれていて、彼女が苦しそうに呼吸する暗い瞬間でも、部屋全体を陽気な雰囲気に包み込んでくれているようでした。

私たちは、選択をしないようにあまりにも条件づけられているため、いくつかの検討すべき事項について考えつくことすらありません。ベッドが部屋のどこにあり、そこで寝る人の目には何が映るのかについて、私が初めて考えたのは、この仕事を始めてから何年も経ってからのことでした。今ではそうしたことの検討事項は私にとっては当たり前となっています。ドゥーラは、視線の先のあらゆる方向には何があるべきか、ベッドから何に手が届くか、といった点を確認します。これらのことを考えるための妙案の一つは、家族や友人、あるいはドゥーラにベッドに横になってもらい、部屋を見渡し、死につつある人の目に何が映るかを自らの視点で確認してもらうことです。

＊

ジェリーが臨終を迎えたとき、彼のベッドは娘の自宅にある小さな寝室にありました。肺がんと診断されるまでの八年間、彼はそこに住んでいたのです。その部屋には、一つの壁に二つの窓が並んでいて、その隣の壁にも窓が一つありました。ジェリーのベッドは、窓が一つだけある壁の向かいにある内側の壁に寄せて置かれていました。一つ窓の右には、大きな備えつけの机があり、その上には棚がありました。それ以外の壁は、クローゼットや小さなバスルームへの扉で埋め尽くされていたため、写真をかけられる壁はベッドの後ろにある壁だけだったのです。

ジェリーは、窓から木の枝や葉が見えるのを楽しんでいましたが、部屋全体の日あたりはあまり良くありませんでした。窓にかけられたカーテンや家の裏にある丘が日中の日差しをほとんど遮っていたのです。ベッドが置かれた場所は、彼が死を迎えようとしていた春先には、暗くて寒く感じられました。引っ越してきたときから、彼は部屋の配置を気に入っていませんでしたが、娘の家ということもあり、彼女の機嫌を損ねたくないという思いから、そのことを娘には言えなかったのです。

寝たきりになり、彼は、ベッドの配置が外とのつながりを遮断しているかのように感じ始めました。木々を見ることはできても、窓からは遠く離れていて、可能な限り目に見える場所に置いておきたい家族写真を壁に飾るスペースもなかったのです。部屋の模様替えをする前に、部屋の雰囲気や彼が何を見て過ごしたいのかについて、何度か話し合いを重ねる必要がありました。

彼らは、二つ並んでいる窓のすぐ下に枕元がくるようにベッドを移動させました。日中、暖かな自然光がベッドに降り注ぐようにしたのです。春だったため、窓を開けて松の香りが漂う新鮮な空気を取り入れたり、日中は小鳥のさえずりを聞いたりすることもできました。夜になると、近くの湿地のあたりでカエルたちの鳴き声が響きました。

ジェリーは、枕でしっかりと体を支えられていさえすれば、頭を後ろに傾け、二つの窓から空を眺めることもできました。まるで外にいるような感覚を味わうことができたのです。もう一つの窓にも近くなったおかげで、家の裏にある低くて大きな丘と、その稜線にある木々の茂みの向こうに沈む夕日を見ることもできました。

部屋を模様替えした数週間後、ジェリーは、娘とドゥーラに、毎晩のように変わる空模様を見ることで、自分の中でより内面のスピリチュアルな理解が呼び起こされたと語りました。

「夕焼けが空を強烈な赤やオレンジ色に染め、水色、緑、青の筋がわずかに残っている状態のときは、神とともにいることを感じます。空の様子を見続けていると、それは灰色が濃くなり、完全に夜へと変化していきます。すると、星が輝き始め、何百万年も前に生まれた小さな光の点が暗闇を照らします」。ジェリーは、昼と夜の空模様の様々な変化を毎日繰り返し見ているうちに、光と闇、生と死は、存在のまた別の側面でしかないと気づかされたのです。「今、私はとても穏やかな気持ちです」。

ベッドを移動した後、ジェリーは義理の息子に、ベッドがあった場所の壁一面に家族写真を飾ってもらいました。窓の外を眺めていないときは、家族の写真を見つめ、その中の何人かの顔に妻の面影を見出すと、自分たちが見事に子どもたちを育て上げたことや、子どもたちに彼らの価値観が受け継がれていることを確認することができました。皆、幸せに、元気に暮らしていたのです。これ以上のレガシーがあるでしょうか。ベッドを移動するという単純な行為が、彼の視点を完全に変えて、生活の質を劇的に向上させ、より深いところにある彼自身を発見させたのです。計画としては、他に何もなされてはいませんでしたが、これだけで十分でした。

＊

死につつある人の部屋におけるベッドの配置は、文化的あるいは宗教的な原則を満たさねばならない場合もあります。例えば、ユダヤ人の中には、人の足（すなわちベッドの足元部分）は、部屋の扉に向けるべきだと考える人がいます。イスラム教では、人はメッカの方角（アメリカの北東部では南東を向くことを意味しますが、ほとんどは東を向くことを意味します）に向くべきだと考えられています。また、自分の生まれた場所や好きな地域など、個人的に意味のある方向にベッドを向ける人もいます。

このような象徴的な所作によって、部屋に神聖さが満たされているかのような感覚が生まれるのです。死を迎える人のベッドを部屋の中央に移動させ、寝ずの番が行われる間の毎朝毎晩、あるいは息を引き取った直後に、ベッドを囲んで手を合わせる儀式が行えるようにすることもあります。

もう一つ考慮すべきことは、部屋の全体的な内装です。「禅好み」な雰囲気を出すために、部屋に不必要なものは一切置きたくないと考える人もいれば、自分の好きなものをそばに置くことで得られる充実感のために、コレクション、芸術品、植物などを部屋に移動させたいと考える人もいるでしょう。

空間に入る

人が臨終を迎えるとき、ほとんどの場合、既に反応はありません。多くの人は、これを意識がないことと同義だと思い込んでいます。しかし、死に逝く人々と関わってきた私の経験によれば、最後まで残る感覚は聴覚なのです。つまり、死につつある人の意識は奥深くに潜んでいて、反応する体力がなくなっていても、何もかも聞こえている可能性があるのです。言い換えれば、その人の意識があるときに聞かれてもよいことだけを話し、そうでないことは語るべきではないということでです。

聴覚以外にも、私たちが認知し得ないレベルの意識がまだ機能していて、本人が自分の周りで起きていることを理解している可能性が十分にあります。こうした理由から、介護者や見舞い客は、死を迎える人の部屋の中やそのすぐ外での言動に配慮し、思いやりを持つ必要があります。そこは、一日の出来事や世界のニュース、仕事での苦労話などを気軽に話す場ではありません。奥深さをともにし、意味のある会話をする場なのです。

多少の日常会話は許されますし、望ましい場合もありますが、簡潔にすませるか、他の場所で行うべきでしょう。ただし、死を迎える本人が、家族が自室で行う普段通りの日常会話を特に望んでいる場合はその限りではありません。

人々が持ち込む心理的エネルギーも、死につつある人やそこで何時間も過ごす介護者にとって、その空間をどう感じるかに影響を与えます。見舞いに行く途中の交通渋滞や家庭内の内輪揉めなど、何らかの出来事で怒りに囚われている人は、その心理的なエネルギーを部屋に持ち込んでしまいます。そうした感情が言葉で表現されることがなかったとしても、無臭で透明なガスのように、それは空間に広がってしまうのです。

人の心の中は日常的に、中途半端な考えや未来への願い、様々な感情など、過去の出来事の残骸で溢れかえっていて、それらが心理的活動を、緊迫したエネルギーで覆い被せてしまうのです。これらの全ては空間に影響します。ベッドサイドに神聖さを保つために、死につつある人の部屋には、雑念を払った状態で入室することが肝心なのです。

死に逝く人の部屋に、より心配りの行き届いた形で入室できるようにする方法はいくつかあります。例えば、部屋に入る前に靴を脱ぐようにという要求などです。靴を脱ぐという行為は、これから入る空間が普通の空間ではないことを示します。寺院やモスクなど、神聖な場所に足を踏み入れるとき、私たちは頭を覆ったり、靴を脱いだり、特別な仕草をしたりすることで、何か特別なものとつながることを認識します。このような儀式的な行為は、日常の悩みや考え事を捨て、より深いものを受け入れる準備を整えてくれます。そうすることで、この出来事がいかに特別であるかということを、部屋の中や死に逝く人のベッドサイドで、より強く印象づけることができるのです。

＊

セリアは六〇代の女性で、末期の肺がんを患っていました。彼女は、自分が最期を迎えるときには、人々に穏やかな心理状態で入室してもらいたいと考えていました。このことについて検討し、ドゥーラと話し合う中で、セリアは自分の寝室に入室する際、人々に感じて欲しいのは、自分の感謝の気持ちだということに気づいたのです。

彼女は、クロアチアの非常に貧しい環境で育ちました。二〇代前半でアメリカに移住し、フルタイムで働きながら夜間に学校に通うことで、何とか大学まで進学することができたのです。彼女は生涯を通じて、自分が成し遂げられたこと、愛する友人たち、そしてアメリカで手に入れた快適な生活に感謝をしていました。多くの人が恵まれた生活を送りながらも、自分の持っているものに感謝していないことが、彼女には理解できませんでした。

彼女は結婚も出産も経験することはありませんでしたが、築いてきた友情は驚くほど親密で深いものでした。彼女は、多くの友人の子どもたちにとって、お気に入りの「おばさん」になっていました。ドゥーラとセリアが彼女の人生の意味について話し合い、レガシープロジェクトを計画する中で、感謝の気持ちがその中心的な価値観となり、作業の焦点となりました。セリアは、人々が感謝の気持ちを持ち、それが幸せにつながることに気づけるようにすることを主なレガシーとしたのです。特に「甥」や「姪」たちにこのメッセージを伝えたいと彼女は望んでいました。

ドゥーラの力を借りて、彼女は自分の人生を定義する「感謝」と「意義」という二つの価値観が主役となる人生の巻物を作成しました。セリアは、自分が亡くなった後に、その巻物が友人の家を行き来し、彼らの子どもたちが彼女のレガシーを見て、そのメッセージを思い出すことができるようにしたいと考えたのです。

人がどのように寝室に入室するかをドゥーラと計画したときも、セリアは感謝の気持ちを示したいと考えていました。彼女は、自分の死を嘆く周りの人々に、悲嘆を感じて欲しくはなかったのです。感謝を伝えることこそが、その悲嘆を凌駕するものであると彼女は感じていました。

セリアの発案で、リビングにあった彼女のお気に入りの椅子が寝室の入り口に置かれることになりました。背もたれが高く、肘掛けがなく、座面の広いその椅子は、座り心地が良いだけでなく、しっかりと体を支えてくれるものでした。椅子には、彼女が東欧を旅したときに購入したお気に入りの布が被せられていました。

ドゥーラは、簡単な注意書きを作成し、セリアの寝室の入り口に置かれた椅子の横のドアの枠にそれを貼りました。そこには次のように書かれていました。「私の部屋に入る前に、少しの間、ここにおかけください。これまで一緒に過ごした時間や、これから一緒に過ごす時間に対する私の感謝の気持ちを感じ取ってください」と。セリアの寝ずの番が行われる間、一度に三、四人が訪れることもありました。それでも、順番に一人ひとり、椅子に腰掛けてから、セリアの寝室に入室しました。彼女の友人の幼い子どもたちでさえ、セリアのリクエストに応じて椅子に腰掛けました。誰もが、部屋の空気に漂う、心を癒してくれるような特別な感覚を感じ取った、と語っていました。

明かりと香り

人生の最期を迎えるための計画には、部屋の明かりの質や空気中の香りについても考慮しなければなりません。これらの要素は、気分に影響したり、快適さをもたらしたり、意識を研ぎ澄まし、部屋の雰囲気を高める役割があります。

こうした要素について、死を迎える人はそれぞれ自分なりに考えます。例えば、採光について考えてみましょう。日中は部屋に自然光が差し込むことを好む人がいます。猫のように、その光を全身に浴びて、太陽の暖かさを楽しむのです。窓を薄手の素材で覆い、光を拡散することで、より優しい印象の光を好む人もいるかもしれません。遮光カーテンを引いて、日中の最も明るい時間でも、光が差し込むのを抑えたい人もいるでしょう。

夜は、頭上からの強烈な光よりも、テーブルランプや背の高いスタンドライトによる穏やかな照明を好む人がいます。また、明かりの色や質感を変えるためにランプのかさに布を被せることもできます。私が明かりの役割を初めて理解したのは、死を目前にしたある女性が、ベッド脇のランプにターコイズブルーのスカーフを被せていたことがきっかけでした。その優しい色の光は、ランプが置かれた側のベッドや私が腰掛けていた椅子を照らしていました。その明かりは、私を安らかで穏やかな気持ちにさせてくれました。それは、彼女にも同じ効果をもたらしていたようでした。

キャンドルの光も温かく、ホリデーシーズンに使うような柔らかく白い紐の上の豆電球も、部屋に心地良い明かりを生み出します。私が担当したある人は、小さな赤い豆電球を部屋中の壁の上部に張り巡らせていました。その明かりは、部屋に温かみと、遊び心のある明るい雰囲気をもたらしていました。

光と同じように、香りも部屋の雰囲気を変えることができます。五感の中でも、嗅覚は最も強い感覚かもしれません。空気中に特定の匂いを嗅いだとき、その匂いに関連した出来事や感情がすぐに呼び起こされるということを多くの人が経験します。焼きたての温かいコーンブレッドの香りを嗅ぐたびに、私は子どもの頃の最も楽しかった思い出が浮かびます。母とパン屋からアパートまでの道を、歩きながら、焼きたての温かいコーンブレッドを一緒に食べた思い出です。そのとき感じた愛情や育った家での当時の感覚がそのまま戻ってくるのです。それは、寝る前に両親が本の読み聞かせをしてくれたときに味わったあの感覚と同じでした。

何かを焼いている匂いは、多くの人にとって同じような効果をもたらします。そのため、定期的にパンやクッキーをオーブンで温め、その匂いが死に逝く人のいる部屋まで漂うようにすることを、寝ずの番の計画の一部にするとよいかもしれません。

アロマキャンドル、ディフューザー、お香、エッセンシャルオイルなど、部屋を香りで満たす方法は全て、寝ずの番の計画で効果的な役割を果たします。多くの香りは精神的な安らぎを与えてくれるだけでなく、死のプロセスにおいて発生し得る不快な匂いを覆い隠すこともできます。

以前、肉体やその周辺から魂が完全に離脱するまで、死後三日間は遺体を動かさないで欲しいと求めた仏教徒の男性がいました。腐敗臭が部屋に充満しないように、私たちは昼夜を問わずお香を焚くことにしました。彼はもう何十年も前から、毎朝、仏壇で白檀の線香を焚くことが習慣となっていました。その仏壇は彼が死につつある部屋にありました。その部屋の壁や家具には、白檀の香りが染み込んでいました。遠い記憶のように微かにしか香らないときもありましたが、たいていはその香りが漂っていました。

彼が亡くなってからの三日間は、彼の妻が二四時間体制で線香を焚き続けました。彼と打ち合わせておいたささやかな儀式を行うために再び彼の家を訪れたときには、白檀以外の匂いを何も感じませんでした。後日、彼の妻に臨終体験の再処理を行った際、彼女は部屋に入って線香を焚くたびに、夫の魂を感じたと語りました。彼女は、彼の魂が、お線香のエッセンスのように、見えない存在としてベッドの周りに漂っているのを想像しました。彼女自身は仏教徒ではなかったものの、彼と彼の信念を尊重するために、遺体が搬出された後の四〇日間、毎朝線香を焚き続けました。仏教において、四〇日とは、魂がこの世からあの世へと転生するのに必要な時間と考えられているのです。

音

私たちの存在は、音楽や音と、とても深いところでつながっています。静かな時間に音楽を聴いて、純粋にそれを楽しみます。運転中やエレベーターに乗っているとき、ショッピングモール内を歩いているときなど。教会では気分を高揚させ、コンサートホールでは深い感動を覚え、ダンスフロアでは自然と体が踊り出し、夜には眠りにつくようにしてくれます。オリンピックから結婚式、卒業式、ディナーパーティー、パレード、その他言い出したらきりがない特別なイベントに、必ずと言っていいほど、音や音楽が関わっています。

先史時代のはるか昔から、世界中のあらゆる文化には音楽がありました。音や音楽の体系的な使用は、発話より先で、おそらくコミュニケーションをとるために使われていたと広く考えられています。それは動物の世界に由来し、人類が出現する以前から発生していたものかもしれません。

個人的な面では、好きになる音楽はその人のアイデンティティの一部であることがわかっています。クラシック、ゴスペル、ラップ、ビーバップ、映画のサントラ、ジャズなど、それが何であれ、それらの音楽から自分を定義できるほど、私たちは特定の音楽と特別なつながりを感じています。アルツハイマー病の患者を対象とした最近の研究では、好きな音楽、特に大人のアイデンティティが形成される思春期の頃に好きだった曲から構成された個人的プレイリストは、認知症であるにもかかわらず、周囲の世界との関わりを深め、幸福感を向上させることが実証されています。

先に述べたように、人が死を迎えるとき、聴覚は最後に失われる感覚であることがわかっています。私は死につつある人が、見ることも、感じることも、嗅ぐこともできなくなってしまった後、死の間際に、枕元で自分の名前や特定の曲、楽器の演奏に反応する様子を見てきました。人の脳波を使った研究でも、死の間際まで人は聞こえていることが証明されているのです。

聴覚が優れている理由の一つは、脳が視覚の五倍速で音を処理できるからです。光は音よりも一〇〇万倍も近い速さで伝わりますが、見ることよりも聞くことのほうが速いのです。私たちがこのような構造になっているのは、私たちの祖先がジャングルやサバンナを歩き回っていた頃、生き延びるためには聴覚が不可欠だったからです。夜の暗闇の中では、目はよく見えなくても、外敵が近づいてくる音は聞こえます。

寝ずの番の計画には、具体的な曲や歌、ミュージシャンに至るまで、死に逝く本人が聴きたい音楽を取り入れねばなりません。ドゥーラは、寝ずの番が行われる間、いつでもその音楽を流せるようにしておかなければならないのです。

寝ずの番の間は、常に音楽を流していて欲しいと望む人もいて、いつもよりも静かに流すなど、そのときの状況に応じて対応します。また、音楽を流す時間は家族やドゥーラの判断に任されている場合もあります。命が尽きる瞬間には一切音楽は流さないで欲しいと希望する人もいるかもしれません。しかし、特定の曲と誘導イメージ法を用いて、完全にリラックスした状態で、魂がその肉体を離れた人を私は見たことがあります。

＊

私が思い出す最も魅了された瞬間は、耐えがたい痛みに襲われていた男性にドゥーラがある歌を歌ったときのことです。六〇代前半のジョンは、強烈な痛みを伴うことのある末期の膵臓がんを患っていました。彼は、非常に高用量のモルヒネを静脈注射で投与されていたにもかかわらず、痛みをコントロールすることができていませんでした。

彼の妻のキャシーは、夜間も含めて一日中、ジョンが死を迎えようとしている寝室に出入りしていました。しかし、痛みに苦しむジョンの姿を見ていられず、彼女は彼のベッドサイドに一五分以上留まることはありませんでした。愛する人がこのように苦しむ姿を見るのは非常に残酷なものです。キャシーは何度も「不公平」だと語っていました。彼女によると、ジョンは彼女が知る中でも、最も寛大で心優しい人だったのです。

「彼のような人が、どうしてこんな無残な死に方をしなければならないのでしょうか？」と彼女は尋ねました。この問いに彼女は答えを求めていたわけではありません。寝ずの番に参加したドゥーラたちはそれぞれ、自分の愛する人が苦しみながら死ぬ姿を見ることがどれほど辛いかを認めたうえで、彼女の背中をさすったり、彼女を抱き寄せたりして対応しました。

その特別な瞬間が訪れたとき、ドゥーラたちは三日間にわたって寝ずの番を行っていました。誘導イメージ法を使って、彼の痛みを和らげようとしたものの、あまり効果は得られませんでした。軽く身体に触れることさえ痛みを与えてしまうのではないかという心配から、ドゥーラたちも彼に触れることを避けていました。しかし、時折、彼の手の下に手を滑り込ませ、そばにいることを伝えようとしました。

彼が亡くなる前の夜、それまで参加していなかった一人のドゥーラが、深夜に終わる予定のシフトで、寝ずの番に加わりました。グレイスという名のそのドゥーラは美しい声の持ち主で、寝ずの番のシフトで、死に逝く人々のために歌うことが好きでした。彼女はシフトの前に、歌えそうなバラードやフォークソングをパソコンで調べて準備をしてきました。寝ずの番の計画から、グレイスはジョンがこのタイプの音楽を好むことを知っていたのです。彼女が検索した曲の中には、彼女が愛した、レナード・コーエンの「ハレルヤ」解説8-3がありました。

グレイスはシフトを始めるにあたり、前の当番のドゥーラから、自分が到着するまでの数時間に起こったことを確認しました。次にキャシーと話をして、彼女に様子を聞きました。グレイスがいつでもジョンの様子を確かめられるように、彼女たちは彼の寝室の入り口で話しました。声は押し殺していましたが、ジョンの体は痛みで硬直し、顔には険しい表情を浮かべていました。

「見ていられない」とキャシーは言いました。「ベッドルームの近くにいようとしても、一度に数分ほどしか耐えられないのです。今よりもひどい状態のときがあったこと、信じられますか。でも、とても見てはいられません」。

「愛する人がこれほどまでの痛みに苦しんでいるところを見るのはとても辛いことです」とグレイスは答えました。「私はここに数時間はいますから、あなたが話したいときにいつでも相手をします。また時折彼のために歌を歌います。そうすることで痛みが和らぐ人もいるのです」。

キャシーは寝室の隣にある書斎に向かいました。そこには、いつでも眠れるように、簡易ベッドが置かれていたのです。グレイスは、ジョンのそばでベッド脇に座りました。ベッドの反対側には、個人的に雇われた在宅医療の介護人が座り、一、二分おきにモルヒネのレスキューボタンを押していました。

座ってしばらくすると、グレイスは持参したギターを手にとりました。彼女は、前もってどの曲を演奏するか、どの順番で演奏するかは決めていませんでした。その瞬間の感覚で選曲するのが好きだったのです。そのとき彼女の頭の中で、レナード・コーエンのしゃがれた声で歌われる「ハレルヤ」が響きました。彼女は、その曲を穏やかに弾き始めて、ジョンの反応をうかがいました。ジョンの顔の筋肉がわずかに緩むのが、見えるより先に感じられました。介護人も「彼はこの曲がいいみたいです」とささやきました。グレイスは静かに歌い始め、ジョンがリラックスしているのを確認し、彼女の方向へと少し顔を傾けるのに合わせて、次第に情熱を込めて歌いました。

歌い始めてしばらくすると、キャシーが部屋に入ってきて、一緒に歌い出したのです。後に、歌う二人の声のエネルギーに部屋が満たされてでもいるようだったとグレイスは語っています。ジョンも目に見えて痛みが和らいでいる様子で、彼も一緒に歌っているかのように彼女には感じられました。

歌い終わると、数分間で明らかに心を動かされたキャシーはグレイスの手を両手でしっかりと握りました。「久しぶりに彼のこんな穏やかな姿を見ることができました」とキャシーは言いました。介護人も同じく、「あなたが歌い始めてから、レスキューボタンを押す必要がなくなりました」と口にしました。

グレイスの手を握りしめたまま、キャシーは彼女に尋ねました。「なぜその曲を歌ったのですか?」と。

「ここに座って、最初に思い浮かんだのがこの曲だったので」とグレイスは答えました。彼女は、キャシーがその質問をしたのは、ジョンの様子がとても穏やかになったからだと思っていたのです。それまで彼の顔に刻まれていた険しい表情が消えていたからです。しかし、キャシーが言った次の言葉に、グレイスは衝撃を受けました。

「あの曲は私たちのウェディングソングなんです」

キャシーは涙を流していました。グレイスもまた、奇跡のようなその出来事に涙しました。もう一度この曲を歌いたいと言い出したキャシーは、歌いながら、ベッドの横に跪き、ジョンの腕をこれまでにないほど優しく愛撫しました。歌い終わった後、誰も口を開こうとはしませんでした。全員が、部屋中に溢れた光の温もりをただ感じていました。ジョンの全身はリラックスしていました。キャシーは、それから一時間以上、寝ずの番が始まって以来、最も長くジョンのそばにいることができました。

グレイスのシフトの後半で、ジョンは再び体の痛みを感じ始めましたが、以前ほど酷いものではありませんでした。グレイスは「ハレルヤ」を含む数曲を何度か歌いました。彼女が歌うたびに、ジョンはリラックスしているようでした。次のシフトのドゥーラが到着すると、グレイスは状況報告を行い、最後にもう一度「ハレルヤ」を歌ったのです。キャシーは、その歌を聞くためだけに部屋に入り、ベッド脇に座りました。そして、グレイスはジョンにもう帰ることを告げました。

キャシーは寝室の入り口までグレイスを見送り、長い間彼女を抱きしめました。「あなたがしてくれたことは一生忘れません」とキャシーは言いました。「あなたはグレイス（恵み）という名前の通りの方です。私が見守らなければならなかった苦しみの中に、喜びを持って思い出すことができるものをあなたは与えてくれました。ジョンだけでなく、私の痛みまでも和らげてくれたのです。ありがとうございました」。

グレイスの後に続いたドゥーラたちの話によると、ジョンは残りの八時間を穏やかに過ごしたそうです。最後の数時間には、痛みが完全に消え去ったようだったと言います。

キャシーは、自分とジョンのウェディングソングをグレイスが偶然歌ってくれたことに心を動かされ、ジョンの葬儀でもその曲を流しました。それは葬儀で使用された唯一の曲でした。「ハレルヤ」に対する思い入れを知らなかったグレイスが、偶然にもその曲を歌った晩についてキャシーが語ると、その場にいた全員が涙を流しました。

後日、再処理の訪問の際に、キャシーはグレイスが「ハレルヤ」を歌うのを聞いたことが彼女にとっての転機となったと語っています。それは、ジョンと一緒にいることの喜びを再び思い出させてくれたのだと。彼の死の苦悩が押し寄せてきても、ポジティブな気持ちになれるものが与えられたのです。

この話は、音楽や音の持つ力が、死を迎える人とその家族にとって、いかに強力であるかを示しています。グレゴリオ聖歌からセロニアス・モンク、フランク・シナトラからグレイトフル・デッドまで、ドゥーラたちは寝ずの番であらゆる種類の音楽をリクエストされてきました。

人によっては、自然音の録音を好む人もいます。森の中を蛇行しながら、岩の上やその周りを流れる川のせせらぎ。泡立ちながら滝つぼに流れ落ちる水音。夏の風雨がトウモロコシ畑を横切り、遠くで聞こえる雷鳴。砂浜に打ち寄せられ、大海原へと吸い込まれていく穏やかな波の音。あるいは、草原の隅で互いを呼び合う鳥のさえずりなど。その人が好む音楽や音を使用し、視覚化や儀式と組み合わせることは、非常に効果的なのです。

読み聞かせ

死に逝く人に読み聞かせを行うことで、その人がリラックスをして、彼らがおかれているスピリチュアルな次元に触れることがあります。『聖書』や『詩篇』あるいはその他の宗教的な書物から一節を読んでもらいたいと考える人は大勢います。それらは、臨終体験や死後について抱く信念を思い起こさせてくれるのです。そうすることで、未知の体験が徐々に迫ってくる中でも、その人を安心させることができます。また、これまでの人生を導き、死の間際や死の瞬間、この世を去った後にも役立つと信じている価値観や信念を貫けるようにしてくれるのです。

当然のことながら、計画を立てるうえで行う他の選択と同様に、読み聞かせに使う書物はその人にとって最も重要なものを反映させるべきです。聖書や宗教的な書物でない場合は、詩や、生涯にわたって何度も読み返したお気に入りの小説、愛する人と交わした記念日のカード、思い出の本や雑誌、その他の形態のレガシーに集められた人生の物語かもしれません。

抑揚のある人の声で読み上げられた内容を聞くだけで、心は癒され、安心感を得ることができます。死を迎える人が言葉の意味を正確に理解できなくても、そのリズムや調子、込められた感情から、気分を和らげるメッセージを伝えることができるのです。

稀に、命が終わる最期の数時間や数分間を静かに過ごしたいという人もいます。音楽も読み聞かせもいりません。シャロンもそうした一人でした。

シャロンは、結婚も出産もせず、人と交わることなく静かに暮らしていました。彼女は人生の最期に、老人ホームに入らなくてもいいように、姪に世話をしてもらうことを仕方なく受け入れました。シャロンは、姪をサポートするドゥーラの存在に価値を感じていました。しかし、音楽や読み聞かせは、死を迎える覚悟を決めようとしているときに、鬱陶しく、気が散るものではないかと考えていました。

シャロンは、部屋の中には姪かドゥーラのどちらか一人しかいないようにという要望を出していました。また、寝室に音が漏れないように、近くの部屋で音楽を流したり、テレビを見たりしないようにと頼んでもいました。「人はそれぞれ、死の間際に何を見て、何を聞くかを決める権利がある」というドゥーラの信念から、ドゥーラたちは音楽や読み聞かせに対するシャロンの決断を尊重し、支持しました。

触れる、抱きとめる

死を迎えようとしている人に触れ続けることはかなり重要です。残念ながら、多くの人は、死を迎える人の皮膚や体を傷つけることを恐れ、触れないようにしています。もちろん、体が弱っている人に対しては優しく触れる必要がありますが、触れることは人間の基本的な欲求の一つなのです。触れ合うことで、人はつながりを持つことができ、親密な関係を築くことができます。頭を抱える疑問に向き合い続けるように促したり、困難な次のステップに立ち向かうための力があると確信させたりすることができるのです。また、死につつある人に、死のプロセスに寄り添う誰かがそばにいることを極めて直接的な方法で伝えることができるのです。

ドゥーラは触れ合うことに関する文化的な規範について尋ねたりします。正統派ユダヤ教やイスラム教のようなコミュニティでは、親族でない限り、男性が死につつある女性に触れることは不適切なことと見なされています。それは、女性のドゥーラが正統派のユダヤ教徒の男性に触れることも同様です。もちろん、触れることは非常に個人的なことなので、一定のやり方でしか触れられたくない人もいます。例えば、足を触られたり、マッサージされたりすることに抵抗があるという人を私は何人も知っています。

クレアが臨終を迎えようとしていたとき、彼女の夫は、数日間レスパイト・ケア解説8-4のために彼女を施設に入れてもらえないかとホスピスチームに頼みました。そうすることで、身体的にも心理的にも厳しい寝ずの番のために体力を回復することができると考えたのです。アメリカのホスピスでは、家族は最大五日間のレスパイトを要請する権利があります。通常、休息をとらないと介護を続けるのが困難であったり、家族の行事や仕事により数日間不在になることが予定されていたりする場合に要請されます。

クレアはホスピス施設に入所しました。そして、わずか数日後、彼女の容体は急変し、反応がなくなったのです。病棟の看護師からは、そろそろ寝ずの番を開始する時期だと伝えられました。クレアのバイタルサインは低下し、呼吸もゆっくりでした。私はその日の晩に、看護師が見たことを確認するために、彼女のもとを訪ねました。容体が急変し、臨終に突入しているように見える人でも、再び症状が安定し、何日間か持ち堪えることがあるからです。

クレアはまだ五〇代で、前日の夜まではしっかりと食事も摂っていました。胃がんを患っていたものの、心臓の状態は良好で、食事を摂らなくてもしばらくは持ち堪えられるほどの体重でした。そのため、寝ずの番を行うにはまだ早い可能性があったのです。

クレアの部屋に到着すると、そこには彼女の妹とその夫、そして母親と成人した姪がいました。ここに来たのは初めてでしたので、私は自己紹介をし、数分かけて彼らにドゥーラアプローチについて説明しました。

そのとき、クレアの妹は、私がよく尋ねられる次のような質問をしてきました。「クレアに残されている時間はあとどのくらいなのですか」と。クレアは、私が立っていた場所から背を向けていたため、彼女の顔や体を正面から見ることはできませんでした。そこで、私はベッドの逆側へと回り込んで、彼女の前に跪いたのです。私は優しくクレアに話しかけ、彼女のそばにいること、彼女の手を見て呼吸を観察することを伝えました。また、彼女の腕に自分の手を置くことも伝えました。そのようにして、彼女の腕を優しく撫でると、ベッドの足元に立っていた彼女の母親が「ああ、私もそうしたかったのだけれど、怖くてできなかったの」とつぶやきました。

クレアの状態の判定を続ける前に、私は彼女の母親に「ここに来て、娘さんに触れてみてください」と言いました。母親がしばらく彼女を愛撫した後に、再びクレアの状態の判定を再開しました。看護師の判断は正しいという結論に達した私は、クレアの家族に、その訪問が寝ずの番の始まりであることを告げました。そして、次のシフトのドゥーラを呼び、寝ずの番が開始したことを伝えたのです。

ドゥーラのアプローチでは、愛する人の手をどう握り、腕、足、顔、頭などをどう撫でるかに関して直接提案したり、手本を示して、触れるように促します。特に前もって死に逝く本人と話し合いが成されている場合、家族や友人たちは、適切なタイミングでベッドに入り、死に逝く本人のそばに横たわって、寄り添うこともできます。

私が出産ドゥーラのクラスで学んだように、成人した子どもや配偶者、死に逝く子どもの親に、死を迎える本人を自分の両足で挟んで、本人の背中が自分の胸の中にあるようにして後ろからベッドに横たわるよう教えます。この体勢で、死に逝く人を全身で支え、包み込むことができるのです。このような愛情のこもった抱擁は、双方にとって非常に心地良いものとなります。

＊

計画書

死に逝く人を取り巻く環境や雰囲気に関するあらゆる側面を検討した後に、最終的に生み出されるものは、その人が望んでいることのだいたいの把握か、書かれた計画書のどちらかです。計画が書かれていると、ケアにあたる全ての人に明確な指示を与えることができます。しかし、計画とは単なる概要であって、遵守しなければならない厳格な公文書ではありません。寝ずの番は、そのほとんどが計画通りにはいきません。というより、計画通りに行くべきではないのです。死ぬ過程は、一般的には予測可能なものですが、そこで生きられる一瞬一瞬の展開までは予測できないのです。

死ぬ過程では、人の体がどう衰弱するかや、家族がその経験をどう考えどう感じるかによって予想外のことが起こります。予定と現実とが混在する中で、ドゥーラのアプローチは、その人の反応や行動を非難したり、こうあるべきだという考えを押しつけたりすることなく、その瞬間にその人に合ったサポートを柔軟に提供することです。

本章の前半で、私はセシリアの寝ずの番の計画の一部を紹介しました。寝室に入室する前の来客には、まずは椅子に腰かけていただくことで、感謝の気持ちを伝えたいというものでした。彼女の計画書が作成される中で、これは一番初めに書き留められた要素でした。ここで、完全な計画書がどのようなものかをお見せするために、セシリアの計画の残りの部分を紹介します。

- 一緒に過ごしたときの話をしたり、やり残した仕事に言及したり、ただ心に浮かんだことを話したりしてください。
- シーツや枕には毎日ラベンダーのエッセンシャルオイルを吹きかけてください。
- ナイトテーブルにおいてある詩集を読み聞かせてください。

• バッハの『カンタータ』か自然音が録音された『平和な森』解説8-5というCDを流してください。

• 私が愛してやまない湖と滝が連なるクロアチアのプリトヴィツェ湖群国立公園解説8-6の映像を流してください。

• 私の人生の巻物に、人の心の中にどうしたら私を留めることができるのかを書き加えてください。そうすることで将来この巻物を読んだ人が同じように私を思い出してくれるかもしれません。

• できる人は、私のそばに横たわり、手を握ったり、腕、頭、顔を撫でたりしてください。

• 私が長年かけて集めた熊の置物を部屋の隅々に、特にベッドの近くに置いてください。

• 私が息を引き取ったら、ドゥーラは、そう望む人たちに私の体を洗ったり、髪を梳かしたり、そのときのために選んだシルクのブラウスとスカートを着せたりさせてください。

• 私の遺体が運ばれるまで、私の人生の巻物を読み、そして体の上にそれを広げてください。

• 葬儀社の人たちが来る前に、集まった人たちでお気に入りの思い出話をし、用意しておいたクロアチアのグラセヴィーナワインで、彼らの経験や特別な瞬間について乾杯をしてください。

セリアの計画には、計画書に含まれ得る様々な要素が盛り込まれています。この計画書からは、彼女の人柄が細かく感じ取れます。彼女は、自分がより快適に過ごせるように、あるいは体験の神聖さを深めるために必要なものを指定しながらも、ベッドサイドに付き添う人々にも心を砕いているのです。

セリアはとても安らかに息を引き取りました。彼女の呼吸は次第に静かに浅くなり、冬の始まりのまだ暖かい地上に落ちた雪の結晶のようにゆっくりと消えていきました。一瞬の儚い美しさを見せ、そして消えたのです。先ほどまでそこにあったことを示すうっすらと輝く湿り気を残して。

セリアの友人たちは、彼女が亡くなった後、光栄に思いながら彼女の体を洗いました。彼女が用意したクロアチアのワインを、お祝いの気持ちとセリアにとって大切であった感謝の気持ちを込めて飲みました。最後に、セリアの願いを引き受けるために、半年ごとに互いの家で彼女の人生の巻物を預かることを皆で決めました。そして、子どもたちに、彼女が生きた証やその死の物語を語り継ぐことを約束したのです。

第9章　誘導イメージ法

たとえ、直接的な外からの刺激によるものではなかったとしても、あなたは日常的に、頭の中でイメージを視覚化する能力を使っています。過去の出来事を思い出したり、まだ起きていない出来事について想像したりするときも、当然、視覚化の能力を活用しているのです。

ついこの間、誰かの顔を頭の中で思い浮かべたときのことを思い出してください。例えば、電話をかけようとした相手について考え、その人がオフィスの机に向かっているところを思い描いたときなどです。夜、車で帰宅する途中、先にあるカーブを思い浮かべたり、家に着いて熱いお風呂に入っている自分の姿を想像したりするときのことを考えてみてください。鳥のように上昇気流に乗り、砂埃が舞う褐色の草原から飛び立つと、広げた翼の下には空気の層ができて、軽々と上へと運ばれていく爽快感をしばし想像してみてください。これらのイメージを見たり感じたりできるのは、あなたの視覚化の能力のおかげなのです。

ある意味、あなたは誘導イメージ法を使って、実際には起きていない出来事を頭の中で体験していたのです。アスリートは、特定の結果を出すために、誘導イメージ法を活用して、競技やレースでの全ての手順や動きの綿密な計画を立てます。彼らはそれを何度も繰り返すことで、思い描いた通りの結果を容易に想像できるようになるのです。そして、このようにイメージを誘導することで、本番でもイメージ通りの結果が得られる可能性が高くなります。

人は、頭の中でその方法を思い浮かべるだけで、新しい技術を習得することができます。外科医なら、難易度の高い新しい手術法を頭の中で練習することがあるかもしれません。作曲家は、作曲中の交響曲に別の楽器を加えることで全体の音がどのように変わるのか、その楽器や他の楽器がその場になくても、頭の中で音を聞くことができるのです。

想像の中で練習する理由は、脳がイメージや感情を、あたかも外の世界で実際に起きているかのように処理するからです。特定のイメージへと心を誘導する技術が上達すれば、体や脳は想像と現実の区別がつかなくなります。最近見た、鮮明な夢から目覚めたときのことを覚えていますか。それは、完全に現実で起きているかのように感じられ、現実と同じような反応をあなたはしていたのではありませんか。しかし、それは一時的な想像力が生み出した物語に過ぎないのです。

人生の終わりにも、誘導イメージ法を様々な方法で用いることができます。意味を見出したり、レガシープロジェクトを想起したり、死を迎える本人が見たいもの聞きたい音などに関してどのような環境を望んでいるかを思い描いたり、身体的、感情的な症状を管理したり、様々な安堵感を育んだり、より少ない恐怖でより受容的に死に備えたり、スピリチュアルな苦痛に対処したりするのに役立ちます。また、愛情を示したり、許しを求めたり、古傷や壊れた人間関係にかたをつけたり、心を澄ませ、活動に集中できるようにしたり、儀式の体験を深めたり、死後の痛烈な喪失感を癒したりすることもできるのです。

ドゥーラの仕事において、このツールが特に有用なのは、死を迎える本人とその家族が死のプロセスの中で起こり得ることをさらに制御できるようになるからです。身体的な症状が悪化するにつれ、誘導イメージ法はその緩和に役立ちます。死に逝く人が先の見えない恐怖や不安で夜中に目が覚めたとき、誘導イメージ法はそうした感情から本人を解放し、再び眠りにつけるようにする技術なのです。たとえ意識のない、命が終わる最期の数日であっても、適切なイメージに誘導することで、死出の旅路を精神的に負担の少ないものとし、穏やかに受容できると私は信じています。

誘導イメージ法を用いる場合、人は変性心理の状態に踏み込みます。それは深い瞑想、覚醒夢など、他の変性状態と類似しているところがあります。この技術は、自分に試すことも可能なので、私自身も実際によく使っていますが、他の人に誘導してもらうことでより大きな力を発揮します。

誘導される人はリラックスして、誘導者にイメージを刺激してもらいます。誘導がうまくいくと、イメージはまるで本当に起こっているかのように、誘導される人の中に流れ込んできます。

誘導イメージ法は、経験豊富な人に行ってもらうのが最も効果的ではありますが、非常に寛大な技術でもあります。人は変性心理状態に身を委ねると、経験の浅い誘導者がつまずいたり、言葉を間違えたり、テンポが悪かったりしても、視覚化の魔法が完全に解けることはありません。

私がこのテクニックを教えている講義では、初めての人でさえも内的に人を誘導することができるようになります。誘導の仕方を修得しなくてもよいと言っているわけではありません。練習は必要です。そうすれば上達することもでき、より効果を発揮して、新しいアプローチを試すこともできます。しかし、実技への不安が、誘導イメージ法で誰かをサポートすることの邪魔になってはいけません。このテクニックのメリットは明らかであり、その使用を躊躇う必要はないのです。

死の視覚化

ジュリーと彼女の妹のエステルとの初めての打ち合わせでは、ドゥーラアプローチについて簡単に紹介することから始めました。先に進める前に、彼女たちに検討しておくべき何か差し迫った問題はないかと尋ねました。ジュリーは七〇代後半でがんを患っていました。彼女は、最近になって、今までになかったパニック発作が起きるようになったのです。突然、恐怖心に襲われ、大量の汗をかき、心臓が早鐘を打って呼吸が苦しくなるそうです。

私は彼女に、初めて発作を起こしたときのことを思い返すように頼みました。妹のエステルによると、それは三週間前で、看護師が訪問した直後だったと言うのです。その記憶から、エステルは気がつきました。「ジュールズ、覚えてるかしら。看護師さんが死ぬときの兆候や症状を説明してくれたのは、確かその日だったわ」。

話し合いが進むにつれ、ジュリーは、自分の魂が天国に行くと信じているにもかかわらず、死ぬことに、つまりは死ぬ過程に根本的な恐怖を抱いていることに気づいたのです。私は彼女に、看護師とパニック発作について相談し、重度の発作が起きた際に役立つかもしれない薬について尋ねるよう提案しました。そして、前兆があった際に発作を止めたり、重度の発作が起きた際にそれを和らげたりするための呼吸法をジュリーに教えました。また、内在する死への恐怖に対処する際に活用する、誘導のための視覚化を思い描いておくことを提案しました。

次の訪問で、人が死を迎えるとき、心理的には何が起きると思うかをジュリーに尋ねました。彼女は、多くの臨死体験について書かれたものを読んだことがあり、そうした体験が真実であると信じていると答えました。「体験談の多くに、三つのことが起きたと書かれていました」「暗いトンネル、美しい白や金色の光、そして先に死んだ人たちの魂との出会いです」。

私はジュリーに目を閉じてもらい、彼女の五感の全てを使って、その体験をできる限り詳細に思い浮かべてもらいました。ジュリーが話した内容の要点を、彼女が使った言葉のいくつかに注目しながら書き留めました。そして、それら全てのイメージを一つの物語にまとめ上げました。次の訪問で、彼女から伝えられた心象風景に基づく視覚化を試しました。それは概ね、次のような内容でした。

あなたは形も何もない広々とした場所で、非常に満ち足りた気持ちでいます。目の前の空間が暗いトンネルとなり、あなたを誘い込みます。トンネルに入ると、暗闇は暖かくて心地良く感じます。トンネルの壁は、岩のような硬さではなく、柔らかくてエネルギーに満ち溢れているようです。トンネル内の空気は樹液の乳香[解説9-1]のように甘くて少しスパイシーな匂いがして、その香りが安逸で神聖な感覚を高めています。あなたは高速の猛スピードでトンネルの中を進んでいるのになぜか心地良く、安らかな気持ちです。

そして、トンネルの向こうに強烈な白い光があることに気づきます。たどり着くと、その光はあなたを包みます。白く見えていたものが、実は乳白色やピンク、金色など、様々な色が繊細に混ざり合い、境目のない真珠の中にいるような感覚であることに気づくのです。光は活気に満ちたエネルギーのように輝き、無限の歓喜があなたを満たします。その本質は、想像を絶するほどの強力な愛なのです。

あなたは今、その優美な光のエネルギーの中を、さらに速く進んでいきます。そして、光の中にいるのが自分だけではないことに気づくのです。あなたは、先立った大切な人たちの魂の存在を感じます。彼らの姿は光に溶け込んでいますが、あなたにはそれぞれが誰であるかがわかります。光の中を進むにつれ、あなたは彼らの愛情と彼らに歓迎されていることを感じることができます。今の人生を終えて、もうすぐ彼らと一体となり、この鮮やかな別世界のエネルギーの一部になることをあなたは悟ります。そして、それがあなたにとって正しく良いことだと感じています。

あなたは、死は恐れる必要のないものであると理解します。なぜなら、そこに待っているものは、美しく愛情に満ち溢れた世界だからです。今はまだ、その光に完全に身を委ねることができなくても、近い将来、無限の美を目の当たりにし、今あなたを満たす歓喜を感じるときが訪れます。あなたはやがてこの光に完全に身を委ね、そこを通して次の世界へと進んでいくのです。

ジュリーはこの視覚化を気に入り、その日のうちに自身のために使い始めました。私は、彼女がリラックスした状態で、いつでも私の声で導かれることができるように、この視覚化を録音しました。それからの数週間、彼女のパニック発作は治まりました。ジュリーは毎日、この視覚化の録音を聴き続けたのです。視覚化を行っていくうちに、彼女は、目を閉じてトンネルを思い浮かべるだけで、すぐに安らぎと喜びに満ちた真珠色の光の中に身を置けるようになったと言います。

死が目前に迫る頃には、ジュリーのパニック発作は起きなくなっていました。彼女は、自分の体験が実際に視覚化の内容と一致するかどうかが知りたくて、死ぬことが楽しみだと話していました。寝ずの番が始まったときのジュリーは何の反応もしなくなっていました。寝ずの番に参加した人たちは、彼女に視覚化の内容を語ったり、録音したものを流し続けたりしていました。ジュリーが息を引き取った直後、彼女の表情に笑みが浮かんだのです。それは、きっとジュリーが毎日視覚化していた光の中に、今その身を置いているからだとエステルは言いました。

＊

ドゥーラアプローチでは、極めて直接的に、敢えて死のプロセスに取り組みます。ジュリーの視覚化は、それを実行したことであり、彼女と家族が体験することに神聖な感覚をもたらしました。その視覚化は、これから起こる死のプロセスがどのようなものであると彼女が考えているかを物語っています。その一方で、それは彼女が抱いている「死ぬこと」に関する最も奥深いところにある真理を表してもいるのです。

視覚化を何度も何度も繰り返すことで、死に際して、その視覚化に導かれ、彼女は死を確かに受け入れることができたのです。死が訪れたそのとき、彼女は自らの肉体を安らかに離れることができたのだろうと思います。彼女の死が安らかで尊厳あるものであったことは、エステルをはじめとする彼女の家族にとって大きな意味をもたらしました。

死の視覚化を試みる場合、それは死のプロセスで何が起きるかについて、その人が抱く信念や解釈を反映させるべきです。キリスト教徒でも、ユダヤ教徒でも、仏教徒でも、イスラム教徒でも、無神論者でも、その物語は本人の死の真理に沿っていなければなりません。誰もが死に関する物語を持っているのです。その物語と向き合うことで、人は死への道程を見出し、それを受け入れることの備えとすることができるのです。

特別な場所

不安を軽減し、安らぎをより高めるまた別の誘導のイメージは、私が「特別な場所」と呼んでいるものの視覚化です。それは、自然の中のその人にとって特別な場所のイメージを使って、平穏で静謐な感覚へと導くことです。それはまた、何らかの自己を超越したもの（自然や宇宙の理を統べる存在や力）を身近に感じさせてくれるかもしれません。いわゆる神の存在、唯一無二のもの、超越的力、善、などのような。

視覚化では、臨場感を得るために五感の全てを使います。そして、その場所の美と安寧を受け入れると、視覚化が終えた後も、それらの感覚を自己の中に留めておくことができるのです。この絶対的な安らぎによって、その後の症状や死のプロセスに取り組むための力を得ることができるのです。

人によっては、よく知っている場所を選んだり、雑誌やインターネットの写真でしか知らない場所を選んだりするかもしれません。また、自分の理想を形にした架空の場所を想像することもあります。

＊

視覚化に使いたい場所を考えたとき、アーサーはすぐにアディロンダックのブルーマウンテン湖[解説9-2]を思い浮かべました。大きな中央ロッジと、小さなビーチや湖を見下ろす丘の上に建てられた山小屋が並ぶ素朴なリゾート地を、数年前の夏からほぼ毎年、妻や子どもたちと一緒に休暇で訪れていたのです。家族全員が丘の上の最後尾にある山小屋を気に入っていました。そこには、ボート乗り場に向かって突き出たリビングルームがあったのです。

「大きなはめ殺し窓のそばにあるソファに座ると、まるで屋形船のデッキに座っているかのように、視界に映るのは湖だけでした」とアーサーは言いました。「水面や湖の中の大きな島や向こう岸を眺めているだけで、何時間も過ごすことができました」。

一家は、リゾートに設置された客用のカヤック、帆船、手漕ぎボートなどに乗って、ほとんどの時間を湖の上で過ごしていました。アーサーは、古い木製の手漕ぎボートに乗り、一人で数時間過ごす日もありました。しばらく漕ぎ続けることで、腕や腹の筋肉を鍛え、水の抵抗に負けない自分の力を実感していたのです。

その後は、救命胴衣を枕にして、船底に横たわり、風と湖の流れに身を任せました。穏やかに湖に揺られ、船体に打ちつける水の音を聞きながら、ただ漂う感覚が好きだったそうです。彼は、目を閉じて、ボートと同じように思考を漂わせたり、青空を見上げて、頭上の雲を眺めたりすることもできました。時には、子どもの頃のように、雲の形から想像を膨らませ、疾走する馬や長い鼻を持つ象を見つけることもありました。彼の記憶の中では、湖上をボートで漂うあの瞬間が、人生の中で最も穏やかな時間だったのです。

そうして、湖の上で漂うことが彼にとっての特別な場所の視覚化の対象となりました。それは、波止場からボートを搬出する姿を思い浮かべたり、湖に漕ぎ出すときの腕の感覚を感じたりすることから始めました。イメージには、水の灰緑色、湖に浮かぶ大きな島、そして時折、家や波止場に区切られた湖畔沿いの松林の風景。また、そこで見かけるであろう鳥たち、松や湖水の匂い、駒鳥の卵のような青い色の空と柔らかな白い雲。彼には、オールが水に浸かる音や、次のストロークのためにオールを漕ぐと軋むその受け口の音のみが聞こえていました。

そして、ボートに横たわり、磨かれた木の船底と湖に支えられながら、方向も行く当ても気にかけず、穏やかな浮遊感を彼は感じていました。ボートが湖の流れに沿って静かに沈んだり、揺られたりすると、まるで自然そのものに抱かれているような感覚を味うことができたのです。

アーサーにとって、自然は自分を超越したものを身近に感じさせてくれる場でした。安らぎと安心感が得られ、どのような死であっても受け入れられると思わせてくれました。「自然の流れに身を任せよう。全てはうまくいくだろう」と。このイメージは、彼に大きな安心感と深い安らぎを与えてくれました。視覚化は、波止場に戻り、手漕ぎボートをつなぎ止めるところで終わります。

時折、手漕ぎボートで出かけるという誘導イメージの代わりに、アーサーは、山小屋の出窓に座って湖を見下ろし、まるで生きているかのように絶え間なく波打つ湖面に魅せられながら、何も考えずに、湖や木々、空と完全に一体化している姿を思い浮かべることもありました。このイメージの見渡す景色や対岸の風景は、これからの透視図のようにも感じられたのです。

アーサーは、これらの視覚化のいずれかを毎日、時には一日に何度も実施していました。特に、夜中に目が覚めて、不安で頭がいっぱいになって寝つけないときなどには、この視覚化を好んで用いました。視覚化に集中すると、穏やかな気持ちを取り戻すことができ、彼はイメージをしながら眠りにつくこともよくありました。

病気が進行するにつれ、アーサーは、ドゥーラや妻のパムが語る視覚化が、最も効果的であることに気づきました。ドゥーラに教わるまで、パムは誘導イメージ法を利用したことがありませんでしたが、彼女には素質がありました。ドゥーラの指示で、パムは、腹式呼吸や鼻呼吸による身体感覚にアーサーが集中できるようにすることから始めました。また、アーサーが神経を全身に移動させ、顔、肩、腹、背中、手足などに感じる緊張や強張りを解放するボディスキャンのテクニックも彼女は学びました。

ドゥーラはパムに、誘導イメージの最中に目を閉じて、アーサーを誘導したい場面を、自分自身の頭の中でも思い浮かべてみるように提案しました。こうすることで、アーサーを誘導しながらも、彼と同じレベルに変化した精神状況に自分もなれることにパムは気づきました。また、自らイメージを思い浮かべることで、パムは適切な言葉の間合いや聞き心地の良い声で誘導することができるようになったのです。

時に、彼女は新しく浮かんだイメージをセッションに取り入れることがありました。アーサーに予定外のイメージを取り入れたことについて後で話すと、彼はその瞬間においてはそれらのイメージがより適切であると感じていることが、常にわかりました。

誰もが頭の中で明確なイメージを思い浮かべられるわけではありませんが、パムは誘導を容易にするための、特段の視覚的想像力を持っていました。アーサーのイメージする能力は高かったものの、彼にとって、イメージから湧く感情のほうが重要でした。視覚化が利用される回数が多いほど、人はより早く、より容易に頭の中でその場所に行くことができるのです。

パムは、視覚化を行うたびに、アーサーと同じように自分も多くのことを得ていることに気がつきました。視覚化の内容はアーサーが決めたものでしたが、彼女は自分にとってもとても安らぎのあるものだということがわかったのです。視覚化で彼女が感じたことは、その後も何時間も続きました。彼女は、薬を飲ませたり、枕を整えたりすること以外にもアーサーのためにできることがあることを喜びました。また、アーサーの介護にも自信を持てるようになったのです。

しばらくして、パムは自身のためにも特別な場所の視覚化を試みました。昔、彼女が大学時代に訪れた小川沿いの場所です。彼女は、川幅が広がる場所にある大きな岩の上で寝そべるのが好きでした。木々の幹の隙間から差し込む太陽の光は、彼女の体を温めてくれました。勉強や試験でストレスを感じたとき、彼女はその岩に行き、小川のせせらぎで不安な思いを洗い流したのです。

小川の音、体を照らす光、林床に漂うムスクの香り、それら全てが一体となっているイメージを、彼女は自ら視覚化しました。そこにいる自分を心の中で感じることができるように、アーサーのこともいつでも心の中で思い描き、一緒にいたいときは彼を呼び戻すことができるのだと彼女は信じることができました。その思いは、彼女に大きな癒しと安らぎを与えたのです。

身体的症状の緩和

症状の緩和は、ターミナルケアにおける重要な目標の一つです。ドゥーラアプローチは、病気のためのケア内容が、治療や延命を施すことから、生活の質（ＱＯＬ）や快適性の向上へと移行する段階にいる人々に的を絞ったものです。症状がうまく管理されていないと、注意力や体力が失われ、意味の探求や、レガシーの製作、最期の計画案を立て、目的を持って生きることなどが非常に困難になるのです。

特別な場所の視覚化は、痛み、息切れ、吐き気、嘔吐など、身体的症状の緩和にも役立ちますが、別の種類の視覚化でこれらの症状に対してより直接的に働きかけることができます。この種の視覚化の一例として、私が「癒しの池」と呼ぶものがあります。

癒しの池の視覚化では、人が青白く輝く水を湛えた小さな池のほとりに立っていると想像します。その水の中には癒しのエネルギーがあることが感じられます。まるで池の底から光が放たれているかのように、水面は奥底からきらめいているのです。その人は痛みを感じる体の部位を意識しながら、しばらくの間、そこにじっと佇みます。そして、ゆっくりと水の中に入っていくと、池の水は油のように重く粘り気のある感触で、足元や足を包んでいくのです。水の癒し効果から、そこに痛みがなくても、足元や足に活力や、温かさ、柔らかさを感じます。

池の中へとゆっくりと歩み続け、水位が痛みを感じる部位に到達するたびにその動きを止めます。そこでしばらく立ち止まっていると、水が痛みを吸収して、体の外へと排出してくれるのがわかります。粘り気のある水には、身体を痛みから解放してくれる何らかの作用があるのです。光り輝く水のエネルギーが、その痛みを水底へ、さらには池の底の地中へと吸収してくれます。

全ての痛みが取り除かれるまで、その人は池の中へとさらに深く歩みを進めます。頭痛の場合は、首まで池に浸かり、頭が完全に浸かるようにしばらく潜ります。息継ぎのために立ち上がり、水が痛みを完全に除いてくれるまでもう少し時間が必要な場合は、再度潜ります。終わったら、ゆっくりと池から出て、再び池のほとりに立ち、痛みを洗い清めてくれた水に感謝を述べて、ゆっくりと目を開け視覚化から元に戻ります。

痛みのための視覚化には、他にも、特別な瓶に入った魔法の軟膏を使うものもあります。その視覚化の中では、瓶を開け、指先で軟膏をすくい取り、痛みを感じる部位に軟膏を塗りつけることを想像するのです。反時計回りにゆっくりと円を描くようにして、軟膏のヒリヒリとしたエネルギーが肌に浸透していくの感じます。軟膏の魔法成分が痛みの中心にたどり着くと、痛みは徐々に和らいで、最後には温かく心地良い感覚に変わって消えていきます。

吐き気や嘔吐は、前述した痛みのための二つの視覚化で、症状に合わせて言葉を変えることで治療できます。池のイメージを用いる場合、水位がみぞおちの上あたり、上腹部にくるところまで歩きます。軟膏を用いる場合は、みぞおちと上腹部に軟膏を塗り込むようにイメージするのです。

吐き気と嘔吐のためのもう一つの視覚化では、青い光の下にいることを想像します。光が自分の体を照らし、頭頂部から浸透しているのを想像するのです。光が体の中を降りていくと、吐き気も一緒に下へと引きずられ、足元から大地の中へと運ばれていきます。視覚化を行う際は、体を起こして座るか、少なくともベッドの上で上半身を起こした状態でいることが肝心です。吐き気や嘔吐の上向きのエネルギーを相殺する下向きのエネルギーが重力と一致するように、頭は胃よりかなり上になければならないからです。

死に逝く人が経験するであろう様々な症状に対応するため、いろいろな視覚化が存在します。インターネットや書籍、ＣＤに収録された視覚化の例など、多様な情報を手に入れることができます。しかし、症状を和らげるためにこのテクニックを使用する際に重要なことは、想像力を働かせ、そのイメージが誘導されている人に、それが適しているかどうかを確認することです。

スピリチュアルな苦悩

人生の終わりに、人の信念を曲げたり、信仰を打ち砕いたりするスピリチュアルな苦悩に苛まれることは珍しくありません。多くの人は、自分や大切な人の死に直面すると、公平性の概念が覆されてしまうのです。時には、死そのものよりも、その人の死に方が問題となります。怒りや失望感、見捨てられたという思いが、スピリチュアルな苦悩に伴う感情なのです。

死を目前にしている人がスピリチュアルに悩む理由は他にもあります。過去の罪悪感が強すぎて、魂や神とのつながりにアクセスをする能力を断ってしまうことがあるのです。あるいは、何年も前に捨てた信仰を取り戻したいと思っていても、その方法がわからないということもあるでしょう。ドゥーラのアプローチは、ある問題にまつわる考えや感情を探ることですが、対話や内的な処理だけでは、苦悩を乗り越える方法を見出すには不十分かもしれません。誘導イメージ法は、別の視点からこれらの問題に取り組むための効果的な方法なのです。

＊

ロバートは、聖職について、一五年後にその職を退いた元神父でした。仕事を辞めた後は世俗的な生活を送り、結婚をして、子どもも授かりました。その過程で、彼は自らの信仰や神の存在に疑問を抱くようになったのです。前立腺がんが骨や他の臓器に転移していると診断されたとき、神や信仰に対するそれらの疑問は、彼の思考のほとんどを占める差し迫った問題となっていました。

人生の意味についてロバートと取り組む中で、彼は何度も信仰の問題に立ち返りました。私は、彼を批判したり、彼の問いに答えたりすることなく、彼の話に耳を傾けました。そして、彼の中で曖昧となっていた考えを明確にする手助けをしました。彼の頭や心に燻っている質問の答えは、ロバートが自分自身で探さなければならないと考えたからです。しばらく心の中や私との対話の中で、これらの質問に取り組んでいたロバートは、行き詰まりを感じていました。同じ考えが何度も浮かび、先に進むことができなくなっていたのです。私はロバートに、イエス・キリストや好きな聖人など、スピリチュアルな存在との出会いにつながるような視覚化を試みることを提案しました。しかし、それらのスピリチュアルな存在は、彼には適切ではありませんでした。

そこで、ロバートは以前から親しみを感じていた別のスピリチュアルな人物について語り始めました。「こうした疑問や質問について相談できる人物がいるとしたら、私が家族と通っていた教会の神父様です」と彼は言いました。「その神父様、トニー神父は、私が神職につきたいと考えるきっかけとなった人物で、真剣に神職を目指したときも、後押しをしてくれた人でした。しかし、トニー神父は何年も前に亡くなっています」とロバートは少し寂しげに語りました。

私はロバートに、誘導イメージ法を通して、少なくとも想像の中では、トニー神父と今でも話すことができると伝えました。彼は試してみることに前向きだったため、彼と視覚化の構成について話し合いました。次の訪問では、ロバートを内面の領域に誘導し、彼が幼少期に過ごした教会の裏にある庭でトニー神父に会わせることにしました。

「この特別な訪問では午後ずっと、トニー神父と一緒に歩いたり、庭のベンチで座ったりすることができます」と、リビングのソファに座るロバートに伝えました。彼は目を閉じていて、肩には体を温めるためのアフガン編みの毛布が巻かれていました。私も目を閉じました。「太陽が真上に見えます。太陽が遠くの丘に沈み、夕刻となったら、訪問が終わりに近づいていることがわかります」。私はロバートに、自分の人生についてトニー神父と話してみてはどうかと提案しました。そして彼に、スピリチュアルな疑問についても相談し、その時々に浮かんだ質問をそのまま尋ねてみるように伝えたのです。

数分間、想像上の出会いがロバートの中で繰り広げられるのを待った後、トニー神父が言葉やジェスチャー、あるいは視線だけで答えてくれるかもしれないことを彼に暗示しました。

「トニー神父があなたに伝えることは、あなたの迷いや疑問の暗雲を晴らす手助けをしてくれます」と私は言いました。そして少し間を置いて、次のように加えたのです。「太陽はさらに移動し、遠くの丘のほうへと傾き始めていますが、まだ空高くにあることに注目してください。それでは、あなたに対するトニー神父の返答について話し合ったり、他の質問を尋ねてみたり、ただ庭の中を散策しながら二人が話したいことについて語りながら時間を過ごしください」。

視覚化を終了する時間となり、私はロバートに太陽が遠くの丘に沈んだため、訪問を終わらせなければいけないことを伝えました。「トニー神父に別れを告げるとき、彼は最後に何か助言をしてくれるかもしれませんし、あなたの考えをはっきりさせるための贈り物をくれるかもしれません」と私は言いました。「あなたは彼に何かお返しをすることもできます」。

少し間を置き、トニー神父が庭の中を通って教会に戻っていく姿をロバートに見せました。そして、それらのイメージが頭から徐々に消えていくのを持って、ソファに座る自分の体を再び感じ、顔の肌に空気が触れるのを感じて目を開けて部屋に戻ってくるようにロバートに伝えました。私も再び目を開けると、ロバートの顔には晴れやかな笑みが浮かび、彼の体はリラックスしていました。数週間ぶりに、彼の悩みが解消したように見えました。

ロバートは、神とは特定の儀式や習慣を守ることに依存したものではないと、トニー神父が語ったと教えてくれました。神はロバートの中にいて、心の内に見出すことができるのだと言ったそうです。「トニー神父がそう言った瞬間、私はそれが真実だとわかりました。神は私の中にいるのです」とロバートは語りました。「私は怠慢から、自分の中にあるその場所の見つけ方を失念していたのです。全ての迷いや疑問が消えてなくなりました。あっという間に。私は神の存在をすぐに感じ取りました。そして驚くほどの安心感が生じたのです」。私たちはしばらくの間、視覚化したことについて話し合いました。私はロバートに、トニー神父から何か贈り物をもらったかを尋ねました。「はい、彼は私に聖体拝領[解説9-3]をしてくれました」と答え、ロバートは涙を流しました。お返しに彼はトニー神父を抱きしめたそうです。

その後のロバートは病に伏しながらも、信仰に関する迷いや疑問に悩まされることはありませんでした。視覚化によって、自分が神とともにいることを再認識することができたからです。周りの人たちは、ロバートがとても安らかになったと感じました。寝ずの番の間、人々は安堵感を抱きながら彼のベッドサイドに座ることができました。

*

誘導イメージ法は、ドゥーラアプローチにおいて様々なやり方で活用されている有効な技術です。それは、死に逝く人とその介護者にコントロールの力を取り戻してくれます。また、それは予期悲嘆にも利用することができます。悲嘆を乗り越えるための素晴らしいツールになるのです。人が亡くなった後にドゥーラが行う再処理の訪問では、誘導イメージ法が死後も非常に役立つことを家族に伝えています。

悲嘆は自然なプロセスであり、それなりの苦しみを伴います。感情とは、心の中で渦巻く竜巻のようなもので、過去の記憶、未来への不安、罪悪感、後悔、病気に対する怒り、時には亡くなった人に対する怒りなどが、痛みの渦に飲み込まれた破片のように、心の奥底に雑然と蓄積されていくものなのです。視覚化は、より深く感情を探り、瞬間的にでも安堵感を取り戻し、悲嘆の中にあってもオアシスを生み出すのに非常に効果的です。また、やり残したことや、許しを必要とする問題の解決に役立つのです。

第10章 儀式

儀式は、私たちの生活の中で重要な役割を果たします。それは、誕生日や結婚記念日、祝日など、特定のイベントの重要性の高さを認識するための方法なのです。また、葬式や喪中の習慣、結婚式などのように、人生の節目を見届けるためのものでもあります。なかには、決まった動作や言葉で形式化され、おそらく何百年もの間、全く同じ方法で行われてきた儀礼もあります。一方で、より略式化された儀式もあり、関係する人物の考え方に応じて、そのやり方は一定の範囲内で柔軟に変えられることもあります。また、儀式は時代の流れとともに変化することもあるでしょう。

儀式が強い力を持つのは、極めてシンプルな象徴形式で多様なレベルの意味を包摂しているからです。例えば、左手の薬指に結婚指輪をはめるという行為ですが、起源は、少なくとも紀元前三〇〇〇年前のエジプトにまで遡ることができます。

当時、捻り合わせた麻で作られることが多かった指輪は、その丸い形から永遠の象徴とされていました。また、捻り合わされた指輪は二人の結びつきを表していたのです。もちろん、それらの意味は現代の指輪にも受け継がれています。

指輪の穴は、未来への扉、つまり独身という一つの現実から結婚という新たな現実への通過を象徴していました。指輪が左手の薬指にはめられていたのは、古代エジプトではこの指から心臓まで直接血管が通っていると信じられていたからです。それは、文書への署名や財産のやりとりを通してではなく、そのことを心から神聖なものと受け止めるべきであるという結婚に関する深い真実を思い起こさせます。

さらに、この行為には他にもまだ様々な意味が付随しています。結婚相手に指輪をはめるというシンプルな行為に、いかに多くの意味合いが込められているかが理解できます。

死につつある過程の様々な段階で行われる儀式は、人生の他の重要な瞬間に行われる儀式と同じ役割を果たします。儀式は、幾重にも重なった意味を捉え、その参加者に自らの人生におけるそのことの重要性を知らしめるのに役立つのです。これまで、ドゥーラとしての仕事が充実するにつれ、儀式の扱い方も広がり、そして深まりました。

ある意味、死に逝く人とその家族が練る計画は、人生の最期に参加者が行うケアの儀式を表しています。その儀式の意味をより明確にするために、関わる人たちに寝ずの番が始まったことを知らせ、死に逝く人とその家族の願いを明らかにするのです。このような儀式は、闘病期から臨死期への明確な通過点を示すものとなります。

儀式は、その効果を発揮するために大がかりである必要はありません。寝ずの番を開始した直後、初めのシフトのときや人々が集まったときに行えばよいのです。儀式は、祈りや詩、聖油を塗る、瞑想などで開始されるかもしれません。あるいは、キャンドルを灯し、香を焚くこともあるでしょう。

*

寝ずの番を開始する儀式について考えたとき、リリアンは人生におけるギブ・アンド・テイク（互いを利する関係）を象徴するような行為を取り入れたいと考えました。彼女は、友人や同僚から、前向きになれるどれほど多くのことを与えられ、吸収し、学んできたかを強く認識していました。そのお返しに、彼女は自分にできることは何でもしてあげようとしてきました。そして、このような相互交流が人間関係の核心であることを彼女は理解するようになったのです。こうした思いと、以前から集めていた大量のシーグラス[解説10-1]のコレクションを組み合わせて、彼女は自らの寝ずの番を始めるにあたっての独特の儀式を考えついたのです。

リリアンは、ケープコッド解説10-2の浜辺で夏を過ごすことが多く、そこでシーグラスを拾い集めていました。割れた瓶や壺、舷窓、食器などの破片が三〇年以上も海にもまれて小さなガラスの宝石になったもので、彼女はその滑らかで曇りガラスのよう風合いをとても気に入っていました。

それらのシーグラスで何をしようかと考えあぐねた結果、リリアンは、あるとき、緑、青、茶、白、そしてごくたまにピンクや黒、稀にオレンジの様々な色合のシーグラスを長い紐で鎖状につなぎ始めました。その端には、彼女の好きな詩の一節を、小さな長方形の厚紙に美しい手書きの筆記体で書き留めました。それは、ガラスの破片のように、詩の断片に過ぎないからこそ、どこか謎めいていて引き込まれるものがありました。詩の一節は、中国のフォーチュンクッキーの中にあるささやかな格言を思い起こさせたことから、彼女の家族はそれを「リリアンのフォーチュン」と呼ぶことにしました。そして、何十本ものシーグラスで作った鎖は、光を反射するように、家中の窓に吊るされました。

寝ずの番が開始された日の晩、リリアンの親族や親しい友人たちは、寝ずの番が始まることをともに受け入れるために集まりました。リリアンが、ドゥーラや家族の協力を得て作成した寝ずの番の計画を娘の一人が読み上げました。しばらくの間、皆静かに佇んでいました。部屋を踊るように照らす柔らかな光を放ちながら、キャンドルが窓辺で揺れていました。ベッドの足元に置かれたテーブルに、リリアンのシーグラスの鎖が集められました。その場にいた人たちは一人ずつ、特に決められた順番もなく、心からの言葉を語りかけました。そして、リリアンの思い出に、自宅に飾るシーグラスの鎖を一本ずつ受け取りました。残ったシーグラスの鎖は、儀式の終わりにリリアンの寝室の窓に飾られました。

どのような儀式にも言えることですが、儀礼的行為には様々な意味合いが含まれています。リリアンにとって、別の見方をするなら、シーグラスとは、自分ではコントロールできない人生における様々な力によって、時間の経過とともに、まるで鋭い角が滑らかに磨かれ、その人の真実を形作る内なる美しさと知恵が引き出されたもののようでもありました。人生とは、私たちを打ちのめし、変容をもたらす海なのです。リリアンは、自らの死が彼女を愛する人を打ちのめす体験の一つになることがわかっていました。しかしそのことを悲しむことなく受け入れていたのです。なぜなら、それは、人生の荒波に揉まれた彼らが宝石へと変わっていく方法の一つに過ぎないということを彼女はわかっていたからです。

＊

儀式は寝ずの番が行われる間にも重要な役割を果たします。その通過点を示すために一日の始まりに儀式を行う人もいれば、一日の終わりに行う人もいます。これらの儀式は、お香を焚いたり、キャンドルを灯したり、祈りを捧げたり、詩を読んだり、死に逝く人を祝福して水・油・ワインなどを塗って清めたり、特定の音楽を流したり、視覚化を利用したりなど、素朴なものかもしれません。ベッドの周りに全員を集め、心の内を語ったり、一緒に歌を歌ったり、詠唱したりする儀式もあるでしょう。

儀式がこれほど重要な役割を果たすのは、死に逝く人とその家族がその計画を練ったからです。関わる人の人となりを反映し、死と死に逝く人の人生の意味に対する深い洞察を具現化したものなのです。儀式は、臨死期の死出の旅路における停車場のようなもので、その場にいる人たちは、ケアのただ中で予期悲嘆に囚われることから、しばし解放されて、そのベッドで起きていることの重大さにこそ焦点を当てる機会を得ることができるのです。

儀式全体や儀式の部分的なアイデアは、その人の信仰におけるやり方や、文化的背景、あるいは世界各国の様々な伝統文化に由来しています。また、ある出来事や趣味、旅先の経験、曲の断片などから着想を得て、自分で考案することも可能でしょう。儀式の元となるものは無限にあります。誘導イメージ法と同様に、死に逝く人とその家族が抱く考えや価値観を明確に語る儀式こそ、最も効果的なものなのです。

＊

ある家族の成人した子どもたちは、寝ずの番で毎日行う儀式について話し合ったとき、母親のローズが彼らの幼少期に儀式として行っていたことから着想を得ました。ローズは、五人の子どもたちがそれぞれ初めて散髪に行ったときに、彼らの名前が書かれた封筒に切った髪のひと房を入れ、乳歯や学校の賞状、キャンプで作ったキーホルダーなど、子どもたちの幼少期を象徴する他のものと一緒に宝石箱に集めていたのです。そこで、子どもたちは寝ずの番が行われる間、新たな一日を迎えるたびに、自らの髪をひと房切り、小さな箱に詰めて、それを母親とともに埋葬することに決めたのです。

髪を切る行為は、ローズが過去に行っていた儀式を今に再現するだけではなく、彼らにとっては別の意味が含まれていました。この「切る」行為は、毎日、死が少しずつ彼らから母親を切り離していることをも表現していたのです。その一方で、切られた髪をローズと一緒に埋葬することで、そのつながりは完全に断たれるものではないことも象徴していました。

寝ずの番が行われる間、ローズの子どもたちが髪の毛を使って行っていることを聞かされると、他の人たちもローズと一緒に埋葬するささやかな象徴的贈り物を持ち込むようになりました。例えば、ある友人は、ローズからもらったシミのついたボロボロのレシピのコピーを持ってきました。そこには、そのレシピがいかに美味しかったか、そして客人に振る舞うたびに好評だったことがローズへの感謝のメッセージとともに書かれていたそうです。孫の一人が持ってきた小さなぬいぐるみは、ローズがとても可愛いと思っていたものでした。また別の孫の一人は、ローズが何をどう探せばよいのかがわかるように、天国へ続く道順を描いた絵を持ってきてくれました。これらの贈り物は、後に、ローズの葬儀でも紹介されたと言います。

儀式を計画するだけでも、深い感動が得られ、死に逝く人について、あるいは残された人の人生におけるその死の意味について、新たな理解を与えられることがあります。儀式は、ある現実から別の現実への通過点としてだけではなく、安らぎをもたらし、死後に続く悲嘆を和らげる助けともなるのです。

*

儀式を計画する中で、ドゥーラは誰が儀式を進行するか、誰が関わるか、どのような物、音楽、言葉を集める必要があるかを尋ねます。儀式には、始まりと終わり、そして人々に伝えるべき目的があるのです。それ以外にルールはありません。寝ずの番を始めるための儀式、一日の始まり、または終わりを示すための儀式、息を引き取った後の儀式、その他悲嘆をケアするプロセスを始めるための儀式など、寝ずの番には複数の儀式が行われます。

また人が亡くなった直後に行われる儀式には、特別な意味が含まれます。何といっても、それは生から死への移行であり、病気と闘ってきた旅路の終わり、そして寝ずの番の終わりでもあります。死は、本人や家族が恐れていた瞬間であると同時に、死に逝く人の苦しみの終わりでもあるのです。

＊

バリーが息を引き取ったとき、そばには、彼の妻、成人した二人の子ども、三人の孫、そして数人の友人とドゥーラがいました。苦しそうに息を吸い、キャンドルを吹き消すかのように吐き出した彼の最期の呼吸に、その場にいた全員が凍りつくような衝撃を受けました。彼らは、微動だにせず、静かに彼が息を吹き返すのを待ちました。しかし、どれだけ待っても、沈黙は深まるばかりでした。

言葉もなく、一人ひとりが手をつなぎ始めました。静寂が破られたのは、孫の一人が泣き出したからです。それは、凍った湖にうめき声を上げながら広がっていく亀裂のようなものでした。子どもの親は、つながれていた手を離し、彼女の娘を抱きしめて慰めました。

「おじいちゃんはいつまでもあなたのそばにいてくれるはずよ」と母親は、その子の胸元を撫でながら言いました。「あなたがとても小さかったとき、おじいちゃんが背中の上を歩かせてくれて、あなたのことを落とそうと軽く揺らしたりしていたの覚えている?」

「うん」と女の子は真剣で悲しげな表情を浮かべながら答えました。「おじいちゃんはよく、私が蝶々みたいでこそばゆいって言ってた。いつも同じことを言うの。そして二人で笑ったわ」。

沈黙が破れたことで、ドゥーラは、バリーと家族がその瞬間のために考案した儀式を始めるべきだと伝えました。そして、バリーの娘と孫の間で交わされたこのやりとりから、儀式の始まりに、一人ひとりがバリーについて好きだった思い出を語る機会を設けてはどうかと提案しました。

そこで、別の孫が話し始めました。「パン屋で働いて帰ってきたおじいちゃんが、いつも焼きたてのパンや甘いお菓子の香りをさせていたのが好きだったわ」。すると、成人したバリーの子どもの一人が「そうだね、父さんはまるで良質で健康的な素材で作られているかのようだった……本当にその通りだ」と付け加えました。みんな、彼がどれほど寛大で、誰に対しても怒ることなく、スーパーの安売りが大好きで、「節約になるから」と必要でもないものを一〇個も買ってきてしまうことについて語り続けました。

ドゥーラは、バリーの妻と子どもたちに「私たちは思い出す（We Remember Them）」の祈りを一緒に読み上げるように求めました。シルヴァン・カメンズとジャック・リーマー師によるこの祈りは、もともと改革派ユダヤ教の典礼のために書かれたものでしたが、バリーが通っていたユニテリアン教会でも使われていました。それは、詩のような形式で、思い出を季節と結びつける美しい祈りで、次のように始まります。

陽が昇るときも、沈むときも、私たちは彼らを覚えています。
風が吹くときも、冬の凍てつく寒さの中でも、私たちは彼らを覚えています。
芽吹き、春が生まれ変わるときも、私たちは彼らを覚えています。解説10-3

儀式の次の段階は、バリーの体を清めることでした。ドゥーラの助けを借りて、妻のエリザベスがこれを行い、他の人はリビングやキッチンで待機しました。リビングルームにいた人たちは、古いアルバムの写真を見返し、バリーにまつわる話をし、ピアノの前に座っていた息子が、その都度心に浮かんだ穏やかな音楽を奏でました。

バリーの体を清める儀式のために、ドゥーラはボウルにぬるま湯と、細かく砕いたオートミール、重曹、塩、そして少量のアーモンドオイルを混ぜ合わせたものを大さじ一杯入れました。これらの材料は、バスオイルを作るときにも使われますが、バリーがパンやクッキーを焼くときに使う材料を連想させるものでもありました。また、アーモンドはバリーの好きな味の一つで、パン屋で彼が作るアーモンドクロワッサンは絶品でした。エリザベスは体を清め終えた後、彼に着せたいと思っていた服を取り出しました。

ベッドの足元には、ドゥーラとエリザベスが用意したテーブルが置かれ、バリーがパン屋で使っていた洗濯済みのエプロンがかけられていました。テーブルの上には、香りのついた粉入りの水、結婚五〇周年にエリザベスが彼に贈った時計、そして結婚記念パーティーで撮った家族写真が置かれていました。アンドレア・ボチェッリが好きだったバリーのために、ボチェッリが歌うラブソングのCDが流されていました。ベッド横のナイトテーブルには、キャンドルが灯され、彼女たちはベッドシーツをはがして、バリーのパジャマを脱がし始めました。

エリザベスは、ドゥーラとともに彼の威厳を保つために、彼の性器をタオルで覆い隠すようにしました。そして、二人で手ぬぐいを静かに湯水につけ、彼の体を優しく洗い始めました。足元から始め、徐々に上へ洗いました。彼の性器や臀部をエリザベスが洗っている間、ドゥーラは背を向けるようにし、その後彼女たちはエリザベスが選んだシャツとパンツを彼に着せました。

そして、家族を部屋に呼び戻しました。全員が体を清める儀式に参加したことを実感できるよう、一人ひとりが順番に手ぬぐいを水につけ、バリーの顔や手を拭いながら個人的な祈りを捧げたのです。

バリーの息子は、手ぬぐいで彼の両手に触れて言いました。「僕たちを支え、僕たちのために一生懸命働いてきたあなたの手に祝福を」。娘の一人は、手ぬぐいで彼の唇に触れ、次のように言いました。「愛ある優しい言葉しか発しなかったあなたの唇に祝福を」。またもう一人の娘は、彼のまぶたに触れ「孫がいるといつも嬉しそうに笑っていたあなたの瞳に祝福を」と言い、彼の額に触れたエリザベスは「私が動揺して、どうしたらいいかわからなかったときに、いつも必ず導いてくれると信じていました、あなたの心に祝福を」と言いました。そして、他の人も同様に続きました。

湯と手ぬぐいを片づけた後、ドゥーラは、好きなだけバリーを眺められるよう、椅子を持ってきて、ベッドの周りに腰掛けてみてはどうかと皆に勧めました。彼らは、バリーの話や、一緒に過ごした寝ずの番での魔法のような時間について話し合いました。そうして数時間が過ぎました。バリーを迎えにきてもらうために葬儀場へ連絡するかどうかをドゥーラが尋ねたのは、家族が再び落ち着きを取り戻してからのことでした。家族は全員エリザベスに目を向け、彼女の気持ちを確かめました。彼女は「大丈夫」と頷き、静かに涙を流しました。ドゥーラは葬儀場に連絡をとりました。

第11章 寝ずの番

それは不可避なことです。末期の病は、患者の体が死を食い止めることができなくなるまで進行します。それまでの紆余曲折の道のりは人によって、また病気によって異なるかもしれませんが、最期を迎えるときの兆候や症状はよく似ています。

死に逝く人は、既に食べることができず、水分もかろうじて一口飲める程度で、一言二言しか喋れず、手足もほとんど動かせません。血圧はそれまでの通常値から劇的に低下し、それに伴い脈拍は高まり、その強弱やリズムは不規則なものとなります。呼吸も劇的に変化し、遅くなったり速くなったり（時にはその両方）、一分間も続く無呼吸状態に陥ったりする場合もあります。

全身の自律神経は不安定になります。明白な理由もなく熱が出たり、皮膚が変色したりします。患者の目は、瞬きもせず、半開きのままかもしれませんが、その瞳に何も映っていないことは明らかです。

このような兆候や症状が揃うと、人はあと数日、あるいは数時間の命であることがわかります。この時期を「アクティブ　ダイイング」解説11-1と呼びますが、身体機能が停止し、回復する見込みのないことを意味しています。一般的に、人が今まさに死につつあるかどうかは、看護師や医師が判断することです。しかしそれは厳密な科学に基づいているわけではなく、たいていは経験に基づいたものです。人がこの段階に移行すると、すぐにでも寝ずの番を開始するべきでしょう。

＊

ジョージが寝ずの番に入る時期に近づいていることの最初の兆候は、数日間にわたり彼が繰り返し食事を拒否したことでした。妻のヘレンが、彼の好物を勧めても、ジョージは何もいらないと言い続けました。咀嚼が困難になったわけではありません。食べ物に何の味もしなくなったため、食べる気になれなかったと言うのです。

大切な人が食事を拒むことで、家族が大変な思いをするのはよくあることです。多くの人は、食を命そのものだと考えています。食べているなら、命は保たれると思っているのです。さらに深刻なことは、食事を勧めることをやめれば、その人を餓死させてしまうのではないかと考えていることです。

ヘレンは看護師から十分な説明を受けていたため、ジョージに食事を無理に勧めるべきではないことを理解していました。ちゃんと咀嚼ができないと、誤嚥し、文字通り窒息死する恐れがあることを知っていたからです。また、「食べる気がしない」などと言って彼が食事を拒むのは、一見、意識的・意図的な選択のように見えても、実際には彼の体が食べ物を適切に消化できなくなっていることの表れであることも彼女にはわかっていました。

死は、体が衰えゆく自然なプロセスです。体のあらゆる機能を自動的に管理する内部組織が停止し始めると、死のプロセスの軌道を進めるように他の内蔵されているメカニズムが働き始めるのです。食べ物の味が失われ、食欲を感じなくなるのは、消化器系の機能が停止し始めた体を助けるためのメカニズムの一つなのです。ある意味、体は死ぬように設計されているのです。これは自然なプロセスであり、それに身を委ねさせることが、死に逝く人のために家族ができる最も適切なことなのです。

ジョージが食事を摂らなくなって五日ほど経ったある日の午後、ヘレンは彼の様子を見に行きました。飲み物は摂取できていたので、彼女は水で薄めたマンゴージュースをストロー付きのコップに入れ、彼のもとに持っていったのです。彼は朝からずっと寝ていて、日に日に眠ることが多くなっていきました。少しの間、彼の様子をじっと見つめていた彼女は、五秒ほど彼の呼吸が止まっていることに気づいたのです。その晩、彼は中々寝つけず、何度も体の向きを変えようとしていました。ヘレンが彼をより楽な姿勢にしてあげても、一五分、二〇分と持ちませんでした。

翌日、ホスピスの看護師が訪れ、寝つきの悪さに効く新しい薬を与えてくれました。彼のバイタルサインは、まだ彼にとっては正常範囲内でした。ヘレンは、彼の呼吸が止まるのを何度か見かけ、その間隔は一〇秒に縮まっていました。

二日後、ヘレンはジョージを起こすことができなくなりました。彼女がホームヘルパーと一緒に体を洗ったり着替えさせたりしている間、彼はわずかに目を開けたものの、それも数秒だけで、喋ることはできませんでした。ヘレンには、彼が質問に対して軽く頷きながら「はい」と答えたように感じられました。ただ、それ以上しっかりと答える体力がないのだと考えたのです。

ヘレンは看護師に連絡をとり、状況を知らせました。看護師は、その日の午後に来て、彼のバイタルサインが明らかに異常であることに気がつきました。血圧はそれまでと比べてはるかに低く、脈拍は正常値よりもかなり高くなっていました。また、口を開けて呼吸をしていて、苦しそうでした。看護師は、ドゥーラたちを呼んで寝ずの番を始めたほうがよいだろうとヘレンに伝えました。

＊

死に逝く人を対象としたドゥーラの仕事は、出産時のそれとは異なります。女性が出産をするとき、通常は八時間から一二時間程度で、一八時間以上続くことはほとんどありません。女性の出産を最後まで見守るのに、一人の出産ドゥーラで十分なのです。

「アクティブ　ダイイング」のプロセスは、平均して二日から四日ほどですが、一〇日かかることもあります。一人のドゥーラだけで死につつあるプロセスの全てを見守るのは不可能です。看取りのドゥーラは通常グループで活動します。一人のドゥーラが一二時間のシフトを受け持つとしたら、ドゥーラの目的である数日間にわたる寝ずの番を行うためには、四人以上のドゥーラが必要となります。もしドゥーラが四時間から六時間のシフトでしか活動できない場合、グループの人数を増やさなければなりません。

私が主導した寝ずの番の中で、長いものでは八日半続いたものもあります。合計して、二〇六時間を要しました。寝ずの番はホスピスが提供するサービスだったため、ドゥーラのシフトは平均してわずかに四時間程度でした。最終的に、五回のシフトに二三人のドゥーラが参加しましたが、中には四回のシフトを担当した人もいました。

*

ジョージとヘレンの最初のシフトを受け持ったドゥーラが到着したのは昼過ぎでした。彼女は、寝ずの番の計画に沿って環境を整えることに専念し、全ての医療用品や薬が、部屋の外か、あらかじめ決められた取り出しやすく目につかない場所に置かれていることを確認しました。より多くの人がベッドの周りに座り、ジョージの近くにいられるように、何人かの手を借りて、ベッドは壁から離されました。

寝ずの番が開始される一週間前まで、ジョージは中々寝つけず、夜中に自力でベッドから起き上がろうとすることがあったため、ベッドは壁際に設置されていました。しかし、彼は一、二歩しか歩くことができず、家族は彼が転んで怪我をするのではないかと心配していました。彼が起き上がろうとしたら目覚められるように、ヘレンはベッドの開いているそばで寝ていました。そうすることで、ベッドにいるように彼を説得でき、少なくとも安全にトイレに行けるように手助けすることができると考えたのです。昏睡状態となった今、彼が夜中に起き上がる心配はなくなりました。

ドゥーラは、ジョージが選んだ曲がCDプレイヤーの横にあることを確認し、彼の好きなグレゴリオ聖歌のハイリゲンクロイツ修道院シトー会修道士によるアルバム『魂の聖歌（*Chant Music for the Soul*）』解説11-2をかけました。他のグレゴリオ聖歌のアルバムや自然音のCDもありました。

また、ドゥーラは寝室の入り口に小さなマットを置くようヘレンに頼み、扉の横に「入室する前に靴を脱いで感謝の祈りを捧げてください」と書かれたメッセージ板を掲げました。ヘレンは、ジョージの靴を一足、メッセージ板の下のマットの上に置き、ジョージが靴を必要とする世界を去ったのだということを示しました。彼は残りの命をこの部屋で過ごすために入室したのです。

数ヶ月前、ジョージは寝ずの番を正式に開始するための儀式を計画していました。儀式は、それを練ったドゥーラを含め、皆が到着してから寝ずの番が開始された後の、できる限り早い時間に始められるように計画されていました。最初のシフトが午後からだったため、儀式は夜の八時頃に行われることになりました。ジョージとヘレンのベッドの周りに皆が集まりました。参加したのは、ヘレン、彼らの息子と娘、ジョージの弟と義理の妹、甥とその妻、そして数人の友人たちでした。彼らは全員寝室の入り口で靴を脱ぎ、ジョージの靴とともにマットの上にそれらを並べました。ヘレンは再び『魂の聖歌』をかけ、背景で音楽は静かに流れていました。ドゥーラに言われ、全員が手をつなぎ、目を閉じました。まるで少年のような笑顔のジョージの顔を思い浮かべるよう指示され、そして、ジョージがこのときのために書いた手紙を彼女は読み上げました。

そこには、彼の家族や友人に対する深い思いが綴られていました。彼が皆に求めたのは、今、この瞬間からは、楽しかったこと、互いに笑い合ったこと、言葉にならない感謝、森の中の散策、誰も知らない秘密の場所を見つけたこと、子育て、困難な問題について深く話し合ったことなどの、共有した素晴らしい思い出に目を向けて欲しいということでした。寝ずの番の間、お互いに、そして彼に対して、こうした思い出を皆で語り合って欲しかったのです。

ドゥーラは、手紙を読み終えると、皆に目を開けるように言い、ジョージの顔を見つめながら、彼とヘレンが最期の数日間をどう過ごすかについて、それぞれの願いを述べるよう求めました。全員が発言し終えると、ドゥーラはジョージとともに考えた寝ずの番の計画を読み上げました。そこには、彼が望む音楽や朗読、視覚化、そしてどのように触れられたり抱かれたりしたいかが綴られていました。

計画を読み上げた後、ドゥーラはヘレンに、礼拝堂に灯されているような紫色の長いキャンドルに火をつけるように頼みました。そのキャンドルは七日以上灯し続けることができ、彼が亡くなった後の儀式でそれは消されることになっていました。キャンドルを灯すことで寝ずの番を開始する儀式を終え、ドゥーラがジョージを見守っている間、ヘレンはお茶を入れて、皆はリビングルームでともに過ごしました。

儀式にいかに心を打たれたかについて話し合っていると、ジョージの弟が「できる限り兄のそばにいたい」と言い出しました。皆の考えも同じだったので、自然にある計画が立てられました。ヘレンの許しを得て、その場にいた家族や友人たちは、ドゥーラとともに見守りのシフトに参加させてもらうことにしたのです。昼夜を問わず、床で寝ることになっても、必ず誰かがベッドのそばにいました。そうすることで、たとえジョージが突然死を迎えたとしても（これは珍しいことではありません）、家族や友人が誰もいないときに逝くことがないようにと考えたのです。それは、彼らのジョージに対する献身の証であり、彼が一人ひとりに与えた無償の愛への恩返しでもあったのです。

＊

多くの場合、寝ずの番が進行するにつれ、人はこれを行うことの奥深い意味を悟るようになります。言葉を交わさなくても、心からの声かけやドゥーラが構築したやり方に倣いながら、聖なるダンスのように入れ替わり、身体介護や接触を担うことで、人はインスピレーションを得るからです。死への恐れが和らぎ、代わりに死とは尊い通過儀礼となるのです。

ドゥーラとともに寝ずの番に参加したことがある人は、もう二度と、死を孤独で不安な気持ちで迎えることはありません。この後に経験する死は、（来るべき）自らの死も含めて、その偉大な本質は通過であり、思いやりや、安らぎ、そして深い感謝で満たされたものになるのです。

寝ずの番の何よりの目的は、死に逝く本人とその家族が望むようなその人らしい死を整えることです。そのために、寝ずの番が行われる前の数ヶ月間から数週間にわたって計画を立てることが非常に重要となります。それは、死に逝く人や他の人たちが、最期の数日間を意味あるものにするために何をすべきかについて考え、探る機会でもあるのです。

この行為のあらゆる側面がそうであるように、計画の内容とその詳細は、死に逝く本人とその家族の個性や考え方によって異なります。そのため、どの計画も唯一無二のものとなります。非常に詳細で計画的なものもあれば、寝ずの番の全体的な雰囲気だけを記し、詳細が明記されていないものもあります。また、死に逝く本人の要望や不快感の軽減を重視するものもあれば、家族の要望や最期の数日間を彼らがどう乗り越えられるかに焦点を当てたものもあるのです。

計画は変更不可能な文書ではありません。どの寝ずの番でも、計画の中で話し合われなかったことや、盛り込まれなかったこと、修正すべきことや結局はやらなかったことが生じます。ドゥーラは、全てを観察し、心の中の直感的な部分を大切にすることで、周りで起こっていることに敏感に反応します。これこそが、寝ずの番を行う際に、深く関わり合いながら見守るということなのです。「見守る」という概念は簡単に語れるものではありません。それは、その瞬間に起きていることに対し、心を開くことを意味します。ドゥーラは、死に逝く人とその家族と一緒に行うあらゆる活動に焦点を当てると同時に、焦点を当てていない目前のこと以外も取りこぼさないように、意識を拡張します。分割された画面を見ているかのようなこの集中力を可能な限り維持することで、ドゥーラは見守りに必要な意識状態に入ることができます。

このような完全な見守りの体制に入ったとき、人は自分の全て、特に直感的な本能をその一瞬に動員します。ドゥーラは落ち着きと開放感を感じます。直感的に情報を受け取るとき、それは「アハ体験」[解説11-3]のような感覚で取り込まれるのです。そこに疑いや偏見はありません。状況に対し、何も考えずにすぐに反応することもあれば、時間をかけて全てにおいて明確になるまで理解を深めることもあります。そして、その理解は、言葉やフレーズ、感覚として現れるのです。

*

私が経験した見守りの中で、最も強力な体験の一つは、短時間二、三回会っただけの女性の寝ずの番でのことです。主に介護を行っていたのは彼女の義理の娘でした。私がシフトに入ったのは午後遅くのことでしたが、死を迎えようとしていたその女性とともに暮らしていた、たった一人の孫は、まだ学校から帰って来ていませんでした。一流の投資銀行家だった息子は、勤務時間が長く、夜遅くにしか帰宅できない状況でした。その妻である彼女は、自分と二人っきりのときに義母が亡くなってしまうのではないかと不安を抱いていました。

女性が危篤状態ではないことを手早く確認した後、この義理の娘と話すために下の階にあるキッチンへと向かいました。そこで彼女からその日に起きたことについて報告を受けてから、二階に上がって、ベッドのそばでゆっくりと話さないかと彼女を誘いました。

私は女性の一分間の呼吸数を確認し、呼吸パターンに変化がないかを観察しました。彼女の呼吸はゆっくりと安定していたものの、ささやいているかのようにとても浅く、上胸だけが上下しているかのようでした。また、手首の脈拍は不規則で、しっかりしたものから微弱なものへと変化し、時々途切れ、数秒間より速く脈打ったかと思えば、ゆっくりとなり、脈がなくなったりしていました。これらのパターンは、前日に観察したものとほぼ同じでした。

私が促すと、義理の娘は彼女に関する話や、彼女と同居したことで家族にどのような影響があったかなどについて話してくれました。話しているうちに、女性の息遣いの変化が聞こえました。女性のほうを見ると、数分前と比べて呼吸が浅くなっていて、一呼吸ごとにハッと息を吸い込んでいました。彼女の手は冷たく、爪の下の皮膚は青から紫へと変色していました。これらの兆候は、あと数時間の余命を表す場合もありますが、直感的に彼女にはあと数分しか持たないと感じ取りました。

変化は全て突然で、予想外でした。しかし、このようなことは、本人が突然死を決意したかのように、時として起こり得るのです。私は彼女にこれから額を撫でますと伝えました。彼女の頭の上に手を滑らせると、彼女の頭上から温かいものが放出されるのを感じたのです。一瞬目を閉じると、白い光の柱が頭の中に浮かびました。そして、彼女が今どこにいるのか理解できたので、心の準備ができたら、光のほうへ向かうようにと伝えました。

義理の娘はそばに来て、私の隣に立ちました。私は死に逝く女性に「あなたは必要なことをしている」と安心させ、「あなたが光のほうへと進んでいるのを感じます。自分にとって良いと思うことを続けてください」と伝えました。そして次のように付け加えたのです。「あなたの息子さんはその妻と仲良くやっていて、二人の立派なお子さんを育てています。あなたは、彼らが順調に人生を歩むために必要なものを全て与えました。彼らを心配する必要はもうありません」と。彼女の息はさらに浅くなりました。苦しそうな喘ぎ声も聞こえなくなりました。私は、彼女の肉体が安らいでいくのを感じました。

「お義母さん、大丈夫ですよ」。義理の娘が、義母の手に自らの手を添えながら言いました。「ジェイミーと子どもたちはあなたがいなくなって寂しく思うかもしれませんが、いつも愛を込めてあなたのことを思っていますよ」。私は女性がもう長くはないとわかりました。

エネルギーがこもったような静けさが部屋を包みました。再び目を閉じると、白く鮮やかなエネルギーだけが見えたのです。「あなたは既に光の中にいるのですね」と、再び目を開け、彼女の顔をじっと見つめながら言いました。「行くべき場所へと導かれてください」。そう言うと、彼女は少し深く息を吸い込み、さらに少し深く息を吐くと、完全に呼吸することをやめたのです。彼女の顔はリラックスしていて、不思議と前より生き生きとしていました。

彼女が既に亡くなっていることは感じられましたが、彼女が再び呼吸するのを数分間待ちました。すると、部屋が突然明るくなったのです。雲の切れ間から太陽が覗き込み、窓から光が差し込んだからかもしれません。あるいはそれは、女性の魂が部屋中を満たしていたからかもしれません。

義理の娘は私のほうを見ましたが、沈黙を破りたくなくて、お互いに口を開きませんでした。ようやく彼女は「素晴らしかった」とつぶやきました。「ご存知の通り、私は義母の最期に立ち会うことをとても恐れていました。でも、それは穏やかで、亡くなった後も部屋に義母の存在を感じることができました。私はこの最期の数分間を生涯忘れることはありません。これは祝福なのです。どのように亡くなったのかをジェイミーに話したら、きっと喜ぶと思います。すぐに彼に連絡します」。

直感的な瞬間は、いつもこのように劇的であるとは限りません。しかし、長年にわたり、私は同じように素晴らしい瞬間をたくさん経験してきました。ともに働いてきたドゥーラたちも、その高い集中力と仕事に対する熱心な姿勢から、同様の体験をしているのです。

死に逝く本人と家族が練り上げた計画、展開されていく寝ずの番の雰囲気、家族とドゥーラの交流、様々な状況の変化などを考慮すると、それぞれの寝ずの番にはそれぞれのリズムがあります。計画は、音楽、朗読、触れ合い、誘導された視覚化、継続的なレガシーワーク、儀式など、私が考える寝ずの番の輪郭となるものを定めます。

寝ずの番の内なる体験は、参加者全員の間で起こる、より構造化されていない有機的な交流です。それは決して計画することはできません。ただ起こることなのです。これこそが、最も深遠な感慨深い贈り物が与えられる寝ずの番という現場の核心なのです。

*

ジョージの寝ずの番が進むにつれ、開始の儀式で作り上げられた穏やかで親密な雰囲気は、神聖な深い感覚を帯びてきました。それは、直接計画することはできないとわかっていながらも、ジョージが望んでいたことでした。また、ドゥーラとともに二四時間体制で見守ることにした家族や友人たちの決断も、部屋に漂う神聖さを高めていました。

一人ひとりが自分の思いをベッドサイドに、ともに持ち寄ることで、見守りの効果が積み重なることをしばしば感じました。自然に何かが起こったとしても、それはドゥーラや家族の誰かがその瞬間に何かをしたということよりも、それまでに関わった全ての人が一瞬一瞬を見守ってきた時間の積み重ねによるものなのです。

ジョージと彼の家族とは、寝ずの番の初めの二日間で少し顔を合わせましたが、私が初めて正式なシフトに入ったのは二日目の午前零時からでした。翌朝の六時までシフトに入ることになっていたのです。ジョージの部屋に入った瞬間、私はその空間が持つ神聖な親密さを感じました。到着したとき、ほとんどの人は休んでいるか眠っている状態で、ジョージの弟のディーンだけがベッドのそばに座っていました。

最初の一五分間で、前のシフトに入っていたドゥーラから現状の申し送りを受けました。彼女のシフト中に、ジョージの容体には大きな変化は見られず、前日とほとんど変わらないということでした。

ドゥーラの間で行われる申し送りは、交代するドゥーラに前のシフトで起きたことを理解させ、彼または彼女が知っておくべき出来事や挙動について新しく入ったドゥーラに警告するのに役立ちます。また、シフトを終えたドゥーラは、視覚化、触れ合い、音楽、または朗読を使用したかどうかを後任のドゥーラに知らせます。

前のドゥーラから引き継ぎの報告を受けた後、私はベッドサイドにいたジョージの弟の隣に座りました。そして、私は彼に自らの見守りを、どう思っているのかを尋ねたのです。

「兄の死に目に立ち会うことが、こんなにも神聖なことだとは想像もしていなかった」と彼は言いました。「このように感じたのは、開始の儀式からです。私たちは皆、神殿に入るかのようにこの部屋に入室し、彼に祈りを捧げるかのようにジョージの世話をしたり、ただそばに腰掛けたりしているのだと思います」。

この寝ずの番で、神聖なムードが非常に色濃く浸透していたことに私は感銘を受けました。それは家族だったからではないでしょうか。彼らはドゥーラのアプローチを極めて速やかに、そして完全に受け入れていました。彼らはこのような臨終の場を経験したことはなかったのですが、ドゥーラに全面的に協力してくれました。

私はディーンに、ジョージのことを尋ねました。ジョージはとても善良で、愛情深く、偉大な兄だったと彼は言いました。必要とする人がいれば、頼まれなくてもジョージはお金を貸すことがあったそうです。そして、相手が自分のタイミングで返してくれるだろうと信じ、返済を要求することもありませんでした。ディーンは、ジョージの教会への貢献についても話してくれました。毎週日曜日の礼拝には欠かさず出席し、いくつかの委員会で積極的な役割を担っていたそうです。

しばらく話した後、ディーンは「少し休みたい」と言い、部屋の隅にあったリクライニングチェアへと向かいました。家族が組み立てたスケジュールによると、数時間後にヘレンと交代することになっていると彼は言いました。

ヘレンは想定していたよりも早く部屋に入ってきました。彼女はベッドの足元に立ち、ジョージを見つめていました。そして「あまり眠れなかった」と言ったのです。「でも、横になって休むことはできたわ。寝ずの番が始まって以来、ずっと緊張していたし、降り続く雨の音で中々寝つけなかったのかもしれない」。雨は、激しく屋根を打ちつけていました。延々と続くパレードの、足を引きずる行進のような音を立てていたのです。

ヘレンは私の隣に座り、ジョージの様子を尋ねてきました。私は、特に変化がないことを彼女に伝えました。彼女が部屋に入ってくる前に、彼の呼吸を注意深く観察しましたが、平均して一分間に一二回と、まだ正常な範囲内だったのです。無呼吸の時間は、五秒から六秒ほどと非常に短く、たまに発生する程度でした。部屋にはテーブルランプが一つ置かれているだけで、そこから放たれたクリーム色の光がベッドや部屋を照らしていましたが、全体的に薄暗く、ジョージの顔色がわかりづらくなっていたのです。それでも、異常というよりは正常に近いように見えました。そして、脈もほんの少し速くなっているだけでした。

寝ずの番を行う際、私はいつも、呼吸の頻度とパターン、そして脈拍を定期的にチェックしています。この二つの兆候は、何が起きているかを示す良い指標であり、体のさらなる衰弱を反映するものとなります。ドゥーラは、死の兆候や症状のわずかな変化にも注意を払い、家族に説明し、これから何が起こるのか心の準備ができるようにします。

死に逝く人の状態を定期的に把握することは、寝ずの番のサービスの流れの一環なのです。兆候や症状を注意深く観察すれば、ドゥーラはその人の死が迫っているかどうかを知ることができます。その時点でドゥーラは、家族を部屋に呼び、ともに最期の息を引き取るまで看取るのです。

ヘレンが椅子に腰を落ち着かせた後、私たちは、ジョージの胸が呼吸に合わせて上下する様子を静かに、じっと見つめていました。その静寂は、部屋中に広がり、雨音が幻想的な雰囲気を醸し出すにつれ、さらに深まっていきました。私は何も言わずに、ヘレンの手に自分の手をそっと重ねました。以前にも触れ合うことで彼女を慰めたことがあったので、そうすることに問題がないことはわかっていました。彼女はもう一つの手で私の手をとり、固く握り締めました。

しばらく静かに座っていると、ヘレンが私のほうを向いてこう聞いてきました。「あなたに話したいと思っていたことがあるの。容易に答えられることではないかもしれないけど、こういった状況の中で多くの人を支えてきた経験のあるあなたなら、他の人よりも良いアイデアを持っているのではないかしら。私たちは死んだ後、どうなるのでしょう」。

その問いかけは、単なる好奇心でも、絶望からくるものでもないことが感じられました。それは、彼女が確信に足る信念を探りたいという深い思いから来ているようでした。「今、その質問をしようと思ったのはなぜですか」。私は彼女の聞きたいことをより理解するために尋ねました。

「そうね、これまでの人生の中でも何度か疑問に思っていたのだけれど、ジョージが診断を受けてからは、頻繁に考えるようになったわ。さっきベッドで横になっていたときに、その質問が浮かんできて、死後の世界がどうなっているかなんて、私にとってはどうでもいいことなのだと気づいたのよ。もちろん、彼のためにも、彼がカトリックの信仰で教えられた天国へ行けることを願っているわ。でも、ジョージが亡くなった後のことを考えると、私は彼が大丈夫なんだと安心したいの。彼が完全に消えてしまわないかを知りたいのよ。彼が約八〇年の間で感じたこと、考えたこと、行ってきたことが、ただ消えてしまうなんて……。何が言いたいかは伝わっているかしら」

「もちろん言いたいことはわかります。では、ジョージが死後も大丈夫というのはどういう状態か教えていただけますか」

「彼がもう苦しまないということ。この病気は非情にも、彼の体力や自立心、そして夫、あるいは父親としての機能を奪い、言うまでもなく、彼の体は衰弱していって……痛みまでもたらされている。彼は決して文句を言ったりしなかったわ。ただ、私はこれ以上、彼が苦しむ姿を見たくないのよ」

「ご存知の通り、私は死後に何が起きるかに関するあなたの問いかけに答えたり、ジョージが亡くなった後、大丈夫であることを断言したりすることはできません。それは誰にもできません。このような不安には、祈りが心の救いになる人もいます。あなたにとってそれは役に立ちそうですか」

「私はジョージのように自分の宗教とのつながりをあまり感じたことがないの。私はカトリックではなく、クリスチャンとして育てられて、家族の信仰心はとてもゆるいものだったわ。もちろん、時に祈りを捧げることもあったけど、その祈りが聞き届けられたことはないでしょうね。私が祈りを捧げるとき、それは誰かに答えて欲しいからではなくて、自分の心の奥底にある願いや、時には最も恐れている考えを口にするためなのよ」

「そうして祈りを捧げた後、気分は良くなったりしますか」

「ある意味そうかもしれないわ」

「死期が近い人に対して、私が時々言う祈りのような、でも宗教的ではない言葉があります。それにはたった三つのフレーズが含まれていて、その人が望むままに復唱したり、言葉を付け足したりすることができます。今ジョージのためにつぶやくこともできますし、あなたがいいと思うなら、彼が亡くなった後、彼が大丈夫かどうか心配になったときに、彼のためにあなた自身がつぶやくこともできます。やってみますか?」

「お願いするわ」

ヘレンの手を握り続けながら、私はもう片方の手をジョージの額に当て、ゆっくりと唱え始めました。「あなたが光で満たされますように。全ての苦しみから解放されますように。そして、どうか安らかでありますように」。

ヘレンにその三つのフレーズを一緒に繰り返してもらいました。互いにジョージと身体的につながるように、ヘレンはもう片方の手をジョージの脚に当てました。そして、その三つのフレーズを一緒に唱えたのです。

「この祈りを心の中や口に出して唱えるとき、私はいつも三回唱えます」と私は言いました。「最初は、今のような感じで唱えます。その次には、その瞬間に適切だと感じる方法で、私が知るその人物のことを反映させながら、最初のフレーズに戻って言葉を継ぎ足します。例えばこんな感じです。ジョージ、あなたが光で満たされますように。それは、あなたが愛し、あなたを愛する全ての人々から長年にわたって送られてきた光。神に対する深い信仰心からくる光。全ての生き物と共有するあなたの存在の根幹にある光。この世とあの世を隔てるものに近づくにつれ、あなたのことを待っているであろう光です」。

「あなたが全ての苦しみから解放されますように。病気があなたの体にもたらした苦しみ。あなたを失うときが来るとわかっているご家族の苦しみ。過去に逃した機会や大きな期待に応えられなかったときの苦しみです」

「そして、どうか安らかでありますように。自分の人生でできる限りのことはしてきたのだと認めて得られる安らかさ。自分は愛されていて、その愛を惜しみなく他の人にも与えてきたことを知る安らかさ。あなたを支えてきたものの、この世に残して行かねばならない肉体から解放されることの安らかさ。そして、あなたの神との完全な交わりを果たすという安らかさです」

「私は、祈りの中間部分を自然と浮かんだままに伝えるのが好きで、そのときの自分の感情や直感につなげます」

「そして、追加したフレーズの後はいつも、再びシンプルなバージョンを唱えて終わります。あなたが光で満たされますように。全ての苦しみから解放されますように。そして、どうか安らかでありますように、と」

「この祈りは何度でも唱えることができますし、相手にとっても自分自身にとっても大きな力をもたらします。他に適切だと思う祈りに代わって言わなければいけないものではありませんが、他の祈りに加えて言うこともできます。ある意味、ジョージが今も亡くなった後も大丈夫であるようにというあなたの願いを言い表しているのではないでしょうか」

ヘレンは、気持ちが楽になったと感謝を述べました。その後の数時間、ヘレンが何度か一人で祈りの言葉を口にしているのを見かけました。途中で、ジョージは熱を出しましたが、死のプロセスにおいて、これはごく自然なことです。冷湿布をして、体温が下がるように毛布を胸の下まで下げました。

ヘレンが部屋に入ってから数時間が経った頃でしょうか、ディーンが目を覚ましたのです。彼はヘレンの姿を見て、少し話をした後、自分のベッドでもう少し眠ることにしました。ヘレンが人目を気にすることなく、必要なことを声に出してジョージに伝えられるように、三〇分ほど二人っきりになれる時間を作りました。私たちは以前、愛情を表現し続けることの大切さや、親密な関係にある大切な人にさえも与えてしまう避けられない痛みに対して、あるいは許しを与えることの大切さについても話し合いました。

その三〇分間、私は浅い眠りから覚めたジョージの娘とキッチンで過ごしました。お茶を入れましょうかと尋ねると、彼女は頷き、二人で彼女の父親の様子について話してから、彼女は再び休息をとりに行きました。

＊

ドゥーラの仕事は、死を迎える人やその家族にとって、今ここで最も心の支えとなることが何かを見極め、それを直感で悟ることです。何が必要とされているのかを理解し、一杯のお茶や、食事の摂取、数時間の休息などを勧め、感情をともに分かち合うことや、過酷な痛みに苛まれ、同様の状況にあるとき、あなたが普段の言動とは異なる混乱をきたしたとしても、それを責めることなくただ静かに受け入れるということを肩を抱いて伝えることです。

死を迎える人のために、ドゥーラは立てられた計画をさらに熟考し、その計画の中で、その都度何が適切であるかを練り直します。フランク・シナトラのCDをいつかけるのか、マリー・オリバーの詩集のどこを読み上げるのか、誘導のための視覚化の提供、ただ手を握る、頭を撫でるなど、何をすべきかをドゥーラが判断するのです。状況に応じて、ドゥーラは家族に何がふさわしいかを問い、その場に応じた提案をします。

もちろん、最終的には、どれが正しいということではないのです。自らの経験や性格、関係する人々について知っていることに基づいて、その瞬間に何が必要かを、それぞれのドゥーラが自分なりに感じ取るのです。計画の意図やその時々の感覚に忠実であるよう努めれば、ドゥーラのその直感はだいたいは正しいものとなります。

寝ずの番の間やその後に、うまくいったことや、そうでなかったことは何かと家族に尋ねると、多くの場合、絶妙なタイミングで、適切な行動をとる素晴らしい能力をドゥーラは示してくれていたという答えが返ってきます。私が参加した何百もの寝ずの番でも、同じような例はいくらでも挙げることができます。私が早朝のシフトに入ったときにも、そのような瞬間がありました。

＊

屋根を叩く雨音は小さくなっていた代わりに、風が強く吹き始めていました。寝室の窓の外には、木製のウィンドチャイムが無造作に音を奏でていて、それはまるでアフリカの親指ピアノ[解説11-4]のような音色でした。ジョージの娘シンシアがパジャマ姿で、目を擦りながら部屋に入ってきました。「風の音か何かで起こされたから、父の様子を見ようと思って」と彼女は言いました。「父はどうですか?」

「特に変わったことはありませんよ」と彼女に伝えました。「あなたのお母さんと私は彼の手を握ったり、頭を撫でたりしながら、ただ静かに話をしていました」。

「父に何らかの反応はありましたか、苦しんでいる様子はありませんでしたか?」

「いいえ、とても安らかで、深く眠っているようです」

彼女は、ヘレンと私が座っていた場所とは反対側のベッドの脇に椅子を置き、「少しの間ここにいます」と言いました。

私たちはしばらく静かに座って、ジョージの息遣いや弱い雨音、木製のウィンドチャイムが奏でる奇妙な音色を聞いていました。時には騒々しく、時には微かでありながらしっかりと存在感を放つ音。沈黙が深まるにつれ、不思議とそれが心地良く感じられるようになり、それまでヘレンや他の家族の人たちと比べ、あまり話したことがなかったシンシアとの距離が近くなったように思いました。

そこで、彼女に「今何を考えていますか」と尋ねてみました。

「幼い頃、父とよくかくれんぼをして遊んだことを思い出していました。父がドスンドスンと歩きながら『おーい、どこに隠れた、シンシーちゃんという名前の可愛い女の子のおいしそうな血の匂いがするぞ』解説11-5と言って近づいてくると、とてもワクワクしたものです。恐怖と歓喜の悲鳴を上げずにはいられませんでした。そうすると、父は私を捕まえて、回しながら抱き上げては脇腹をくすぐり、頬にキスをしてくれました」

「父の綺麗な青い瞳を見つめていると、温かく、穏やかな気持ちになるのです。父の腕の中ほど安心できる場所はありませんでした。もう一度、私を抱き上げながら見上げたときの、素晴らしく輝く父のきれいな瞳を見てみたいと思います」

ジョージはここ数日間、何の反応も示さなくなっていました。目を開けることも、手足を動かすこともなく、喋ることもありませんでした。多くの場合、これは家族にとってとても辛いことでした。なぜなら、彼らは死を迎える大切な人に、自分たちがそばにいること、安らぎを与えようと最善を尽くしていることを知っていて欲しいと強く願っているからです。

ドゥーラはよく、大切な人に話しかけ続けるように勧めます。「愛している」「きっと大丈夫」

「そのときが来たら、楽になってもよい」などと。しかし、何も反応がない状態で、このようなことを言って何かが変わると信じ続けるのは難しいものです。

シンシアの話を聞いていると、父親の隣で横になることが彼女に安らぎを与えるのではないかと思いました。そうすることについて話し合ってはいませんでしたが、ベッドに横たわり、全身を密着させるだけでも、安らぎは得られます。もしかしたら、幼い頃にシンシアが父親の腕の中で感じた安心感を、感じられるかもしれないと考えたのです。

「ベッドに横になって、お父さんの隣で、先ほどのかくれんぼの話をしてみてはいかがですか」

シンシアは、父親の隣に横たわり、肘をつき、顔を近づけて彼の耳元で語り始めました。病気で彼の顔は痩せ、ほっそりとしていましたが、彼女の口や鼻に彼の面影を感じました。「今、目を開けようとしているかのように瞼がわずかに動いた気がします」と彼女は言いました。

「この機会にもう一度、お父さんにどれほど愛しているかを伝えるのがよいかもしれません」と私は答えました。

彼女はさらに近づき、彼の頬に手を添えました。「お父さん、とても愛している。お父さんは私が知る限り最も素晴らしい人だよ。もしかしたら夫のポールよりも」。

その瞬間、目を見開いたジョージは、娘に気づき、真っ直ぐに彼女を見つめ返しているように思えました。そして彼は「私も愛してるよ」と口を動かしたのです。彼は再び目を閉じました。シンシアは泣き出し、私とヘレンも涙しました。

「ねえほら、」とシンシアは言いました。「お父さんは私たちがここにいることをちゃんとわかってくれている」。

ジョージが少しでも目を開け、話そうとしたのはこれが最後でした。それは彼からの最後の贈り物のように誰もが感じていました。彼が亡くなったのはその二日後でした。しかし、この愛に満ち溢れた思いがけない瞬間は、シンシアが生涯忘れることのない思い出になるだろうと直感しました。父親のことを思い出すたびに、その記憶が呼び起こされ、彼女は愛情を感じ、安心感を覚えることでしょう。

ジョージの寝ずの番の残りの期間中、家族やドゥーラたちは交代でシフトに入り、「小川のほとりで苔生した森の床に寝そべり、岩にぶつかる水音を聞きながら、樹冠から覗く完璧な青空を見上げる」という死に赴くジョージを導くための視覚化の提供を続けました。視覚化を行う際は、いわゆる『森のせせらぎ』解説11-6のCDをかけることもありました。このように、視覚化のバックミュージックとしてふさわしい自然音や穏やかなインスツルメントの楽曲を収録して使うことはよくありました。

ドゥーラや家族は交互にジョージに読み聞かせをし、彼に触れたり、抱き締めたりし続けました。シンシアがジョージのベッドに潜り込んだときの話は、家族の間で話題となりました。ヘレンやジョージのもう一人の娘も、何度かジョージに寄り添って過ごすことがありました。ヘレンは、ドゥーラの一人から、ジョージの背後からベッドに潜り込み、彼を胸に抱く方法を教わりました。

彼の胸の中の分泌物は寝ずの番が行われる日々の中で溜まっていたので、この体勢をとることで彼の体を起こし、喘ぐような彼の呼吸音を和らげることができたのです。

ジョージの死が近づくにつれ、彼の休息を妨げないように、このような抱き方はやめるようにしました。ある時期を迎えると、体をずらしたり、動かしたりしすぎることが、その人の臨終のプロセスの妨げになってしまうからです。寝ずの番でこの時期が来たときには、触れ合いは軽く、何より非常に優しくあるべきです。撫でる際は、肌の上を水が流れるように撫でます。死に逝く人や介護者にとって癒しとなる読み聞かせ、音楽、視覚化などは継続してもよいでしょう。

寝ずの番が行われた五日の間に、ジョージはゆっくりと衰弱していき、意識は周りの人たちから遠ざかり、まるでより深い場所へと沈んでいくようでした。呼吸はますます浅くなり、無呼吸の時間も長くなっていきました。最期の日には、一分間に五、六回しか呼吸せず、数回息をするたびに三〇秒ほどの間が空きました。顔は色を失い、青白くなり、脈拍はより不規則になりました。時には脈がなくなることもあって、死が近づいていることは明らかでした。

ジョージが亡くなったのは、寝ずの番が開始されてから、まる五日ほどが経ってからでした。見守っていたドゥーラは、ジョージに死が迫っていることに気づいていたため、彼の最期に立ち会いたいと思う全ての人たちはその場にいることができました。ヘレンや娘たち、ディーンとディーンの妻など、全員がベッドの傍らに寄り添い、お互いに抱き合って、ジョージに語りかけ、愛情を表し、お互いを思いやるので安心するようにと伝えました。

彼の最期の息は、フッとほんの一息吐いただけでしたが、それが彼の最期の息だということを皆気づいていました。確信が持てないままの数分間を経て、彼は旅立ったのだと全員が納得しました。忍び泣きが聞こえてきました。シンシアはジョージの胸に上半身を乗せ、両腕で彼を抱き締めながら「愛してる、お父さん」と言いました。ヘレンは彼女を慰めるように背中をさすりました。ドゥーラはヘレンのそばに行き、彼女の肩に腕を回しました。

皆、気持ちの整理ができるよう、黙禱の時間を設けた後、ドゥーラは、好きなだけベッドサイドで時間を過ごし、ジョージに語りかけ、触れ、キスをするようにと伝えました。そして、寝ずの番の始まりの儀式を行ったドゥーラに連絡をとり、ジョージが亡くなったことを示す儀式を執り行うために呼び戻しました。次にホスピスに連絡をとり、ジョージの死を確認するために看護師に来てもらえるように頼みました。

看護師が死を確認し、使用していた薬を処分し終える頃には、儀式を執り行うドゥーラが到着していました。彼女はベッドの足元に、まだ燃え続けていた紫色のキャンドルとともに小さなテーブルを置きました。テーブルの上には、グアダルーペの聖母像解説11-7の立ち姿から後光が差し、足元に月がある様子が切り抜き細工で描かれた手作りの箱が置かれていました。

それは、ジョージのお気に入りのイメージでした。彼は、火葬後に遺灰を入れる箱として、これを選んでいたのです。カトリックでは、火葬は一般的ではありませんが、ジョージはそれを望んでいました。また、テーブルの上には、彼の母親と父親の遺灰が納められた骨壺が二つ並べられました。

ドゥーラはまず、この儀式で自らの死をどのように締めくくりたいと考えていたかについてジョージの要望を皆に伝えました。そして、パソコンから『雨の中で響き渡る遠くの列車』のサウンドスケープの録音を流したのです。ジョージは、遠くから聞こえてくる、夜中に町中を走る貨物列車の音が好きだったことをドゥーラに話していました。列車の音は哀愁を漂わせながらも、人を惹きつけるものだと彼は思っていたのです。

ドゥーラが見つけてくれたこの録音について、ジョージは、数キロ先の町を列車が通過するときに聞こえる音にそっくりだと言っていました。彼は、列車で運ばれていく様を象徴しているその録音が気に入り、儀式の間に流して欲しいと頼んでいたのです。

列車の音が響く中、ジョージに宛てた最期の言葉を書き記すためのメモ用紙が皆に配られました。そして、一人ひとりが順番に、グアダルーペの聖母像が描かれた箱にその紙を入れたのです。それらのメッセージは、ジョージの遺体とともに燃やされ、遺灰の一部として箱に入れられることになっていました。

次に、ヘレンはジョージの両親の骨壺を開けました。彼女は、化粧筆のようなものを取り出して骨壺の一つに漬け、それがジョージの母親の遺灰で、彼がそれを右手に塗って欲しいと頼んだことを説明しました。彼女は、彼の手のひらに灰をひと塗りしました。続いて、彼の父親の遺灰が入った骨壺からも、同じようにして、今度はジョージの左の手のひらにその灰を塗りました。

ドゥーラの説明によると、両親の遺灰を手のひらに塗ることで、あの世で両親に会えるのではないかとジョージは考えていたそうです。また、自分の体が両親の遺伝子の融合であるように、自分の遺灰に両親の遺灰を混ぜ合わせるという思いつきを彼は気に入っていました。ジョージの遺灰が入った箱は、地元のカトリックの墓地に両親の骨壺とともに埋められることになっていました。
儀式の終わりに、ディーンはジョージが選んだ祈りの言葉を読み上げました。

父なる神よ、
あなたの御業で私たちは生を受けました、
あなたの教えや摂理が私たちの人生を導きます、
そして、あなたの御意思のままに私たちは塵へと戻ります。

主よ、亡くなっても、御前で私たちは生きています、
命は姿を変え、終わりではありません。
私の家族、親戚、友人、
そしてあなたのみが知る全ての死者のために、
私は祈りを捧げます。

死して、生き返った
キリストとともに、
全ての悲しみが拭い去られ
あなたの王国で喜びを分かち合えますように。
再び私たち家族がともに、
あなたへの讃美歌を永遠に歌えますように

アーメン

そして、寝ずの番が開始されてから燃え続けていた紫色のキャンドルをディーンは吹き消しました。数分間、全員がその場に立ちすくみ、消されたキャンドルから煙が舞い上がり、空気中にゆっくりと消えていく様子を見つめていました。背景には、列車の汽笛が鳴り響いていました。

いつも通り、儀式を執り行ったドゥーラとジョージの最期を見守ったドゥーラは、儀式を終えた後も何時間も残っていました。人が亡くなった直後にその家族を精神的にサポートするのは、ドゥーラの仕事の一つです。家族が必要とする限り、ドゥーラは傍らにいます。

多くの場合、遺体の引き取りを見たくない家族に代わって、ドゥーラは葬儀社のスタッフの様子を見守ることがあります。ドゥーラは遺体が丁重に扱われているかを確認し、旅立ちを見届ける者となります。時には、家族にとって特別な意味がある布や毛布で遺体を覆い、旅立ちを見守りやすくすることもあります。遺体が引き取られた後も、家族が望めば、ドゥーラは引き続きサポートをします。

亡くなった後にドゥーラは退席しますが、家族に対するサービスがそれで終わるわけではありません。三週間から六週間後に再び訪れて、体験の振り返りをし、悲嘆からより良く立ち直るためには何が必要かについて話し合います。

亡くなった後の数日間は、弔問や葬儀の準備などで慌ただしくなります。多くの場合、喪に服している者たちとともに過ごすために、家族や友人が遠方からやって来ます。その合間に、私は儀式を執り行ったドゥーラとともに、何度かヘレンに連絡をとり、数分間、電話でのサポートをすることがありました。また私は寝ずの番に参加した他のドゥーラたちがそうするように、弔問と葬儀に参加しました。

多くの場合、この期間は家族にとって現実離れしたもののように感じます。愛する人が本当に亡くなったということを完全には理解できないからです。そのため、死の数週間後に行われる再処理の訪問が非常に重要なものとなります。ヘレンを初めて再訪問したとき、彼女は二人の娘、ディーン、そしてディーンの妻とその場にいました。このセッションに参加した六人のドゥーラたちと私は、まるで家族であるかのように出迎えられました。魔法のような、寝ずの番で共有したあの親密な時間が、私たちをそんな存在にしてくれていたのです。

第12章 再処理と悲嘆の癒し

死の数週間後にドゥーラが家族を訪問する主な目的は、家族がつい最近経験した死の体験を理解できるようにすることです。彼らは、肉体の衰弱、愛する者のケアをするうえで直面する困難な課題、感情の揺らぎ、そして忘れられない愛情や洞察の瞬間などを検討しながら、家族を導きます。

わずか数日間に圧縮された、これほどまでに激しい緊張の高まりや緩みを、人が同じように経験することは、おそらく他にはないでしょう。また、これほどまでに深く傷つくだけではなく、自己発見のための多様な機会が与えられる人生経験も他にはありません。残された人たちが亡くなるまで、彼らの人生にその経験は影響を与え続けます。同時に、それは誰もがいつかは通らなければならない道でもあるのです。

その再処理の作業は、一度の訪問で行われることもあれば、何回かに分けて行われることもあります。通常、この作業は死のプロセスに関して、見たこと、聞いたこと、感じたこと、言ったこと、行ったことについて、自らの視点と亡くなった大切な人の視点で語ることから始まります。語りの核心は、私たちが自分の経験を理解し、それを消化吸収し、そこから学び、最終的には目的を持ってその先を生き抜くことを阻害しているものから解放されることにあります。悲嘆を癒す旅では、その語りは何度も何度も求められます。語られることなく、立ち直ることや癒しを得ることはできないのです。語ることは、私たちの経験を整理し、形を与えてくれるのです。

家族が自分たちの物語を語り出し、それを明らかにし始めるとき、外部の人間でありながら、家族のそばでともに過ごしてきた同伴者として、ドゥーラはその物語を形作る手助けをします。ドゥーラは感情や洞察を共有することで、家族が自らの経験をどう捉え、どう理解するかに影響を与えるのです。

＊

「初めてお会いしたときのことを覚えていますか？」とローズは私に聞きました。私たちは、ニューヨーク市にあるイタリアンレストランのレンガ造りの壁に囲まれた奥まった部屋に座っていました。私たちは、ローズの息子、ポールのための寝ずの番について話し合うために集まりました。ローズ夫妻の他に、その場にいたのは、私を含めて四人のドゥーラと、ポールががんと闘った八ヶ月間に世話になった彼の親友でした。ウェイターは昼食のオーダーを取り終えたばかりで、部屋には私たちしかいませんでした。

「はい、覚えています」と私は答えました。「あなたはポールのアパートの細長いリビングルームを行ったり来たりしていましたね」。ポールの寝ずの番は、私が中心となって執り行った寝ずの番の中でも初期の頃のものでした。ローズは、闘病生活の最後の一ヶ月ほどを、息子の看病のために州外からやってきたのです。

「そういえば、ポールのご友人の若い女性もいらしてましたね」と私は続けました。「妊娠してから一度も会いに来れず、夫婦で来るのはあれが最後になると思っていたそうです。ポールのことを大切に思い、尊敬していたからこそ、彼女にとって、あの訪問はとても重要なことでした。お腹の中の赤ちゃんとポールとのつながりを実感したくて、彼にお腹に手を当てて欲しかったそうです。その行為の優しさに、私はとても感動しました。ポールがご友人にとって、いかに特別な存在であったかをこのとき初めて知りました」。

「あのとき、アストリッドがいたことを忘れていたわ」とローズは言いました。「思い出させてくれてありがとう。当時のことで記憶に残っているのは、どれだけ不安だったか……。この街に来てまだ二週間ほどしか経っていなくて、眠れず、落ち着いて座ることもできなかったから。あの頃、彼の状態はとても悪くて、自分の体重を支えることも、ささやくよりも大きな声を出すことができなくなっていたので、『息子が死ぬなんて信じられない。どうやって乗り越えたらいいの』ということばかり考えていました」。

「自己紹介をさせていただいた後、全く同じことをおっしゃっていたと思います。その言葉の裏に隠されていたのは、彼の死に耐えられないかもしれないというあなたの思いでした」

「でも、あなたのおかげですぐに落ち着きました。それから一週間もすると、私は乗り越えることができると信じられるようになっていたのですから。そして、何よりも、恐怖心を乗り越えれば、彼のケアに集中できることに気づきました。それはまさに天恵のようなものでした」

「私は何もしていません。おそらく、ドゥーラたちがそばでサポートし、導いてくれるという安心感があったのでしょう。それが不安な気持ちを解きほぐしてくれたのではないでしょうか。でも、あなたが経験した変化は、あなたの中から生み出されたものです。ポールのレガシーに関する話し合いや、介護をもっと引き受けようとするあなたの姿勢から、それが見てとれました。元々あなたの一部であった強さを少しずつ再発見されたのでしょう」

再処理は三時間以上にわたって行われました。私たちは四日間続いた寝ずの番における重要な局面を全て振り返りました。寝ずの番の間、毎日、何かしらの課題が出現し、ローズはその体験をより深く受け入れることができたのです。例えば、二日目に、彼女からポールに「もう旅立ってもよい」と伝えてはどうかと話し合ったとき、初めはできないと言っていた彼女でしたが、その日の晩には、そう伝えることができたのでした。

おそらく、彼女に大きな変化が訪れたのは、ポールが亡くなった直後に、彼の体を洗うと決めたときでしょう。そうすることについて何度か話をしていましたが、ローズはどうするか決めかねていたのです。私は深夜からのシフトに入るために到着したばかりで、その一〇分前にポールが息を引き取っていたことを知りました。私が到着してすぐ、ローズはポールの遺体を洗いたいと言い出したのです。私は交代する予定だったドゥーラとローズとともに、彼の体への最期のケアを行いました。私にとっても初めての経験でした。私たちは何も話さず、それぞれが助け合いながら、やるべきことを成し遂げました。

それはとても自然な流れで、まるで祈りを捧げてでもいるような、信じられないほどスピリチュアルなことに感じられました。キャンドルの灯る薄暗い部屋の中で、彼の体は輝いているように見えました。ふとローズの顔を見ると、幸福に満ちた表情をしていたのを覚えています。再処理のときに、ローズがポールの体を洗っていた間、幸福を感じたと言い出しましたが、私は驚きませんでした。

ローズの再処理は終わりに近づいていましたが、私には彼女にまだ伝えたいことがありました。「ポールの寝ずの番は多くのことを教えてくれました。私たちはいかに痛みに苛まれていようと、同様に愛情も抱くことができ、だからこそ果敢に死と向き合えるのだということがわかったのです。そこにこそ、私たちを最も人間らしく、最も神聖なものにしてくれる何かを見つけることができるのだと。また、私たちが共有したこの経験を通して、出産のドゥーラから学んだこのドゥーラアプローチは、人生の終わりにこそ最適なアプローチであることが確信できました。それは、あなたからの贈り物でした」。

*

再処理のセッションは、死のプロセスにおける、より衝撃的な一瞬、爆弾の金属片のように人の心に刻み込まれるような瞬間についても明らかにします。トラウマは、見たことや聞いたこと、語られた言葉や語られなかった言葉、起こったことや起こらなかったことから生じる場合がありま す。これらの瞬間は、人の頭の中で何度も何度も繰り返し再生され、人をネガティブな感情に囚われたままにしてしまうのです。

愛する人の死を経験した人なら、誰しもがこのような瞬間を抱えているのです。しかし、その経験のフラッシュバックが執拗なもので、その人の思考を支配するようになるなら、できる限りそれを取り除く必要があります。看取り体験について話を聞くうちに、ドゥーラは、明らかにこのタイプの痛みの表現を聞き分け、あるいは端的な言葉からそれをうかがうことができるのです。悲嘆を癒すプロセスへの負の影響を軽減するために、そうした瞬間への見方を変える方法を模索します。

多くの場合、ご遺族は寝ずの番で起こったより素晴らしく、より愛に満ちた瞬間（特に感動的な愛情表現、愛する人の頬への優しい愛撫や他の家族への献身的な行為など）を受容したり、心に留めたりすることはありません。ドゥーラはこれらの瞬間を家族に思い出させ、それを彼らの物語に織り込ませ、より辛い瞬間と拮抗する役割を果たさせるのです。これらの感動的な瞬間こそが、寝ずの番での最も貴重な思い出となるときもあるのです。

*

マイケルの人生最期の二日間に、彼の妻、ブリジットと二人の幼い娘、そしてブリジットの兄は、マイケルが死を迎えようとしていた居間からほとんど離れることはありませんでした。夜になると、一四歳と一一歳の娘たちはエアマットレスで寝て、ブリジットと兄はユニット式のソファに身を横たえて寝ていました。

寝ずの番が行われる間、ドゥーラたちは二四時間体制でシフトに入りました。彼らは、ブリジットやその娘たちが自分では気づかなかった愛情や優しさをたくさん目撃しました。ドゥーラたちが一回だけ行った再処理のセッションで、彼らはこの特別な瞬間について話し合いました。

「ブリジット、あなたは覚えていないかもしれませんが」と一人のドゥーラが言いました。「一時、マイケルがイライラして落ち着かなかったときがあったでしょう。そこで、あなたは彼のベッドに入り、彼にぴったりと寄り添って腕を回しました。数分後、彼の体はリラックスしたように見えました」。

「その行為の素晴らしさだけではなく、あなたが横になっている間、偶然にも上の娘さんがあなたを見つめていたのが目に入りました。娘さんは、悲しみと喜びをともに湛えた素敵な表情をしていました。あなたがどれほど彼女の父親を愛しているか、彼のためにできる限りのことをしているのだと、その瞬間に彼女は気がついたのでしょう」

「それは、人が死につつあるときの看取りには、何の恥じらいも恐れも抱く必要がないことの素晴らしい見本となります。娘さんは大人になってからもそのことを忘れず、別の死に直面したときに思い出すことでしょう」

ドゥーラたちは、ブリジットと娘たちに関する話を次々と語りました。中には、ブリジットの兄の話や、亡くなる一時間前にマイケルの呼吸が変化し、飼い犬がそばに来て、彼の手を舐めたという話もありました。マイケルが息を引き取ったとき、ブリジットと娘たちは、ベッドの片側に集まって、きつく抱きしめ合っていたそうです。

その場にいたドゥーラはその様子を次のように語りました。「ブリジット、あなたの驚くべき強さを私は一生忘れません。あなたは夫が息を引き取るのを見届けたばかりでした。それでも、あなたの意識は完全に娘さんたちのほうに向いていて、彼女たちが父親からどれほど愛されていたかをその記憶に刻もうと努めていました。彼がいつまでも彼女たちの心の中に生き続けると伝えていましたね」。

「二人は、泣きながらもうなずき、あなたと、そしてお互いをさらに強く抱きしめ合っていました。それは、あなたの純粋な献身と犠牲がもたらしたものでした。あの瞬間に、自分の気持ちを抑えて、彼女たちを慰めたことを誇りに思うべきです」

＊

再処理のセッションが始まるとき、悲嘆を癒すプロセスは既に始まっています。人々はまだショックで感覚が麻痺している状態かもしれませんが、悲嘆の他の側面が生活に滲み出てくるのです。暗闇の中でジェットコースターに乗っているかのような感情の浮き沈み、集中力の低下、空虚感や孤独感、人生の意味や存在意義に関する疑問、自分が何者で、どう生きていくのか、どうやって信念を貫くかといったことへの自信の喪失、そして脆弱性などです。

ドゥーラはこれらの経験を正常なものとして扱うことで、愛する者の死に対する反応は、悲嘆を癒すプロセスにおいて自然なことだと遺族が理解できるように促します。これは誰もが経験することで、おそらく今後の二、三年間、時にはそれ以上の間、その経験は続くことがあります。また、ドゥーラは、悲嘆への対処法や、うまく立ち直るために必要な内面的な働きかけを遺族が理解できるようにします。これは悲嘆カウンセリングではありません。既に感じ始めていることや、今後待ち受けていることを遺族が客観的な視点から見通せるようにするのです。

再処理の作業は、遺族が望めば、より能動的な早期の悲嘆サポートに移行することもできます。これらのセッションは、一人もしくは二人のドゥーラのみで行います。彼らは、遺族の悲嘆を癒すプロセスの支え手となるのです。寝ずの番でともに寄り添ってきたように、遺族の感情や反応に寄り添います。より内面への積極的な傾聴、触れ合い、視覚化、意味の探求、レガシーへの取り組みなど、使用するスキルも同じです。

悲嘆からの癒しは時間のかかるプロセスであるため、ドゥーラはその終わりまで関わり続けることはできません。もし関わり続けた場合は、他に死につつある人々やその家族の看取りを助けることができなくなってしまいます。遺族との関わりはいずれ終わりを迎えなければなりません。それは、一回の訪問で終わる場合もあれば、数ヶ月後になる場合もあります。遺族とドゥーラ次第なのです。

一般的に、遺族にとっても、ドゥーラにとっても、終わりにすることは容易ではありません。非常に個人的な時期に、数週間から数ヶ月間の濃密な時間を過ごしてきた中で築かれた絆というものは極めて強靭です。ここでも、儀式が重要な役割を果たします。儀式は経験を特別なものとし、ある現実が別の現実へと変わる通過点であり、遺族やドゥーラがポジティブな達成感を得られるような方法で別れを告げることができるのです。

再処理の作業を終わらせる儀式は、寝ずの番が計画される段階で話し合うこともできれば、その場の思いつきで執り行うこともできます。

＊

スティーブンの家族との再処理作業が自然に終わりを迎えようとしていることが明らかになり、ドゥーラたちは彼らと、自分たちの関与を終了させるための儀式について話し合いました。スティーブンの妻、二人の成人した子どもたち、そして数人の孫たちが参加することになっていました。

スティーブンが亡くなってから、彼の家族は、ずっとキャンドルを灯し続けていました。そのキャンドルは、寝ずの番の前や最中に、家族や友人たちが彼に宛てて書いたレガシーメッセージを入れた籠の前に置かれていたものです。儀式のために、そのキャンドルと籠は、祈禱用のショールがかけられた小さなテーブルの上に置かれました。そのショールは、スティーブンが毎年大祭日に、寺院を訪れた際に着ていたものでした。テーブルの周りには、大きな円を描くように椅子が置かれ、家族やドゥーラたちが籠のほうを向けば、お互いの顔が見えるようになっていたのです。

儀式の準備に、ドゥーラたちは、寝ずの番で感じた特別な瞬間、遺族の心に留めておいて欲しいスティーブンの人生の一面、あるいは遺族に悲嘆をどう乗り越えて欲しいかという願いなどを書き出しました。時間になると、全員がリビングルームに集まり、用意された椅子に座ったのです。ドゥーラたちは各々のメッセージを膝の上に折りたたんで持っていました。

儀式が始まると、スティーブンの妻のキャロルは、何年も前にスティーブンが作った曲を彼がギターで演奏しながら歌っているCDをかけました。スティーブンはエンジニアでしたが、アマチュアのソングライターでもありました。彼の声を聞くだけで、皆は涙しました。続いて、キャロルは、家族からドゥーラに宛てた手紙をサプライズで読み上げました。その手紙では、ドゥーラたちを「天使」と呼び、スティーブンの死に際して家族を導き、サポートしてくれたドゥーラの存在がいかに重要であったかが綴られていました。その手紙には、家族全員が署名をしていました。

次に、ドゥーラたちは順番に各々のメッセージを読み上げ、それらをテーブルの上にある籠に入れました。籠の周りには、スティーブンが大人になってから何年もかけて旅をした森で、長時間のハイキングをしながら集めた石が置かれていました。それぞれの石は、その形や色、露出した鉱脈や埋め込まれた化石などから、彼が珍重してきたものでした。ドゥーラたちはメッセージを入れた後、スティーブンの思い出として、石をどれか一つ持ち帰ることにしました。

この儀式が非常に意味深かったのは、ユダヤ教の伝統で、誰かの墓を訪れる際に、地面で見つけた石を墓石や台石の上に置くことになっていたからです。そうすることで訪れたことを示すのです。ドゥーラたちは自分が選んだ石を見るたびに、スティーブンが会いに来てくれているかのように感じられるでしょう。ドゥーラが籠の中に残したメッセージは、将来、家族や友人がいつでも読めるように、この後、籠の中の他のメッセージとともにリボンでまとめて保管されることになっていました。

儀式の終わりに、キャロルはワインを取り出しました。それは、ペサハのセーデル[解説12-1]で飲まれるようなとても甘い赤ワインでした。全員が立ち上がり、スティーブンに乾杯をして、それを飲み干しました。最後に、計画されていた通りに、再処理の面談を担当したドゥーラが、遺族とのセッションの終了を告げ、キャンドルを吹き消しました。

あとがき

本書は、死に逝く人とその家族に仕えてきた二〇年間の集大成です。それは、私にとって信じられないほど素敵な旅となりました。ドゥーラになって、他者にこの仕事を教えることで、素直に自分の人生や死に対する考え方が変わったと言えます。

人間の生存本能の一部でもある原初的な恐怖心がいまだに自分の中にあるのを感じますが、私は死というものを贈り物だと考えるようになりました。死は、私たちが最良の自分を見つけられるように試練を与えます。重要でないものを全て取り除き、肝心なものを残します。死は、大きな愛、寛大さ、勇気へと私たちを導いてくれるのです。

何百もの死を看取る中で、人生がいかに儚いものであるか、私たちを含む全ての生き物は無常であるということを何度も思い知らされました。まだ時間があるという保証はどこにもありません。絶対に。この事実から、私は一瞬一瞬を、できる限り見逃さないように、愛を持って生きなければならないと自分に言い聞かせています。そうすることで、いつ死が訪れようと、それを毅然として受け入れる準備ができるのです。

＊

二〇〇三年に私が考案した最初の看取りのドゥーラプログラムにおいては、死に逝く人に提供するサービスのほとんどが、出産のドゥーラが出産を迎える女性とそのパートナーに提供していたサービスをそのまま応用したものであることに気づくでしょう。私が変えた点は、出産時のように一人のドゥーラが対応するのではなく、死に逝く過程を連続したシフトで複数のドゥーラがチームになって対応するようにしたことでした。死のプロセスは、長ければ、八日から一〇日にも及ぶため、一人のドゥーラだけで二四時間体制を支えることはもちろんのこと、連日長い時間担当するのは不可能だからです。また、チームで活動することにしたもう一つの理由は、ドゥーラが全員ボランティアだったからです。

最初のドゥーラプログラムが始まった当時から、私は初期モデルに他にも変更を加えてきました。現在教えている看取りのドゥーラアプローチでは、人生の意味やレガシーに関する作業が活動の中心になっています。これらの作業は非常に重要で、死に逝く人が自分自身を評価し、自分の人生がどれほど有意義であったかを理解し、やり残したことに取り組み、自らの言動が人々を鼓舞し続けることを実感できるようにしてくれます。

また、誘導イメージ法は、ケアの各段階でより重要な役割を果たします。それを用いることで、死に逝く人やその家族が、彼らに自分にとっての「その人らしい良い死」がどのようなものなのかを具体的に描き出してくれるのです。死に逝く人がより大きな満足感を得られ、症状を緩和し、やり残したことや残念に思うことに取り組み、スピリチュアルな苦痛に対処したり、最期の息をより楽なものにしたりするためにそれを活用するのです。家族にとっても、誘導イメージ法は、自らの介護スキルに自信を持ち、力を取り戻し、不安を鎮め、悲嘆の感情を処理するのに役立つのです。

また、儀式の利用頻度が上がり、ドゥーラが提供するサービスの中でもより意識的に利用されるようになりました。私たちは、死に逝く人とその家族が、それぞれの文化や信仰を尊重しながら、個人的な経験や他の伝統の要素も織り交ぜて、その人に合った儀式を作り上げるお手伝いをします。最期の日々の計画をサポートする際、寝ずの番の開始の儀礼として、日々死に近づいてゆく人の一日の始まりと終わりを認識するものとして、そしてもちろん、臨終の瞬間を尊ぶために、ドゥーラは儀式の活用を勧めます。また、儀式は、家族とドゥーラの協力関係に区切りをつけるためにも役立ちます。

看取りのドゥーラアプローチはこれからも進化していくことでしょう。ここ数年で、ドゥーラたちは、亡くなった後の遺体のケアもその作業計画に取り入れ始めています。彼らは、葬儀社や祭司の仕事に取って代わろうとしているわけではなく、死に逝く人とその家族が理想とする死を大切にしながら、そうしたサービスへの橋渡しをしているのです。将来的には、ドゥーラが自宅で行われる通夜や葬式をサポートすることも増えていくことでしょう。

*

ここ数年で見かけた最も重要な変化は、職業として看取りのドゥーラの活動への関心が高まっていることです。ほとんど毎週のように、死に逝く人々のために働く看取りのドゥーラを取り上げた記事やインタビュー、ドキュメンタリーを目にしたり、耳にしたりします。二〇一五年に、国際看取りのドゥーラ協会（ＩＮＥＬＤＡ）を共同設立したとき、この分野が主に成長するのは、私が働いていたようなホスピスや、病院、福祉施設、介護施設においてだと考えていました。ＩＮＥＬＤＡでの初期の活動は、それらの組織におけるドゥーラプログラムの導入を支援することだったのです。

しかし、現在、ドゥーラの活動分野で最も勢いがあるのは、個人で開業を目指す人たちです。単独で、あるいはグループで働くドゥーラたちは、死につつある人とその家族に直接サービスを提供するビジネスを立ち上げています。過去二年間で、ＩＮＥＬＤＡの公開講座でトレーニングを受けたドゥーラの数は、毎年五〇％ずつ増加しています。本書の原書が出版された時点で、ＩＮＥＬＤＡは二〇〇〇人以上ものドゥーラを養成していました。そして今では、他にも多くの団体が看取りのドゥーラを訓練しています。

個人で開業している人の多くは、有料の講演会やワークショップと組み合わせたほうが、ドゥーラの仕事で生計を立てるのが容易であると気づき始めているのです。料金体系はまだ定まっていませんが、時間が経てば、ドゥーラのビジネスが盛んになり、私たちの社会における人の死に方に多大な影響をもたらすようになることは間違いありません。

ドゥーラモデルの導入が遅れていたホスピスですが、今後はホスピスでもドゥーラモデルが普及していく兆しがあります。ホスピス業界の主な会員組織である全米ホスピス緩和ケア協会（ＮＨＰ

CO）は、アメリカで約七〇〇〇ものホスピスプログラムにドゥーラの啓発と利用を促進するために、看取りのドゥーラ協議会を設立しました。この協議会では、ファクトシートの作成や、ウェブ・セミナー、会議でのプレゼンテーションを行っており、患者やその家族への追加のケアとして、ドゥーラサービスを取り入れたホスピスや緩和ケアプログラムが増えることでしょう。

現在、看取りのドゥーラを認可したり認証したりする外部機関や政府機関は存在しません。それは、開発から四〇年近く経った出産ドゥーラにおいても同じです。しかし、私は外部からの監視が成されることはドゥーラのためになるとは思えません。監視が成されるということは、しばしば、堅苦しさや規制された結果のお役所仕事、創造力の阻害につながるからです。INELDAでは、ドゥーラを対象に独自の認証プログラムを設けており、文書での就労証明や評価などを実施しています。目標は、ドゥーラの教育を継続するとともに、専門家として認められる知識やスキルの基準を示す資格を作ることです。

ドゥーラが死のプロセスに関わることで得られる効果について、学術誌に研究成果が発表されれば、ドゥーラの分野は、確実にその正当性を示すことができるでしょう。INELDAは、二〇二〇年には出版可能となる結果を出し始めているいくつかの研究プロジェクトに参加しています。他にも、前述した全米ホスピス緩和ケア協会の協議会や、看取りのドゥーラの分野が急成長しているオーストラリアやイギリスなどの国でも研究が進められています。

＊

私たちの社会では、死や死を迎える方法論の中に、創造的な時間を生み出そうとしているのです。死や死に瀕したときへのタブーは依然として存在しますが、忌避や恐れといった障壁を打ち破ろうとする強力な変化が訪れようとしているのです。デスカフェ[解説あとがき-1]、メディア報道、オンラインのソーシャルプラットフォーム、死や臨終、ドゥーラの活動に関連したトピックに注目するウェブサイトの急増など、全てがこの変化に影響しているのです。

ドゥーラも含め、デス・ポジティブ・ムーブメント[解説あとがき-2]と一部の人たちが呼んでいるリイマジン・イベントなどの公開の示威行動がサンフランシスコやニューヨークではここ数年行われています。イベントは、死について語り、思い描いたりするための新しく創造的な方法を探るもので、それぞれの都市で、芸術家、科学者、教育者、医療従事者、そして一般市民を含む、何千人もの人がこの一週間にわたるプログラムに参加するために集まりました。

看取りのドゥーラや死と臨死期における他の革新的な人々とともに、あなたが次の変化の波に参加することを期待します。あなた自身がドゥーラになり、友人や家族にこのアプローチを用いたり、単に死や臨終についてよりオープンに語ったりすることで、あなたはこの運動に参加することができるのです。いかに死ぬのかに変革をもたらすことは、私たち全員の責任なのです。

謝辞

まず何よりも、妻のステファニーの信じがたいほど素晴らしい愛情とサポートに感謝します。彼女は、私のとんでもない長時間労働や、そのために彼女からも、家族からも、そして普段の生活からも距離を置かざるを得ない私に対し、驚くほど寛大で忍耐強くあり続けてくれました。私と一緒に暮らすことは容易なことではなかったでしょう。この人生の行程を、彼女以外の人とともにすることなど私には考えられません。

長男のアーロンには、励ましてくれたこと、「そろそろいい加減、本を執筆したら」と背中を押してくれたことに感謝しています。本書の執筆中、夜半に一緒にいてくれたこと、様々な疑問を投げかけてくれた末っ子のジャレッドにも感謝します。

また、この仕事をするきっかけを与えてくれて、学ぶべきことが何なのかを教えてくれた全てのソーシャルワーカー、看護師、チャプレン、出産のドゥーラたちに、そして様々な専門家の先生方にお礼を申し上げます。

最後に、国際看取りのドゥーラ協会（ＩＮＥＬＤＡ）の共同創設者であるジェイニー・ラコウ氏をはじめ、死を迎える人々にたくさんの時間を割いてきた多くのドゥーラたちに感謝の意を表します。ドゥーラアプローチに対する皆さんの情熱と献身は、多くの人生を驚くべき方法で変えてくれました。皆さんの努力によって、私たちはこの文化の、そしてできることなら世界の人々の死の迎え方を変えていくことを願います。

振り返りのための質問

このセクションにある一五の質問は、振り返りの出発点となるもので、メモをとりながら、話し合いを進めるガイドとしても活用できます。

1 本書の冒頭にある、「二つの死の物語」は二つの全く異なる死の体験を物語っています。一つは、無機質な病室で孤独のうちに迎えた死。もう一つは、自宅で家族と意味深い儀式を行いながら迎えた死です。あなたの人生における大切な人たちの死は、この二つの両極端な死の体験に類似する点はありますか？　一人で死ぬことについて、あなたはどう思いますか？身近な人が息を引き取るとき、立ち会うことは重要でしょうか？　その理由は？

2 死に関するドゥーラアプローチには、死に逝く人が大切な人たちや介護者とどのようなやりとりを望んでいるかなどを含め、人生最期の数日間を計画することが含まれます。人生最期の日々に、どのようなやりとりが最も有意義で安らぐでしょうか？　誰かに触れられたり、腕の中に抱えられたりすることについてあなたはどう思いますか？　人に、あなたとともに過ごした時間について語ったり、大切だと思ったあなたの言葉を思い出したりすることを望みますか？

3

私たちはそれぞれ、宗教的・文化的背景、友人や身近な家族の死の体験からくる死と臨死期に対する個人的な神話に囚われています。もしあなた自身が囚われている神話について書くとしたら、あなたの経験からどのようなテーマが描かれるでしょうか？　あなたの伝統的背景は、死が近くなることをどう捉えていますか？　本書を読んで、それらの考え方に変化はありましたか？

4

死を迎える人に病状や予後についての真実を伝えるには、勇気がいるだけでなく、本人に加えて、関係者全員がそれを最終的に受け止めることができるという信念が必要です。あなたは死について真実を伝えたり、オープンに話したりすることについてどう思いますか？　真実を隠すことでどのような結果になるでしょうか？　もしあなたが寿命を迎えた場合、医師や愛する人たちにそのことを率直に伝えて欲しいですか？　その理由は何ですか？

5

心の内面への積極的傾聴は、死に逝く人と関わるうえで重要な要素です。それを促す自由回答形式の質問の例として、どのようなものがあるでしょうか？　会話の中で沈黙や葛藤を許すことが難しいのはなぜだと思いますか？　死のプロセスを死に逝く人と「ともに歩む」とはどういうことでしょうか？

6

死に直面した人は、誰もが自らの人生を振り返り、その意味を探ろうとします。多くの場合、最初に、あるいは最も執拗に思い浮かべるのは間違いや失敗です。自分の人生を振り返ってみて、今取り組むべきだと思う後悔ややり残したことは何でしょうか？　当然、どんな人生にもポジティブで肯定的な経験もあります。それらの経験は、あなた自身について、また、あなたの人生が身近な人々にとってどのような意味を持つかについて、何を物語っているでしょうか？

7

レガシープロジェクトとは、死を迎える人が自らの人生を振り返って発見した意味を表現するものです。それは、その人がどのような人であったかを明らかにし、その人がいない未来にその人を代弁するものとなります。人生の重要な側面の中で、どのようなものがレガシーワークの中心となり得ますか？　レガシープロジェクトから、どのようにして目的意識は生まれるのでしょうか？　あなたはどのように人の記憶に残りたいですか？　あなたが作るレガシープロジェクトには、どのような形式が最も適していると思いますか？

8

死に逝く人とその家族が、人生最期の日々をどのように過ごしたいかを計画する中で、最初に検討すべきことは空間の見た目、感じ方、音、そして匂いです。なぜこのようなことを検討すべきなのでしょうか？　あなたが自分の寝ずの番を計画するとしたら、周りの空間はどう見え、どう感じることを望みますか？　あなたの寝ずの番の計画には、他にどのようなことを盛り込みたいですか？

9

誘導イメージ法は、様々なことに役立ちます。意味の探求。身体的・精神的症状の緩和。介護者がより力強さを感じ、より効果的に休むことや、より多くのエネルギーを回復することに役立ちます。そして、家族が悲嘆を乗り越えられるようにします。誘導イメージ法が非常に効果的なのはなぜでしょうか？　安らぎを感じるための誘導された視覚化で使用できる、あなたにとって特別な自然の場所はありますか？

10

儀式は、死につつある人のための寝ずの番が行われている間、特に息を引き取った直後に重要な役割を果たします。例えば、遺体を浄める儀式です。愛する人が亡くなった後、その人の体を洗うことについてどう思いますか？　あなた自身は亡くなった後に体を洗われることを望みますか？　そして、それはあなたにとってどのような意味を持つでしょうか？　儀式を活用する方法として、他にどのようなものを想像しますか？　死のプロセスに、あなたの伝統や文化からどのような儀式的要素を取り入れることができるでしょうか？

11

寝ずの番の主な目的の一つは、あなたが計画した通りの最期を過ごす空間を維持することです。それはあなたの性格、信念、価値観、そして願いを反映したものでなければなりません。あなたは自身の寝ずの番にどのような要素を盛り込みますか？　ご家族やご友人にとって、あなたの願いを尊重することは難しいでしょうか？

12

大切な人を失った後に、遺族が悲嘆する中で最初に行うのが再処理です。このプロセスにドゥーラが立ち会うことで、悲嘆を癒す旅にどのような効果があるでしょうか？　寝ずの番でドゥーラが用いるツールのうち、再処理で役立ちそうなツールはありますか？　その理由は？　ドゥーラとの関係を終わらせることが困難なのはなぜでしょうか？　また、そのステップをより容易にするための方法はありますか？

13

本書を読んで、あなたの死や臨終に対する考え方はどのように変わりましたか？　大切な人が最期を迎えたとき、どのような方法でその人を助けることができるでしょうか？　死がどのようなものになり得るかを知った今、あなたは大切な人たちに、自分の死についてどのような希望を伝えますか？

14

本書を読んで、現時点で、ご自身や大切な人のためにレガシープロジェクトに取り組みたい

15

と思いますか？　歳をとったり、病気になったりする前に、人が自らのレガシープロジェク

トについて考えることにメリットはありますか？　また、それはどのような影響を及ぼす可

能性がありますか？　ご自身のレガシーを今とは違うものにしたいですか？　そのためには

今後どのように取り組んだらよいでしょうか？

本書から得た最も重要なことは何ですか？　何に一番驚きましたか？　私たちの社会におけ

る死と臨死期へのアプローチのあり方を変えるために、本書はどのように役立つでしょう

か？　本書によって、あなたご自身の生き方はどう変わると思いますか？

【参考資料】

●推薦図書

Alexander, Eben, M.D. *Proof of Heaven: A Neurosurgeon's Journey into the Afterlife*. New York: Simon & Schuster, 2012.
〔エベン・アレグザンダー著／白川貴子訳『プルーフ・オブ・ヘヴン』早川書房、二〇一八年〕
脳が停止し、七日間昏睡状態に陥った脳神経外科医が語る臨死体験記。死後に起こるかもしれない出来事や意識の本質に関する考察の他、著者は愛と普遍的なつながりの重要性を探求します。

Beck, Renee & Sydney Barbara Metrick. *The Art of Ritual: Creating and Performing Ceremonies for Growth and Change*, Berkeley, California: The Apocryphile Press, 2018.
儀式を設定する際に、私が最も気に入っている一冊。著者は、人生の重要な出来事に注目し、様々なシンボルの意味を含めることの必要性を説明しています。ガイドラインや儀式用のワークシートが含まれる実用書です。

Butler, Katy. *The Art of Dying Well: A Practical Guide to a Good End of Life*, New York: Scribner, Simon & Schuster, Inc., 2019.
本書は、末期診断を受けるはるか前から、人生の終わりに向けて人が準備できることを物語や逸話を通して考察します。著者は、死の様々な段階を取り上げながら、死のプロセスをできる限りコントロールし、過剰な医療化を避けるよう読者に勧めています。

Coenen, Claudia. *Shattered by Grief, Picking Up the Pieces to Become WHOLE Again*, London and Philadelphia: Jessica Kingsley Publishers, 2018.
著者は、夫の急死という体験談を背景に、どうすれば癒しを得ることができるかのアドバイスを盛り込んでいます。各章には、彼女が悲嘆を癒すカウンセラーとして開発した全体性（ホールネス）を再発見するための表現活動も含まれています。

Doka, Kenneth. *Grief is a Journey: Finding Your Path Through Loss*, New York: Atria, a division of Simon & Schuster, 2016.

本書は、悲嘆のプロセスを徹底的に解説しています。ケネス・ドカ氏は、元配偶者の死や不妊など、権利を奪われた死、そして自殺やアルコール依存症など、汚名を着せられた死について探ります。彼は本書をはじめとする多くの書籍の中で、悲嘆の体験は人それぞれであり、それが起きるたびに受け入れなければならないと説明しています。

Gawande, Atul. *Being Mortal: Medicine and What Matters in the End.* New York: Metropolitan Books, Henry Holt and Company, LLC, 2014.〔アトゥール・ガワンデ著／原井宏明訳『死すべき定め ── 死にゆく人に何ができるか』みすず書房、二〇一六年〕

本書では、ホスピス、病院、介護施設、老人ホームなど、様々な医療現場で実施されている末期患者のケアのあり方が取り上げられています。ガワンデ博士は、医師が言いづらい話を切り出す際の苦難について考察します。自らの思考の変遷を記録しながら、医師、患者、そして家族が、できる限りオープンに死と向き合うことの重要性を説き明かしています。

Miller, B. J., Shoshana Berger. *A Beginner's Guide to the End: Practical Advice for Living Life and Facing Death*. New York: Simon & Schuster, Inc., 2019.

人生の終末期を迎えるためのほぼ全ての側面を網羅した、幅広い現実的な実用ガイド。ホスピスや緩和ケアがどういうものか、治療法の検討や医師とのコミュニケーションのとり方、発症し得る症状、人生最後の二四時間とどう向き合うかまで、全てが盛り込まれています。

Naparstek, Belleruth. *Staying Well with Guided Imagery*, New York and Boston: Warner Books, 1995.

誘導イメージ法を理解し、使用するために最適な一冊。具体的な健康目標のための様々な計画が提供されており、そのまま用いることも、患者に合わせてアレンジすることもできます。また、この本には誘導イメージ法に関する音声圧縮方式の規格の一つであるＭＰ３や関連のＣＤもいくつか紹介されています。その中でも私が気に入っているのは、聞き手を死への移行に導く *A Guided Mediation for Hospice & Palliative Care* や *A Guided Meditation to Ease Grief* そして *Guided Meditations to Help with Anxiety & Panic* です。これらは、Health Journeys（www.healthjourneys.com）からお買い求めいただけます。

Ostaseski, Frank. *The Five Invitations: Discovering What Death Can Teach Us About Living Fully*, New York: Flatiron Books, 2017.
フランク・オスタセスキー氏は、介護者として、死を迎える何千人もの人たちと関わってきました。彼はその仕事から得たことを、私たちの生き方や死に方を大きく変えるような教訓へと凝縮しています。本書では、人の最期に立ち会ったときの正直かつ深く感動的なエピソードを交えながら、重要なことを先延ばしにせず、人生がもたらす全てを受け入れ、いかなる体験にも全身全霊を打ち込むようにすべき理由を説明しています。これは人生を変える一冊です。

Tisdale, Sallie. *Advice for Future Corpses (and Those Who Love Them): A Practical Perspective on Death and Dying*, New York: Gallery Books, Simon & Schuster, 2017.
死と向き合い、死を迎えるとはどういうことかを率直に、ありのまま、感動的に、そして深く探求した一冊です。著者は、死の様々な実体験、看護師としての経験、そして仏教の教えを元に、死に対する社会的・個人的な恐怖を考察します。死に逝く人と関わる全ての人にとって重要な一冊です。

●ウェブサイト

CaringBridge（www.caringbridge.org）では、健康状態の最新情報を家族や友人が確認できるようにするための個人的なサイトを立ち上げることができます。そこでは、プライベートにコミュニケーションをとったり、サポートや励ましの言葉を送ったり、他者からの支援を調整したりすることができます。サービスは無料です。

Compassion & Choices（www.compassionandchoices.org）は、人生の終わりに直面する様々な選択肢とケアの幅を広げる運動の発展を支援します。同団体は、全米で死を迎える人たちへの医療支援のためのキャンペーンを積極的に行い、望まない医療処置を拒む権利を主張しています。このサイトは、人生の終わりにおける患者の選択を尊重するための法的・政治的論争を把握するのに最適です。サイト内では、緩和ケア、ホスピス、多様性など、臨終の際の医療支援に関する英語やスペイン語の記事、事前計画ガイドやツールキットが掲載されています。

Death Café（www.deathcafe.com）には、死についてグループで話し合う「デスカフェ」を開催するためのガイドが提供されています。近くのデスカフェを探したり、オンラインコミュニティに参加して意見を投稿したり、参加したデスカフェについての記事を共有したり、アートギャラリーに画像を追加したりすることが可能です。また、文書、ポッドキャスト、最新の記事を含むリソースライブラリにアクセスすることもできます。

Death with Dignity National Center（www.deathwithdignity.org）は、末期患者が避けることのできない死を早めるための尊厳死法を推奨しています。また、事前指示書や緩和ケアに関する情報など、患者と家族のための資料も提供しています。医療従事者向けには、既存の尊厳死法に関するあらゆる州法へのアクセスや、尊厳死を選択することに関する多くの宗教的見解が資料として含まれています。

The Dougy Center（www.dougy.org）では、子どもや青少年、そしてその家族のための悲嘆サポートを提供しています。オレゴン州ポートランドにあるこのセンターは、サポートグループやカウンセリングを提供していますが、ウェブサイトでは、ポッドキャスト、ダウンロード可能なガイドブック、記事、アクティビティなどのリソースが提供されています。子どもの悲嘆に関する書籍やＤＶＤを探すのに適したサイトです。

Family Caregiver Alliance（www.caregiver.org）は、慢性的な症状や身体障害を抱えた成人のケアをする人々のために豊富な情報を提供しています。行動管理、法的問題、多様性と文化、介護の感情的側面など、様々なトピックを取り上げています。疾患特有の情報も含まれています。Caregiver Connect（「介護者とつながろう」）を通して、地域のリソースを見つけたり、他の介護者とつながったりすることができます。毎月発行されるメールマガジン*Connections*では、ヒントや記事、役立つアドバイスが提供されています。

Forever Missed（www.forevermissed.com）は、大切な人のためのオンラインメモリアルを作成し、思い出を集めて共有できる場所です。様々なデザインや一定の音楽を無料で選ぶことができます。手頃な価格でバーチャルの花をたむけるなどの追加機能を利用することもできます。

Green Burial Council（www.greenburialcouncil.org）は、持続可能な埋葬方法に向けた運動を推進する非営利団体です。ここでは、そうしたグリーンサービス解説参考資料－1を提供する墓地、埋葬品、葬儀社の現在の基準を見つけることができます。また、環境に配慮した企業、全米の墓地、そして教育イベントなどの一覧も提供されています。

The Order of the Good Death（www.orderofthegooddeath.com）は、デス・ポジティブ運動を広めてきた葬儀屋で作家のケイトリン・ドーティ氏解説参考資料－2によって作成されました。このウェブサイトは、死を人生の一部とし、死との新しい向き合い方や死後の遺体のケアについて情報を提供することを目的としています。ここでは、死への恐怖との向き合い方、葬儀の計画、遺体防腐処理など、様々なことに関する記事や資料を見つけることができます。また、私たちが抱く死への恐怖心を揶揄したり、死を面白おかしく取り上げるドーティ氏の突飛なビデオも視聴可能です。

Verywell Health（www.verywellhealth.com）では、様々な医療診断について、わかりやすく最新の情報が提供されています。死と臨終について検索すると、葬儀や追悼式の計画、年齢を重ねるごとの死と臨終への向き合い方、死に逝く人と死について話す方法、大切な人が死につつあることを認識する方法、看取りのドゥーラのサービスを検討するといったテーマに関して、役立つ記事を見つけることができます。

What's Your Grief（www.whatsyourgrief.com）では、悲嘆に関連する記事、トレーニング、ウェビナー、ワークショップが提供されています。悲嘆に暮れる子どもへの話し方、追悼式を行う方法、ストレス解消法、「行き詰まり」を克服する方法など、多くのヒントを見つけることができます。このサイトの特徴の一つである「悲嘆を癒すレシピ」には、喪中の人々が、亡くなった大切な人との特別な思い出に添えて書いた短い文章が集められています。これらは、亡くなった後も大切な人とのつながりを失わないようにする方法を教えてくれる素敵なレシピです。

●ポッドキャスト

Death by Design は、キンバリー・ポール氏がホストを務めており、ホスピスや緩和ケアの専門家だけでなく、作家やアーティスト、そして出産と死の両方のドゥーラにインタビューを行っています。彼女は、ルーシー・カラニティ博士、フランク・オスタセスキ氏、ショシャーナ・アンダーレイダー博士、B・J・ミラー氏、ドン・シュマーシャー氏をはじめとする、より良い死を迎えるための著名な代弁者たちにインタビューを実施してきました。このポッドキャストの目標は、自らの人生の終わりを設計し、人生のいかなる瞬間も大切にするよう刺激することです。

Death, et seq. は、ウェイクフォレスト大学ロースクールの葬儀・墓地法の教授であるターニャ・マルシュ氏によるポッドキャストで、葬儀や遺体の処理、「伝統」がどう破壊されているのか、死のケアはどこに向かっているかなど、死のケアに関するあらゆる側面に焦点を当てています。マルシュ氏の最近の配信では、機能不全への備え方、火葬に関するディスカッション、死にまつわる休日についてなどが取り上げられています。

Death in the Afternoon では、Ask a Mortician（「葬儀屋に聞け」）のケイトリン・ドーティ氏、ルイーズ・ハン氏、サラ・チャヴェズ氏がホストを務めています。このポッドキャストは、エンターテイメントとしての死体など、多くの人が悪趣味だと感じるテーマについて、遊び心を持ちながらも真剣に取り上げ、死のタブーを打ち破ることを目的としています。また、遺言書や事前指示書、緊急時用の銀行口座を開設する重要性など、幅広

いトピックについても掘り下げています。

Doing Death は、英国の講演家、作家、そして死に関する社会活動家であるアマンダ・ブレイニー氏が、死、臨終、生、愛についての会話を配信するシリーズです。ブレイニー氏は、死と臨終に関する考え方を変え、より多くの人が死を人生の一部として受け入れ、その結果としてより有意義な生き方ができるようになることを願っています。毎月の配信で、シャーマンから作家、悲嘆についての実体験を語る友人など、様々な人々とのインタビューを実施しています。

End-of-Life University Podcast は、カレン・ワイアット博士がホストを務めており、教材や心を揺さぶるメッセージ、臨終期ケアのあらゆる分野の専門家へのインタビューなどが配信されています。具体的なトピックは、医療催眠、手放すための儀式、ホスピス患者のケアのための触れ合い、医師に対する死についての教え、ホスピスチームに看取りのドゥーラを参加させる方法、生前葬などです。

Grief Out Loud は、ジャナ・デクリストファロ氏が司会を務め、ダギーセンターがプロデュースした、個人の体験談やインタビュー、喪失感を乗り越えるためのヒント、悲嘆に暮れる子どもたちを支える方法についてのアドバイスなどが織り交ぜられたポッドキャストです。悲嘆に暮れる人に寄り添える方法、誰かの死を経験した後に自殺を考える人を助ける方法、悲嘆を乗り越えて子育てをする方法などのテーマが取り上げられています。

When You Die では、緩和ケア、看取りのドゥーラ、グリーン葬、悲嘆カウンセリング、学校での死の教育など幅広いテーマを扱っています。このポッドキャストは、医師、アーティスト、研究者、そして一般の人々が、死と悲嘆に関する体験談について語るストーリーや記事を提供する大きなサービスの一部です。

●組　織

国際看取りのドゥーラ協会（ＩＮＥＬＤＡ：International End of Life Doula Association）

この５０１ｃ３団体**解説参考資料－４**は、二〇一五年にヘンリー・フェルスコ＝ワイスによって共同設立されました。同団体は、看取りのドゥーラを公式に養成し、ホスピス、病院、介護福祉施設、さらには地域社会が独自のドゥーラプログラムを作成することを支援しています。INELDAは看取りのドゥーラの認定プログラムをはじめ、専門家向けの他の講座も開催しています。ウェブサイト（www.inelda.org）では、人生の終わりに関する記事やブログ投稿を閲覧でき、毎月発行される無料のニュースレターに登録することができます。会員はひと月おきに開催されるウェビナーにアクセスすることができ、そこでは死と臨死期の分野を牽引する人たちへのインタビューなどが含まれています。

全米ホスピス緩和ケア協会（ＮＨＰＣＯ：National Hospice and Palliative Care Organization）

看取り分野の専門家にとって、ホスピスや緩和ケアプログラムの利害を代表する最大の会員制組織。同組織は、会員が常に更新されたニュースを把握し、サービスを維持できるようにするための情報を提供します。また、政府の政策改善のためのロビー活動や、業界の統計や分析結果を公表しています。ＮＨＰＣＯのプログラム、CaringInfo（「ケアリング・インフォ」）は、患者や介護者に臨終期ケアやサービスに関する決定をする際に役立つリソースを無料で提供しています。

米国ホスピス財団（ＨＦＡ：Hospice Foundation of America）

医療従事者と一般市民の両方に教育リソースを提供する非営利団体。同団体の出版物やウェビナーは、末期患者や悲嘆に暮れる人々のためのケアを改善するために作成されています。同団体は、研究のための資金援助も行っており、財団が発行する月刊ニュースレター*Journeys*には、人が悲嘆を乗り越えるために役立つ専門家の記事が掲載されています。悲嘆に暮れている人は、地域のサポートグループを提供する国の組織へのリンクを見つけることもできます。また、ＨＦＡのウェブサイト（www.hospicefoundation.org）から、死と悲嘆に関する書籍やＤ

ＶＤを購入できます。

コンパッショネイト・フレンズ（Compassionate Friends）

子どもの死を嘆き悲しむ人々への支援と教育を提供する組織。全米五〇州と三〇ヶ国以上に六〇〇以上の支部があり、両親、祖父母、兄弟姉妹のための支援グループを提供しています。コンパッショネイト・フレンズでは、地域および全国規模の会議を開催しており、同組織のフェイスブックでは、殺人による死、子を亡くしたＬＧＢＴＱの親、悲嘆に暮れる男性、生命維持装置を外したことによる死、一人っ子の死など、非常に特殊な子どもの死を対象とした数十の非公開グループが存在します。

死の準備教育とカウンセリング協会（ＡＤＥＣ：Association for Death Education and Counseling）

死の準備教育、悲嘆カウンセリング、死に逝く人のケア、死亡学の研究などに関わる人々を支援する専門家の能力を高めることを目的とした学際的な組織。ＡＤＥＣは毎年会議を開催しており、年間を通してウェビナーを提供しています。また、その厳しい資格基準を満たせば、死亡学の認定試験を受けることができます。ＡＤＥＣは、修士あるいは博士号と死亡学の分野で五年間の職務経験を条件とする、死亡学の上級フェロー認定も行っています。

リイマジン・エンド・オブ・ライフ（Reimagine End of Life）

この団体は毎年、サンフランシスコとニューヨークで、一週間にわたって、市全域でイベントを開催し、講演、ワークショップ、パフォーマンス、アート、パネルディスカッションなどを通じて、生と死に関する重大な疑問を探求しています。多様なコミュニティを集めることで、死と臨死期に関するタブーをなくすことを目的としたこれらの公開イベントには、毎回何千もの人々が参加しています。

米国国立衛生研究所（ＮＩＨ：National Institutes of Health）

米国保健福祉省の一部であるＮＩＨは、国の医療研究機関です。ＮＩＨの使命は、人々の健康を維持・向上させ、病を防ぐための抜本的な発見を助長することです。その使命の一部として、看取りケアのベストプラクティスに関する研究を提供しています。ウェブサイト（www.nih.gov）には、末期疾患、老化、看取りに関連した様々なトピックを取り上げた記事が多数掲載されています。

【監訳者解説】

解説0-1　日本でいう特別養護老人ホームのことです。日本と異なり高齢でない障碍者も入居できますが、二〇〇七年の資料からは利用者の八八%が六五歳以上です。アメリカの九〇%の高齢者は在宅で暮らし、残りの一〇%の半分がサポート付きの住宅で、半分がナーシングホームに入所していると言われています。しかし、入居条件が厳しく、年間の経費が六~七万ドルと高額で、ケアの質が悪い、個人のプライバシーが保たれないなどの批判も多く、生活環境の改善が進んでいます。

クルーム洋子「アメリカの高齢者住宅とケアの実情」『海外社会保障研究』一六四号、国立社会保障・人口問題研究所、二〇〇八：六六-七六。

解説0-2　ドゥーラとは、ケアを提供する女性という意味のギリシャ語で、周産期の母親を身体的、情緒的に、継続的な支援をする現代の女性のことを出産のドゥーラといい、一九六九年にスタートしました。普及したのは一九九二年に全米組織ができてからですが（Brennan 2010）、出産が医療化したことで廃れた、かつてはほとんどの文化で行われていた出産を他の女性が支援する習わしを、出産のドゥーラとして制度化したものです。ドゥーラが関わると、有意に短く、楽な出産になるというエビデンスがあり（Klaus et al. 1993）、アメリカでは医療的な助産師と寄り添う役割の非医療的なドゥーラの役割分担がみられます。

Brennan, P. *The Doula Business Guide, Hou to Succeed as a birth, Postpartum or End-of-Life Doula*, Dream Street Press, 2010.

Klaus, M. H., Kennell, J. H., & Klaus, P. H. *The Doula Book How a Trained Labor Companion Can Help You Have a Shorter, Easier,and Healthier Birth*. Second Edition. Da Capo Press 2002.（竹内徹・長嶋すえみ訳『The Doula Book 短く・楽で・自然なお産のカギを握る女性』メディカ出版、二〇〇六年）

解説1-1　Random House から一九七五年に出版。短編集。

解説1-2　補完・代替療法とは、医学部で教えられることも病院で施術されることもない療法という意味ですが、その利用率が世界各国で高まると、次第に医学部での講義が行われるようになり、病院でその専門の診療科ができるようにもなりました。世界には一五〇～一六〇種類の補完・代替療法があると言われています。インドのアユルベーターやドイツのクナイプ療法、アメリカのカイロプラクティクなどはよく知られています。一九九八年からは、アメリカでその効果や副作用の有無を研究するための国家予算が組まれ、専門の政府機関もできました。次第に保険の適用の是非が議論されるようになりましたが、ちなみに利用率が世界一であるとされる日本では、補完・代替療法という言葉ができるはるか以前の一九七二年の段階で、既に漢方や鍼灸などの補完・代替療法が公的保険の適用を受けていました。

解説1-3

林美枝子・西條泰明・岸玲子「森林と補完・代替療法」『森林医学』朝倉書店、二〇〇六年。

レガシープロジェクトとは、家族や友人に残したい自分の人生の意味や成果、業績などをライフヒストリーとして記録し、録音し、映像化したりすることです。日常生活で取り組まれることもありますが、介護施設などで認知症予防などのために導入されることもあります。

解説1-4

誘導イメージ法とは、肉声やオーディオテープの誘導で、対象者の視覚・聴覚・触運動覚（体感覚）を用いて何らかのイメージを描かせ、その意識を内面に集中させることで感情にとらわれることなくストレスの状態を解消させる療法のことです。心理学においては、イメージ療法によって内的イメージを自律的に体験させることで、クライエントが何らかの気づきを得、開放感を味わう効果が期待されます。その場合、セラピストはあまり介入をせず受容と共感に努めます。

黒田眞理子「私の研究　ストレス対処法としての誘導イメージ法、マインドフルネス――リラックス、よりよい眠りを求めて」『福島の進路』四二六号、一般財団法人とうほう地域総合研究所、二〇一八：三七-四一。

解説2-1

チャプレンは、教会以外の組織で活躍する聖職者のことですが、キリスト教圏ではホスピスや末期患者のケアで病院に常駐していることもあります。日本でもキリスト教系の病院にはチャプレンが勤務していることがありますが、そうした一人である沼野（二〇〇四）は、患者は必ずしもキリスト教徒ではないため、宗教色を控えたスピリチュアルケアが必要であるとも述べています。

解説2-2

沼野尚美『ともに生きる道――ホスピスチャプレン物語』佼成出版社、二〇〇四年。

スピリチュアルペインとは、人種、性別、年齢に関係なく人が死を意識するようなときや、臨死期には苛まれるという痛みのことです。看取りにおいて、このペインのケアは最も困難なもので、その専門家ともいえるチャプレンがいない文化においては、臨床に関わる医療や介護の専門家、あるいは介護家族にそのケアが求められることになります。死生観が脆弱な文化においては、そのケアは医療者や介護者の経験的知識に頼らざるをえなくなり、在宅死の現場でこうした専門家の燃え尽き症候群が起こる一因でもあります。

解説2-3

死の医療化は医療資源が豊かになった近代社会で進行し、日本でも一九七〇年代にその傾向が高まりました。特に死の医療化は、一九七六年から一九七七年にかけて在宅死が病院死を下回るようになった頃から次第に進み、姑から嫁へと家庭内で継承されていた看取りの文化は廃れていきました。一九七五年イヴァン・イリッチは、出産や老いや死が医療化、病院化することで、家庭や地域社会から治癒力や健康への自立力が削がれ、高騰する医療費のこれ以上の消費に堪えられるのかと世界に警鐘を鳴らしました。*Medical Nemesis: the expropriation of health*, Marion Boyars Book 1975.（金子嗣郎訳『脱病院化社会――医療の限界』晶文社、一九七九年）

解説2-4

自己統合対絶望とは、心理学者のエリクソンの発達段階論に登場するライフサイクル八段階の一つです。八段階とは1乳児期（基本的信頼 対 不信）、2幼児期前期（自律性 対 疑惑）、3幼児期後期（自主性 対 罪悪感）、4児童期（勤勉性 対 劣等感）、5思春期・青年期（アイデンティティ 対 アイデンティティの拡散）、6成人期（親密 対 孤立）、7壮年期（世代性 対 停滞性）そして8老年期（統合性 対 絶望）です。「老年期」とは、おおむね六五歳以降（子育ての終了以降）の期間を示し、この時期に克服が必要とされている課題が「統合性 対 絶望」とされます。それまで歩んできた人生の振り返りの時期であるとされ、統合性、つまりは、〝自己を肯定できる心〟を育むことが大切となります。この時期になると、死を受け入れ始める時期に入っていきますが、自分の人生に納得できず、「絶望感」を強く心に抱くこともあります。Erikson, E. H. *Psychological Issues Identity and Life cycle*, International Universities Press, Inc. 1959.（小此木

啓吾・小川捷之・岩男寿美子訳『自我同一性――アイデンティティとライフ・サイクル』誠信書房、一九七六年）

解説2-5 ジャーナリングとは「書く瞑想」とも呼ばれ、頭に浮かんでいることを一定の時間内でただ紙に書いていくというものです。感情や経験などを文章にすることで、自己理解を深めることができます。

解説2-6 回想法とはアメリカで生まれた心理療法のことで、精神科医のロバート・バトラーが一九六〇年代に確立した療法です。高齢者がグループを組んで、皆に自分の過去を話すことで、精神的な安定や認知機能を維持することができるとされています。

Butler, R. N. "The Life Review: An Interpretation of Reminiscence in the Aged." *Psychiatry: Interpersonal and Biological Processes*, 1963; 26: 65–76.

解説2-7 レイキ（霊気）の源流は、日本の大正から昭和一〇年代（戦前）まで活躍した霊術家と呼ばれた治療家の一人である臼井甕男が創設した「臼井霊気療法」です。日本ではこの治療法は廃れましたが、養成した二〇名の師範の一人林忠治郎が、ハワイ在住の日系人高田ハワヨにこれを伝授したものが、現在のレイキとなりました。手かざし療法、タッチセラピーの一種で、アメリカに一〇〇万人、ドイツには四〇万人のマスターがいると言われ、イギリス、カナダでは健康保険が適用されている補完・代替療法です。

解説2-8 二〇一〇年から二〇二〇年に放送されたアメリカの刑事ドラマのことで、アメリカ五〇番目の州ハワイの島々を舞台に、知事直属の特別捜査班の活躍を描いたものです。

https://www.imdb.com/video/vi2464726297?playlistId=tt1600194&ref_=vp_rv_ap_0

解説2-9 リフレーミングとはコミュニケーション心理学における家族療法の一つで、物の見方を別の見方で見つめ直すことです。ある枠組みで捉えられている物事を、また別の枠組みで捉え直し、欠点や短所、ネガティブな状況を利点や長所、ポジティブなものとすることで、ストレスを緩和し、不安を低下させることができます。

解説3-1 この場合の神話とは、不合理で根拠のない、意味のない思い込みやこだわりのことです。

解説3-2 死者をくるむ布のこと。例えば、インドネシアの青いろうけつ染めのバティックは有名な遺体をくるむ布にもなりますが、ユダヤ教では白い布を使います。日本では布ではなく死に装束として経帷子が使われています。

解説5-1

アクティブリスニングとはコミュニケーション技法の一つです。来談者中心療法で認知度を上げたアメリカの臨床心理学者カール・ロジャースが提唱した傾聴姿勢のことです。日本では積極的傾聴と訳され、カウンセリングの際に用いられます。相手の話を受動的に聞き流すのではなく、会話の中から事実や話者の感情を主体的に把握することで話の本質を明確にしていきます。これにより、話者を問題の自己解決へと導くことができると言われています。

解説5-2

ティック・ナット・ハン Thich Nhat Hanh（ティク・ナット・ハン）

一九二六年生まれのベトナム禅宗の僧侶です。禅とマインドフル瞑想などを融合しました。社会と関わり続ける仏教を唱え、ベトナム戦争時の反戦活動や難民救済の活動でも知られています。

解説5-3

荒野療法とは、青年期の行動、物質、精神的健康の問題に対する治療オプションの一つです。経験豊富で専門の資格のあるフィールドインストラクターやセラピストとともに仲間たちと自然の中で原始的な生活を行い、人間本来の生きる力を回復させる療法のことです。内容は新兵訓練のキャンプと似ていますが、森のテントで、子どもたちは数ヶ月を過ごすため、衛生管理や安全管理に関する懸念も指摘されています。医療的なエビデンスに関してはまだ検証されてはいません。

解説6-1

アメリカでは正式な葬儀の前に行われる非公式な別れのための儀式として awake、viewing があります。いずれも正式な葬儀の数日前から直前にかけて実施され、awake は宗教的な要素も含まれますが、viewing は個人的な別れの儀式で葬儀社や自宅で行われます。死亡広告を目にした友人、知人が棺に納められた故人のもとを訪れ、しばしその死を悼む機会となります。日本の通夜と似てはいますが、仕事帰りに私服で立ち寄るといったことも許され、正式な宗教的葬儀の一部となっている日本の通夜とは異なります。

解説7-1

ユダヤ教では一二歳になった女児のことを戒律の子という意味の Bat Mitzvah と呼び、成女式を行って祝います。アメリカでは正統派以外の再建派の全てのユダヤ教徒と、保守派の大部分のユダヤ教徒の間

解説7-2

で行われています。この儀式はユダヤ教徒にとって宗教的な意味をもった通過儀礼ではないため、正統派のユダヤ教徒は行いません。ちなみに男児は一三歳になる安息日に成人式を迎えます。

解説7-3

ユダヤ教の二四冊の聖書の最初の五冊である創世記、出エジプト記、レビ記、民数記、申命記の「モーセ五書」のことを言います。トーラーとはその装丁として使用される長いリネンでできたサッシュのこと。ユダヤ教の寺院であるシナゴーグに子どもの家族が奉納します。

解説7-4

メサ・ヴェルデ国立公園はコロラド州南西部に位置する、プエブロインディアンのアナサジ族の残した、断崖をくりぬいた一連の集落遺跡群です。良好な保存状態を誇る岩窟住居、石造りの塔など、四〇〇〇以上の史跡があります。

解説7-5

七～一八世紀、アメリカ南西部の広い地域に住み、トウモロコシなどを栽培していた農耕民族で、元々は崖の上で暮らしていたネイティブアメリカンです。一一九〇年代後半頃から外敵の襲来に備えて、岩陰に住居を作るようになり、一二世紀末に断崖の壁面をくり抜き日干しレンガの住居を建て、約一〇〇年間にわたり生活を続けていました。アナサジの大きな半地下の儀式用の部屋をキヴアと言いました。ダグラス・プレストン『猿神のロスト・シティ――地上最後の秘境に眠る謎の文明を探せ』NHK出版、二〇一七年、二五六頁。

解説8-1

一九五〇年生まれのカナダの古典学者で、詩人・エッセイスト。二〇〇〇年にプリンセスオブアストゥリアス文学賞、二〇〇一年、女性として初めてT・S・エリオット賞を受賞しました。パピルスに残されたギリシャの物語を、現代詩語で再創作する作品を主に書き続けた *Autobiography of Red*（2016）が有名です。レガシー本 *Nox* は、亡くなった兄への喪失感を埋めるために作成された手作りの本で、兄の古い手紙や写真、コラージュやスケッチが蛇腹に畳まれたページに添付されています。

日本でも二人に一人は、可能であれば在宅死を希望しています（総務省二〇一二）。国はこれを受けて自宅で自分らしく死ぬことのできる地域づくりに乗り出しており、その受け皿として二〇二五年までに人口一万人規模、あるいは歩いて三〇分距離の範囲を単位とした地域包括ケアシステムの構築を模索しています。

解説8－2　日本の在宅での看取りは一三％前後で、数的にはあまり増えてはいません。在宅専門医の数が限られていることや、そもそも施設としてのホスピスが、がんとエイズの末期患者しか受け入れておらず、在宅死のホスピスサービスもどんな病にも対応しているわけではありません。人々が在宅での看取りを躊躇するのは、家族員数が減少している日本で、家族介護者に負担をかけたくないという思いからですが、特に二四時間対応を迫られる臨死期の介護は困難で、その負担の重さに、日本でも介護家族が救急搬送を頼んでしまい、在宅での死を断念せざるを得なくなることも起こっています。

解説8－3　レナード・コーエン（一九三四～二〇一六）は、ユダヤ系カナダ人の詩人、小説家、シンガーソングライターで、「ハレルヤ」はその代表曲です。一九八四年に発売されたスタジオ・アルバム『哀しみのダンス』に収録されていて、その後多くのアーティストにカバーされてきました。禅に傾倒していたことでも知られています。ハレルヤとは、ヘブライ語で神を讃える言葉のことです。

解説8－4　介護疲れを回避するための休日のことです。レスパイトとは、「ひと休み」「小休止」という意味に使われます。家族介護を誰かが代替することで、一時的に介護から離れ、休息やリフレッシュをしてもらうために実施される介護サービスのことで、介護をする側へのケアとなります。日本では介護保険が適用となるデイサービス（通所介護）、ショートステイ（短期入所生活介護）、ホームヘルプ（訪問介護）などがそれにあたります。また医療保険を使ってのレスパイト入院（介護家族支援短期入院）も行われていますが、まだ日本では、介護は家族が担うものという思い込みが強く、利用を躊躇う介護家族も多くいます。アメリカでは一九六五年に、貧困や高齢者で医療処置が必要ではない在宅介護者のために『連邦アメリカ高齢者法』が制定され、二〇〇〇年の改定で家族介護者支援プログラムが追加されました。二〇〇六年にライフスパン・レスパイト法が成立すると、そのサービスとして介護者に介護手当の支給や介護者の税額控除や所得控除、介護者の介護休業、介護サービスのアセスメント（評価）、介護者の健康状態や生活環境についての定期的チェックなどが行われるようになりました。

解説8－5　二〇〇三年、アメリカで発売されたCDです。七〇分にわたり森の中の自然音が収録されています。人工音や人の声は、一切はいっていません。

解説8-6　大小一六の湖と九二の滝が幻想的な景観を生み出していて、一九七九年にユネスコの世界遺産に登録されました。

解説9-1　熱帯のカンラン科ボスウェリア属の樹木から採取される固形の樹脂。樹皮に切り込みを入れると浸み出す樹液で、固まると乳白色になります。森林を彷彿させるような爽やかで清涼感のある香りには癒し効果があるとされています。エジプトの墳墓からも発見され、『新約聖書』には、イエス・キリストの誕生を祝し、東方の三賢人（博士）が「黄金」「乳香」「没薬」を捧げたとあります。それぞれが「王権」「死」「神権」を象徴するので、特に乳香は宗教的な儀式に多用されています。

解説9-2　ニューヨーク州北部の広大なアディロンダック地域（Adirondacks）にある無数の湖の一つです。ニューヨーク市から車で半日程度の距離で、風光明媚な湖や湖畔でのキャンプ、ブルーマウンテンへのハイキングができます。湖の北に位置するレークプラシッドでは冬季オリンピックが過去に二回開催されました。

解説9-3　イエス・キリストが最後の晩餐で、パンと葡萄酒をとり、「これわが身体なり、わが血なり」と言ったことに基づき、キリストの血と肉とを表す葡萄酒とパンを、ミサのときに会衆に分かつキリスト教の儀式を聖体拝領といいます。

解説10-1　シーグラスとは瓶や食器などのガラス製品のかけらが海や湖の波などに洗われ、角がとれて、曇りガラスの宝石のようになったもののことです。浜辺などで漂着物を探しながら瞑想的に散歩をするビーチコーミングで集め、水槽の底に敷き詰め、装身具の原材料とすることもあります。

解説10-2　アメリカ合衆国の東北部、マサチューセッツ州東端のバーンスタブル郡のほぼ全域に相当する鉤状の半島のことで、大西洋に伸びる岬は夏の観光名所となっています。

解説10-3　この祈りの言葉の最後は以下の一節で、むしろ文脈からはこの祈りの詩がなぜ読み上げられたのかが理解できます。

私たちが生きている限り、彼らも生きています。彼らは今や私たちの一部なのです。私たちは彼らを覚えています。

解説11-1

日本語に訳すと臨死期の末期を意味することになります。アクティブ　ダイイングは、ヒューイらによると「差し迫った死に先立つ数時間または数日」（2012）のことで、その前の三週間ほどをブレアクティブ　ダイイングといいます。またヒューイらは関連する論文のレビューをしていますが、その結論として、定義はいまだ行われていないとしています（Hue et al. 2014）。日本の臨死期は身体機能が不可逆的に低下して、死が避けられない時期を指しますが、時間的には臨死期は数日から一週間程度を意味します。日本の医療現場では「終末期」という単語が使用されてきましたが、二〇一五年に厚生労働省は「終末期」という文言を「人生の最終段階」という文言に言い換えました。一般的には臨死期の最後を臨命終時（臨終）と呼びますが、アクティブ　ダイイングはやや時間的には幅のある表現であるため、日本でいう臨死期の末期を意味するものと解釈できます。

Hui, D., Mori, M., Parsons, H., et al. "The lack of standard definitions in the supportive and palliative oncology literature." *J Pain Symptom Manage.* 2012; 43: 582–592.
Hui, D., Nooruddin, Z., Didwaniya, N., et al. "Concepts and Definitions for 'Actively Dying,' 'End of Life,' 'Terminally Ill,' 'Terminal Care,' and 'Transition of Care': A Systematic Review." *J Pain Symptom Manage.* 2014; 47: 77–89.

解説11-2

教皇グレゴリウスI世が編纂したと信じられている聖歌のことです。ローマカトリック教会の公式な聖歌として、教会では男性および少年合唱によって、また修道会では修道僧、修道女によって歌われてきました。ハイリゲンクロイツ修道院はオーストリアのウイーンの森にある世界最古のシトー会の修道院で、ここに出てくるアルバムはその修道士たちが歌っているものでしょう。古くからその単純な旋律には癒しの効果があると言われてきましたが、現在でも音楽療法に利用されたり、瞑想やヨガをやるときの環境音楽としても利用されています。

解説11-3

アハ体験とは一九〇七年にドイツの心理学者カール・ビューラー（一八七九〜一九六三）が提唱した心理学上の概念で、ドイツ語の Aha-Erlebnis のことです。Aha とは「なるほど」「あっ」という感嘆の言葉で、未知の物事に関する気づきやひらめきが瞬間的に獲得されることを指します。脳の神経細胞が突発的につなぎ直されることで、突然に認識に至ったもので、アハ体験によって物事は容易に理解、解決され、ポジティブな感情が導かれて、得られた解決策への確信も与えられると言われています。

Bühler, K. Tatsachen und Probleme zu einer Psychologie der Denkvorgänge: I Über Gedanken. *Archiv für die gesamte Psychologie*, 1907, 297–365.

解説11-4　親指ピアノとは、別名カリンバのことです。アフリカの楽器で、両手サイズほどの箱に並んだ細い金属棒を両手の親指で弾いて演奏します。その音色からハンドオルゴールとも言われています。

解説11-5　原語はFee-Fi-Fo-Fumで、怪物の気味の悪い雄たけびを示します。これに続くセリフは、『ジャックと豆の木』で巨人が隠れたジャックを探すときの言葉です。

解説11-6　第8章でも森の中での自然音が収録されている『平和な森』を解説しましたが、ここでは視覚化した映像のバックミュージックとして森のせせらぎが収録されたCDを流すとしています。穏やかな自然の水流音は、リラクゼーションの効果があると言われているのです。

解説11-7　カトリック教会が公式に認めている世界二四の聖母マリアの顕現の一つです。一五三一年、メキシコのグアダルーペで、インディオのファン・ディエゴ（二〇〇二年に聖人に列せられた）の前に褐色の肌の原住民の姿で出現したとされているのがグアダルーペの聖母です。出現した丘に建てられた聖堂は現在も多くの巡礼者を集めています。

http://www.archivioradiovaticana.va/storico/2016/12/13/

解説12-1　ユダヤ教で七～八日間続く過越の祭りの最初の一夜、あるいは二夜のことです。家族やゲストを交えて飲食を行います。イスラエル人が隷属から解放され、エジプトを脱出したことを祝うユダヤ教の休日で、ユダヤ歴にそって春分日の後に行われます。例えば、二〇二二年は四月一五～二三日でした。

解説あとがき-1　デスカフェはスイスの社会学者バーナード・クレッタスが妻の死をきっかけに一九九九年に始めたと言われています。その後、イギリスの社会起業家ジョン・アンダーウッドが二〇一一年に自国でも開催し、ウェブサイトを立ち上げて（dethcafe.com）、ガイドラインを公開しました。基本的に「死をテーマとして、もっと気軽に、カジュアルに話し合い、繋がる場」（吉川ほか、二〇二一、八頁）のことです。現在全世界で七〇ヶ国以上で一万件のデスカフェが開催されていると言われ、日本でも、現在全国で二〇ヶ所以上のデスカフェが開催されています。また二〇二〇年九月には、関係一四団体によるオンラインの全国サミットも開かれています。

吉川直人・萩原真由美ほか『デスカフェ・ガイド――「場」と「人」と「可能性」』クオリティケア、二〇二一年。

解説あとがき-2　死をタブー視せず、前向きに受け止めようとする運動のことです。よりよく生きるための良い死とは何かをめぐり様々なイベントやワークショップがイギリスやアメリカで開催されています。代表的な試みの一つがお茶やお菓子を食べながら死を語るデスカフェ、食事をしながら死を語るデス・オーバー・ディナーです。また近年は数日間をかけていくつものイベントを開催するリイマジン・イベントも開かれるようになっています。

解説参考資料-1　持続可能な資源の利用や環境保護に叶ったビジネスやサービスのこと。ここで紹介されているサイトは、自然環境に配慮した埋葬法として自然葬（土に返すことを意図した土葬）について啓発、情報提供、支援をしています。

解説参考資料-2　ケイトン・ドーティは葬儀屋として「意味のある、環境に優しい、公平な人生の終わりを築く」として二〇一一年にこのサイトを開設しました。自然破壊でしかない既存の埋葬法に対して、自然葬を提案しています。サイトにはポジティブ・デス・ムーブメントの歴史もまとめられていて、家庭葬儀運動の分派として「デスカフェ」や「看取りのドゥーラ」に関しても記されています。

解説参考資料-3　資料-2のケイトン・ドーティが発信しているYouTubeのことです。

解説参考資料-4　501c団体とはアメリカの内国歳入法（USC 26）第501条C項3号の規定により課税が免除されている非営利団体のことで二六に分類され、3は「宗教」「教育」「慈善」「科学」「文学」「公共の安全のための検査」「アマチュアスポーツ競技の振興」「子どもまたは動物に対する虐待の防止」のいずれかを目的とした団体のことです。個人、法人、および組合から無制限に寄付を受けることができます。

監訳者あとがき

本書は看取りのドゥーラプログラムの創設者であるヘンリー・フェルスコ＝ワイス氏が二〇二〇年八月に出版した *Finding Peace at the End of Life: A Death Doula's Guide for Families and Caregivers* を翻訳したものです。

死に逝くことは生きている者に公平な定めです。そしてそれはただ一度の最期の命を生きるということなのです。自分らしく逝きたい、看取りたいと誰もが切望する死に逝く過程に寄り添い、導き、見守る人のことを、「看取りのドゥーラ」と言います。一般の私たちが隣人として担い得る、宗教も、人種も、国境も超えた究極のボランティアなのです。二〇〇三年にニューヨークのホスピスで働く臨床ソーシャルワーカーであるヘンリー氏によってプログラムは構築され、最初の看取りのドゥーラが養成されて活動を開始したのは二〇〇四年のことでした。瞬く間にその需要と供給はアメリカ全土に、カナダに、イギリスに、オーストラリアにと広がり、二〇一五年にはヘンリー氏によって国際看取りのドゥーラ協会（ＩＮＲＬＤＡ）が共同設立されます。既に欧米や日本でも普及していた「出産のドゥーラ」からヒントを得た看取りのドゥーラは、臨死期の二四時間の看取りに付き添うときには複数のドゥーラがチームとなってシフトを組む点が「出産のドゥーラ」と大きく異なりますが、複数の看取りのドゥーラが活動している地域社会のことを、今ではドゥーラコミュニティと呼ぶそうです。

この本を読むと、筆者が述べているようにコントロールされた死に逝く過程こそ、自分らしい死であり、自分も看取る家族もその死から何かを学ぶことができ、死別の悲嘆から家族や友人、愛する人たちを癒す何よりの方法なのだとわかります。そのための知識がこの一冊には書かれているのですが、私たちの文化には、それを担う「看取りのドゥーラ」がいません。制度の導入を待ってはいられない、今このときに看取られている人や看取り介護のただ中にいる方も、この本を手に取ってくれた読者の中にはいらっしゃることでしょう。でも、死をコントロールし、自分らしく、その人らしく死を迎えるための方法は、本書を読めば知ることができます。既に死の受容が成されているのなら、その限られた命の持ち時間に対して、軽々に提案することではないのかもしれませんが、本書に綴られた看取りのドゥーラケアの中から、今すぐにでも実現可能なことに取り組んでみてはいかがでしょうか。

私の現在の研究は日本における看取り文化の社会的継承ルートの構築ですが、本棚にはそれこそ多くの関連本がひしめいています。しかし残念なことに、少なくとも私が中途半端に看取ってしまった実母の死に逝く過程においては、どの本もあまり腑に落ちるものではありませんでした。母を見送った翌年に出会ったのがこの本の旧版である *Caring for the Dying: The Doula Approach to a Meaningful Death*（2017）です。一読した私がまず感じたことは、この本と出会っていたら母にもっと自分らしい死に逝く過程を生きさせることができたのにという苦い後悔でした。「看取りのドゥーラ」の正式で組織だった養成課程は、私の知る限りまだ日本には導入されてはいませんが、看取りのドゥーラプログラムがどのような意図のもとに構築されたのかを知りたいと、その本の著者であるヘンリー氏をニューヨークにお尋ねしたのが二〇一九年九月のことでした。そして養成プログラムのテキストともいえる本書を、まずは日本語に翻訳して出版するようにと著者から提言されたのです。日本には多くの優秀な翻訳者がおり、その一方で私にはその能力が欠けていましたので、実は軽く戸惑いました。しかし改めて帰国後にこの本を再読し、これから多死社会を迎える日本には、緊要に紹介されるべき本であると確信しました。

拙著『介護人類学』（二〇二〇）の編集作業をしていただいていた明石書店に翻訳権の取得と翻訳本の出版に関するご相談をいたしました。ところがこの本には新版の出版が計画されているということで、それを待って、翻訳出版権を取得し、研究費を確保し、出版の準備を開始することになりました。具体的な作業が開始できたのは二〇二一年の春のことですが、この間に何度ものコロナ禍のパンデミックが世界を覆い、ヘンリー氏とお会いしてから、出版までに約三年の時間が経過してしまいました。思えば、死を受容し、自分らしい最期のときを生きたいというスピリチュアルペインに苛まれている多くの患者や、その看取り介護をする方たちに、一日でも早くこの本を届けたいと思い続けた日々でした。それが終わりを迎えようとしています。

さて、看取りのドゥーラプログラムは現在もイノベーションのただ中で、新版の本書には旧版には全くなかった参考となる図書の紹介や関連するネットや機関の情報が加筆されています。「看取りのドゥーラ」をめぐる環境が、二〇一七年の初版発行から新版発行の二〇二〇年までの短い期間においてすら、大きく深化したことがわかります。しかし、看取りのドゥーラはいまだいずれの国でも国家資格等にはなっていません。ヘンリー氏は本書のあとがきで、それを善しとすると述べています。ドゥーラの認定が外的な管理の対象になることは、プログラムが硬直化して、さらなる改善や新たな挑戦の機会が失われてしまうと考えているのです。

日本人の死に場所は、確実に病院から地域の高齢者福祉施設や自宅へとシフトしています。在宅でのホスピスケアを希望した場合、介護保険制度や地域包括ケアシステムを使い倒せば、良い在宅医や訪問看護師、訪問介護士の方々に出会うことは可能です。しかし彼らの職能やサービスには、患者をその人らしい死に導くスピリチュアルペインへのケアは本来含まれていません。日本でも、医学や看護学の教育現場では、近年エンド・オブ・ライフケアへの取り組みが始まってはいますが、患者本人のスピリチュアルケアや遺族のグリーフ・ケアにまで射程距離が拡大しているわけではないのです。日本の看取りには、残念なことに自分らしく逝きたいという願いを叶えてくれる導き手が欠落しています。

この版で本書の最後に加筆された資料のページに、アトゥール・ガワンデ氏の *Being Mortal* が紹介されています。監訳者にとって、その本は何度も読んだ愛読書の一冊ですが、これを『死すべき定め』と翻訳をした原井宏明氏は、「この本は人を変える」と訳者解説で述べていました。そのような原著を日本語に翻訳する経験に私はずっとあこがれてきましたが、プロの翻訳家でもない私にそんな経験が人生で待っているはずはないとあきらめていました。奇跡のような経緯で、ヘンリー氏の著作に出会い、明石書店の紹介でプロの翻訳者の訳文を監訳するという行為を通して、夢を叶えることができました。ヘンリー氏の柔和で慈愛に満ちた人柄を思い返しながら、そしてこの本を手に取る方たちの多くが死を受容した当事者やその看取り介護者、あるいは仕事として人の死をケアする専門家であることに配慮して、日本人として臨死期には受け入れがたい直訳的な表現を使用しないように心がけました。翻訳者の山岡希美氏と明石書店のご理解に頭が下がりましたが、最終的な訳文の責任は私が問われるべきものとなっています。また、ヘンリー氏が暮らすアメリカの生活文化や地理、医療制度、死生観、事例として登場する宗教的背景等には、日本の読者にとって解説を要する箇所がいくつかあり、十分なものではありませんが、それらには通し番号をつけて監訳者の解説をつけさせていただきました。

最後に原著の Death Doula, End of life Doula の表記を、本書では一貫して看取りのドゥーラと翻訳しています。監訳者には、悩んだ末に、国際学会で日本の看取りに関する研究を Mitori とローマ字表記にした経験があるのですが、それは日本語の看取りに相当する英語表現を見出すことができなかったからです。死に際にこそ人生の価値が現れるとして臨死期を「死に光」と呼び、それを「見て取る」ことを看取りと表現したわけですが、この日本語は極めて独自の文化的背景のある言葉なのでしょう。そこで本書では、臨死期やそのケアに関する振れ幅の多い英語表現を、敢えて看取りという単語に全て回収しました。実はドゥーラの役割には介護者に対するサポートや、看取り後の遺族に対するグリーフ・ケアも含まれているため、周死期のドゥーラという表現も検討してみました。しかしあまり聞き慣れない「周死期」という表現はやはり避け、その人の人生における「死に光」へのケアについて書かれているため、「看取り」を選びました。

最後になりますが、本書の翻訳出版の機会を与えてくださったヘンリー氏に心からの感謝を捧げます。日本語版の出版に際して、日本の読者に贈られた氏の挨拶文は、監訳が終盤にさしかかった四月に送られてきました。なぜ初対面の者に、貴重な自著の翻訳出版を提案してくださったのか、なぜ本書の所々に暗に日本的なことやものへの敬意を感じるのか、あらゆることが腑に落ちました。日本文化への理解と共感から、自分の前世は日本人ではなかったかとすら綴ってくれている著者の本が、今、日本に届けられるのです。日本人として感謝の気持ちを何らかの方法でお伝えしたいと強く思うようになりました。氏は二〇代の頃から長年英語版の『奥の細道』を愛読していて、その挿絵を当時お書きになったのは故早川幾忠氏でした。御子息である早川聞多氏のご理解のもと、今回、本書の表紙に早川幾忠氏が生前に描かれた花の絵を使用することができました。日本語版がお手もとに届いたときに、表紙の絵が Hayakawa Ikutada のものであることに気がついたときのヘンリー氏の驚きと、喜びを想像します。

本書は科学振興財団の科研費の研究資金（基盤C　課題番号21k01952住民参加による日本型看取りのドゥーラ導入の課題と臨死期ケアの変容について　令和三年度〜令和六年度　研究代表者　林美枝子）の

一部を活用して出版のための準備をしました。翻訳をお引き受けくださった山岡氏、また翻訳出版の権利の獲得から、出版に至るまでの多大なご指導・ご鞭撻をいただきました明石書店の大江道雅氏、編集に携わってくださった担当の伊得陽子氏にも、感謝の意を表します。最後に看取り研究の共同研究者であり、ニューヨークの調査にも同行してくださった札幌大谷大学の元教授永田志津子氏に、これまでの常なるご協力とご理解への心からの御礼をこの場をお借りして伝えさせていただきます。ありがとうございました。

私が死を迎える看取りの場で、この一冊は私のレガシーの一つとして枕元を飾ることでしょう。その私らしい死に寄り添う看取りのドゥーラの養成システムが、そのときまでには、このアジアの東の端の島国日本にも導入されていることを心から願っています。

二〇二二年八月一五日

監訳者　林 美枝子

▌監訳者紹介

林　美枝子（はやし　みえこ）

医療人類学者。北海道大学大学院医学研究科社会医学専攻博士課程修了。博士（医学）。日本医療大学総合福祉学部教授。

著書に『介護人類学事始め』（明石書店、2020年）。共著に『医療人類学を学ぶための60冊』（明石書店、2018年）、『北海道社会とジェンダー』（明石書店、2013年）、『森林医学』（朝倉書店、2006年）がある。

▌訳者紹介

山岡　希美（やまおか　きみ）

翻訳家。16歳まで米国カリフォルニア州で生活。同志社大学心理学部卒。

訳書に『男子という闇』（明石書店、2021年）、『無意識のバイアス』（明石書店、2020年）。共訳に『リモートワーク』（明石書店、2020年）、『教えて！　哲学者たち』（全2巻、大月書店、2016年）などがある。

▌著者紹介

ヘンリー・フェルスコ＝ワイス（Henry Fersko-Weiss）

ヘンリー・フェルスコ＝ワイス（LCSW）は、2003年から米国のホスピスで初めて看取りのドゥーラのプログラムを創設、臨死期ケアの場面における教育とプログラム開発を通じて、看取りのドゥーラ分野の成長を目指す非営利団体である国際看取りのドゥーラ協会（INELDA）を共同設立した。刑務所にいる受刑者や、退役軍人のグループに、死のプロセスにおいて、互いに奉仕できるよう指導を行っており、ホームレスや有色人種のコミュニティが利用する施設にドゥーラのアプローチを導入する方法を模索している。活動について詳しくは、INELDAのウェブサイト（www.inelda.org）で確認できる。

看取りのドゥーラ

最期の命を生きるための寄り添い人

2022年10月31日　初版第1刷発行

著　者　ヘンリー・フェルスコ＝ワイス
監訳者　林　美枝子
訳　者　山岡希美
発行者　大江道雅
発行所　株式会社明石書店
〒101-0021 東京都千代田区外神田6-9-5
電話 03（5818）1171
FAX 03（5818）1174
振替　00100-7-24505
https://www.akashi.co.jp/
装丁　明石書店デザイン室
印刷・製本　モリモト印刷株式会社

ISBN978-4-7503-5482-8
（定価はカバーに表示してあります）